晚清新式蒙学
教材研究：
从传统蒙学到现代教育

◎ 张心科　著

华 东 师 范 大 学 新 世 纪 学 术 著 作 出 版 基 金

华东师范大学出版社

·上海·

图书在版编目(CIP)数据

晚清新式蒙学教材研究：从传统蒙学到现代教育 /
张心科著. -- 上海：华东师范大学出版社，2025.
ISBN 978-7-5760-5532-0

Ⅰ. G629.299

中国国家版本馆 CIP 数据核字第 2025X6G451 号

WANQING XINSHI MENGXUE JIAOCAI YANJIU: CONG CHUANTONG MENGXUE DAO XIANDAI JIAOYU

晚清新式蒙学教材研究：从传统蒙学到现代教育

著　　者　张心科
责任编辑　时东明
责任校对　姜　峰　陈　易
装帧设计　郝　钰

出版发行　华东师范大学出版社
社　　址　上海市中山北路 3663 号　邮编 200062
网　　址　www.ecnupress.com.cn
电　　话　021 - 60821666　行政传真 021 - 62572105
客服电话　021 - 62865537　门市(邮购)电话 021 - 62869887
地　　址　上海市中山北路 3663 号华东师范大学校内先锋路口
网　　店　http://hdsdcbs.tmall.com

印 刷 者　南通印刷总厂有限公司
开　　本　787 毫米×1092 毫米　1/16
印　　张　16.75
字　　数　273 千字
版　　次　2025 年 5 月第 1 版
印　　次　2025 年 5 月第 1 次
书　　号　ISBN 978 - 7 - 5760 - 5532 - 0
定　　价　89.00 元

出 版 人　王　焰

(如发现本版图书有印订质量问题,请寄回本社客服中心调换或电话 021 - 62865537 联系)

目　录

绪论　新式蒙学教材：在夹缝中生存

> 一切事物，在转变中，是总有多少中间物的。动植之间，无脊椎和脊椎动物之间，都有中间物；或者简直可以说，在进化的链子上，一切都是中间物。[①]

> ——鲁迅《写在〈坟〉后面》（1926）

对历史发展来说，"中间物"之"承前启后"的地位很特殊，作用也很重要；不过，对历史研究来说，因为"中间物"具有"不伦不类"的特点，又往往造成其遭遇不如前后之物那样颇受重视的尴尬。曾出现在传统蒙学教材和现代小学教科书之间的新式蒙学教材，便是这类典型的"中间物"。作为"中间物"中的一类，其地位及命运自然也和其他所有"中间物"一样。

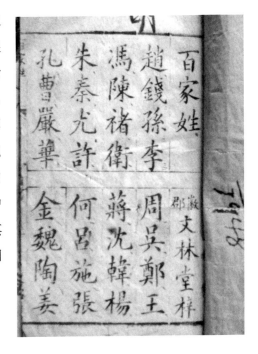

---

① 鲁迅《鲁迅全集(第一卷)》，北京：人民文学出版社，2005 年版第 301—302 页。

一、研究现状与意义

牧童八九列衡茅，高桌一张凳一条。

灯下偷眠头暗点，案前朗诵首频摇。

赵钱孙李声声唱，天地玄黄字字敲。

更有学书堪笑处，梅花蝌蚪体能描。

这是1913年8月18日在北京北新桥南箭杆胡同发行的《蒙学报》的第1卷第2册"文苑"栏内的一首名为《私塾》的童谣。[①] 童谣分别描写了传统私塾教育的场所、设施、教学及所读教材、所写字体。我们再看1912年12月庄俞和沈颐编辑、高凤谦和张元济校订并由商务印书馆出版的国民学校秋季始业用《共和国教科书新国文》的第2册第1课的课文：

新书一册。

先生讲，学生听。

先读字音，后解字义。

---

① "赵钱孙李""天地玄黄"分别是《百家姓》《千字文》的首句，"梅花""蝌蚪"系讽刺所写的拙劣怪异的字体。其实早在清代后期，传统的私塾教育就不时遭到士子们的嘲讽，如清代梁绍壬在其所编的《两般秋雨庵随笔》卷四中曾引用过郭臣尧所作的《捧腹集》中的一首"徘体"《村学诗》："一阵乌鸦噪晚风，诸徒齐逞好喉咙；赵钱孙李周吴郑，天地元黄宇宙洪；《千字文》完翻《鉴略》，《百家姓》毕理《神童》；就中有个超群者，一日三行读《大》、《中》。"璩鑫圭编《中国近代教育史资料汇编 鸦片战争时期教育》，上海：上海教育出版社，2007年版第411页。清代徐珂编的《清稗类钞》将该诗文字略改（改"徒"为"生"，"逞"为"放"、"元"为"玄"、"毕理"为"毕念"，"超群"为"聪明"）后列入书中的"讥讽类"，题作《嘲私塾诗》。顾明远主编《中国教育大百科全书（第4卷）》，上海：上海教育出版社，2012年版第2403页。

从以上这一歌一文的描述中，我们可以发现，从传统的蒙学到现代的小学教育，教育的方方面面均发生了巨大的变化：教学场所已由茅舍变为教室，教学方式已由学生诵读、先生抽背变为先生讲、学生听，教材已由《三字经》《百家姓》《千字文》及"四书""五经"变为有图有字的各科教科书。

传统蒙学是如何向现代教育转型的呢？这种转型在教材形态上又有哪些具体表现，经历了怎样的过程？1936 年，亲历过传统蒙学和新式教育的初等教育家吴研因在《清末以来我国小学教科书概观》一文中对传统蒙学教材及教学提出了批评，并梳理了学校设立后的小学教科书发展史，他在文章开头写道[①]：

> 清朝末年，学校没有兴办的以前，我国的儿童读物，大约分两种：一种是启蒙的，例如《三字经》，《百家姓》，《千字文》，《神童诗》，《千家诗》，《日用杂字书》，《日记故事》，《幼学》等；一种是预备应科举的考试的，例如四书，五经，《史鉴》，《古文辞》之类。这些读物，有的没有教育的意义，有的陈义过高，不合儿童生活，而且文字都很艰深，教学时除了死读死背诵之外，也不能使儿童们明瞭到底读的是些甚么。儿童读这些书，一定要花上了七八年的工夫，读得烂熟了，再由老师开讲，然后才能渐渐地明白一点字义跟章句。至于圣贤的大道理，往往读了一辈子读到老死，也读不出甚么来。固然从这些读本读起，再读下去也会读出几个所谓"通儒"来，但是一则成功的只是少数的天才，一则这些少数的天才也往往书读通了，天才也成为废才弃才了。这些废才弃才，有的迂腐昏庸不辨粟麦，有的狂妄放肆不近人情……比了外国天才成为发明家科学家……有益于国计民生的真是不胜可怜可惜之至。学校既兴，这些读物，自然应当也渐渐地退出了儿童教育的领域，另有新兴的小学教科书，给儿童们做增进智慧的食粮。

---

① 吴研因《清末以来我国小学教科书概观》，《中华教育界》，1936 年第二十三卷第十一期第103 页。

吴研因对传统蒙学教材内容不切生活实用提出了强烈的批评,有一定的合理性,但也有可商榷之处,其实在20世纪30年代吴研因在编写小学国语教科书时就选编了一些传统蒙学教材中的小故事,还用《三字经》的表述方式编写课文。另外,其行文给人的感觉是:虽然传统蒙学教材转变为现代小学教科书有一个时间过程,但教材形态直接由蒙学教材突变为小学教科书,而且蒙学教材和小学教科书是形态迥异的。

1995年,对古典文学与儿童教育均有研究的台湾学者林文宝先生在《历代启蒙教材初探》一书的附录中称:

> 我国新教育萌芽于自同治元年(西元一八六二年)创设同文馆,一直到光绪二十八年(西元一九〇二年)奏定学堂章程公布以前,共计四十年。自光绪二十八年奏定学堂章程公布到辛亥革命,共计十年,是为新教育建立时期,在此时期中旧教育完全推翻,新教育制度渐次建立起来。在新教育的发展过程中,历受日本、德国、英国、美国的影响,在各种西潮的冲击下,我们似乎了解各国的教育措施。可是却忘了自己以往的教育措施。因此不揣陋学,试探讨我国历代启蒙教育。"启蒙"是我国旧有的用词,以今日的用词来说……①

和吴研因不同的是,他对传统教育十分推崇。与之相同的是,他似乎认为旧教育像新式教育在清末十年是突变的,如称"在此时期中旧教育完全推翻";认为在教材层面也是突变的,如该书介绍的"历代启蒙教材"全是传统的蒙学教材,其中明清时代的启蒙教材所列举的是《新编对相四言》《朱子治家格言》《日记故事》《幼学琼林》《龙文鞭影》《唐诗三百首》《昔时贤文》《女儿经》和《弟子规》。

其实,传统蒙学向现代教育的转型并非一蹴而就,而是在1902—1904年《钦定学堂章程》和《奏定学堂章程》颁布前后经历了一个过渡(渐变)阶段。

---

① 林文宝《历代启蒙教材初探》,台东:万卷楼图书有限公司,1995年版第187页。另外,引文中称1902年颁布的是《奏定学堂章程》有误,应该是《钦定学堂章程》。

无论是教育制度、教育方法，还是教材，都是如此。就教材来看，转型并非一下子由"三、百、千"变为各科教科书，而是在其间存在着一类很特别的兼有传统与现代双重性质(体现了旧教育与新教育双重精神)的过渡教材——新式蒙学教材。这类教材的双重性质主要表现在其名称、内容和形式以及使用的时间和场所等方面。

（1）名称、内容和形式。这类教材，有时其封面标有"蒙学"字样，但从其内容和形式来看，又与传统的"三、百、千"明显不同。有时是作为"教科书"来呈送学部审定的，而且其内容和"三、百、千"迥异，但其形式又和"三、百、千"十分相似。当然，还有其他兼具传统蒙学教材和现代教科书两重特征的教材。

（2）使用的时间和场所。这类教材存在的时间不长，主要出现在1897—1911年，其前承"三、百、千"，后启现代教科书，并和"三、百、千"及现代教科书同时共存。冯友兰(1895—1990)在《三松堂自序》中称，1901年后在私塾里先读《三字经》，接着学习"四书""五经"，还特别提到，"当时一般的私塾，叫学生读一些记诵典故和词藻以备作八股文、试帖诗之用的书，如《幼学琼林》、《龙文鞭影》之类，我们的家里也没有这样的要求。在我们家的私塾中倒读过一本新出的书，叫做《地球韵言》，这是一种讲地理的普及读物。地理在当时也算是一种'新学'。我们家的那个私塾，也算是新旧兼备了"①。胡适(1891—1962)在《四十自述》中回忆自己在家乡接受的九年教育(1895—1904)时提到，自己在进学堂(村塾)前已认识近千字，"因为我的程度不算'破蒙'的学生，故我不须念《三字经》，《千字文》，《百家姓》，《神童诗》一类的书"，只是因为常听别人高声诵读这类的书，所以能背《三字经》中的部分及《神童诗》的全部。他所读的头两部书便是其父胡守珊自编的四言韵语《学为人诗》和《原学》，随后念过的教材有《律诗六钞》《孝经》《小学》、"四书"（《论语》《孟子》《大学》《中庸》）和"五经"（《诗经》《尚书》《礼记》《易经》《春秋》）中的前四经。1904年，他到上海进梅溪学堂求学时，国文科"班上读的是文明书局的《蒙学读本》，英文班上用《华英初阶》，算学班上用《笔算数学》"等新

---

① 冯友兰《冯友兰文集(第一卷)》，长春：长春出版社，2008年版第8页。

式蒙学教材和单科教材了。① 曹聚仁(1900—1972)在《我与我的世界》中说："回想五十五年前(1915 年——引者)……我和一位富阳同学,漫步梧桐树下,谈谈各自的读书经历。我们,都是过的'先生讲学生听'的'新学'教育,对于私塾教育和书院教育,并无所知;我们把'三、百、千、千'(《千家诗》——引者)的教课,称之为'老腐败'……所不同者,那位同学,读过《千家诗》;而我呢,读过《四书》、《诗经》、《尚书》和《朱子小学》(其中一部分是《礼记》)。"他又说,自己"四岁便能念完《大学》、《中庸》"②。他出生于 1900 年,4 岁时便是 1904 年。郭沫若(1892—1978)在《我的学生时代》中说:"庚子(1900——引者)过后,家塾里的教育方法也渐渐起了革命,接着便读过《东莱博议》、《史鉴节要》、《地球韵言》,和上海当时编印的一些新式教科书。"③ 又如茅盾(1896—1981)在《我走过的道路》中称自己进小学之前在家塾中读书时,"祖父教的是《三字经》、《千家诗》这类老书,而且教学不认真……父亲就自选了一些新教材如《字课图说》、《天文歌略》、《地理歌略》等,让母亲来教我"。进初等小学后,"国文课本用的是《速通虚字法》和《论说入门》……修身课本就是《论语》"。在高等小学时,既学算学、物理、化学,又学《易经》《左传》和《孟子》等。④ 老舍(1899—1966)称自己 1908 年入学,"学校是一家改良私塾"。他说,入学第一天在拜完孔子和老师后,"老师给了我一本《地球韵言》和一本《三字经》。我于是,就变成了学生"⑤。有些学校即便名为新式小学,其学生所读仍是传统的蒙学教材,如在河北涿州村镇里仁仓小学中,"学务处颁发之书,虽已发给而不能用,所读者,不过仍《三字经》、《千字文》、《四书》之类"⑥。

这种新旧教材混用情况甚至延续到清结束前夕,如训诂学家陆宗达(1905—1988)在回忆自己所接受的这种新旧兼半的启蒙教育时就提到,因受现

① 胡适《四十自述》,曹伯言选编《胡适自传》,合肥:黄山书社,1986 年版第 20—23、42 页。
② 曹聚仁《我与我的世界》,北京:人民文学出版社,1983 年版第 102—103、15 页。
③ 郭沫若《郭沫若全集(第十二卷)》,北京:人民文学出版社,1992 年版第 7 页。
④ 茅盾《我走过的道路(上)》,北京:人民文学出版社,1981 年版第 62、64、67 页。
⑤ 舒雨编《老舍代表作集(下)》,杭州:浙江文艺出版社,1998 年版第 492 页。
⑥ 朱有瓛主编《中国近代学制史料(第二辑·上册)》,上海:华东师范大学出版社,1987 年版第 273 页。

代教育思潮的影响，私塾中有些思想稍先进的先生有时也会选择一些当时出版的儿童报刊作教材[①]：

> 六岁时，宣统二年(1910年——引者)，我伯父的干亲杨家成立学馆，教我的干叔叔杨毓芬(他是杨家的养子)读书，我便去附学(陪读——引者)，一起附学的还有几个人。老师姓王，虽是个秀才，却教的是新旧兼半的课程，上午学"四书"(《大学》、《中庸》、《论语》、《孟子》)，三本小书(《三字经》、《百家姓》、《千字文》)，还读千家诗"春眠不觉晓"、"洛阳访才子"都是那时候学的。[②] 下午讲报，用的是当时宣传革新的《启蒙画报》，我从中学了不少新知识，印象最深的是当时大力宣传的武训办学，《画报》上还有国内和国际的时事大事记，还谈辛亥革命。所以，我从小就受的是新旧兼半的教育。

可见，虽然从总体上看，随着新式学堂、学校的陆续设立以及新式教科书出版增多，以"三、百、千"及"四书""五经"为教材的传统蒙学式微，并最终让位于现代教育，但是，从1897至1911年，无论是在家塾、私塾还是小学中，儿童所学的教材，既有传统蒙学教材，也有新式的蒙学教材，或现代小学教科书。总之，无论是从教材的名称、内容和形式，还是从其使用的时间和场所来看，都存在着一类兼具传统与现代两重特征、处在新旧交替之间的蒙学教材，我们称其为"新式蒙学教材"。

(一) 研究现状

可能因为新式蒙学教材出现在传统和现代的夹缝之中，所以至今并未引起研究者的足够重视，即使已有研究偶然触碰于此，也没有意识到其独特的价值而作深入的研究；或者只对单个文本作过一定的研究，但因原始资料的匮缺而导致结论偏颇。目前这类研究存在的问题主要表现为以下四点。

---

① 北京师范大学民俗典籍文字研究中心编《陆宗达先生百年诞辰纪念文集》，北京：中国广播电视出版社，2005年版第14页。
② 疑为："还读《千家诗》，'春眠不觉晓'、'洛阳访才子'都是那时候学的。"

第一，随意归类。在前述 1936 年发表的《清末以来我国小学教科书概观》中，吴研因将《蒙学课本》《蒙学读本全书》与清末第一套小学教科书《最新国文教科书》相对提出，但他在介绍传统蒙学教材时并未将这两套教科书列入[①]，大概是因为他意识到这两套教科书列入传统蒙学教材和现代小学教科书都似乎不太恰当，难以确切地将其归类。1941 年，胡怀琛的遗著《蒙书考》发表。该文按杂字、"三字经""百家姓""千字文""千家诗""神童诗""蒙求"和"其他"八个类别列出其所见每类的各种版本。可见，他是按照传统蒙学教材的归类方式来收录书目的。不过，他又将属于新式蒙学教材的《天文歌略》《地学歌略》和《地球韵言》收录其中而归入"其他"一类，在"所知书目"中也将《西学蒙求》《时务蒙求》《植物学歌略》《动物学歌略》等归入。[②] 又如 1961 年瞿菊农在《中国古代蒙养学教材》中称："到清朝中叶之后，历史的条件不同，社会有新的需要，在新式学校教科书通行全国之前，曾出现许多用旧形式编撰具有新内容的教材，如《字课图说》，《地球韵言》，以及传授物理、化学知识的教材。"虽然他指出了这类教材出现在"从清中叶以后到新学校和新教科书的出现"的近代带有"过渡"性质，而且《澄衷蒙学堂字课图说》《地球韵言》采用旧形式呈现新内容具有传统与现代双重性质，但是他仍然视《澄衷蒙学堂字课图说》《地球韵言》之类为"古代蒙养教材"[③]。如果说因为《澄衷蒙学堂字课图说》《地球韵言》采用了旧形式而将其归入传统蒙养教材之列尚有一定道理的话，那么他对新教科书出现之前的用新形式编撰具有新内容的如上述《蒙学课本》《蒙学读本全书》之类的教材不提及和归类，除了因为《蒙学课本》《蒙学读本全书》这类教材确实不在他讨论的传统蒙养教材范畴之内外，大概还因为他难以对这类教材作出正确的判断和恰当的归类：虽然其具有新内容和新形式而完全不同于传统蒙养教材，但又因为其出现在新教科书之前而难以归入现代教科书之列。

---

① 吴研因《清末以来我国小学教科书概观》，《中华教育界》，1936 年第二十三卷第十一期第 103 页。陆胤《清末"蒙学读本"的文体意识与"国文"学科之建构》（《文学遗产》，2013 年第 3 期）也意识到这是两类教材，所以他将新式蒙学教材称为"读本书"，以与《最新国文教科书》这种现代学制确立以后的"国文"教科书相区分。

② 胡寄尘（遗稿）《蒙书考》，《震旦杂志》，1941 年第二卷第一期第 34—60 页。

③ 瞿菊农《中国古代蒙养学教材》，《北京师范大学学报（社会科学版）》，1961 年第 4 期第 46 页。

教材区分的标准难以确定，导致难以归类，进而造成此后的一些论著将其归类时就特别随意。关于这类教材的归类，在同一论著之中或同一作者的不同论著中常见前后自相矛盾的地方。如虽然张志公先生1962年出版的《传统语文教育初探（附蒙学书目稿）》所论范围是"传统"，不过他在书中也提到"清末还产生了一些用蒙求形式介绍新知识的蒙书，如《时务蒙求》《地球韵言》《算学歌略》等等"①，"清代末年兴办新学之后，很多人着手编写新的教科书。在这中间，有一些人试图用旧的蒙求形式来讲新的科学知识。如徐继高的《算学歌略》……张士瀛的《地球韵言》"②。可见，他在正文中的这种表述已表明其意识到了这类教材既不属传统的蒙学教材，也不属于"新的教科书"范畴。不过，他在书后所附"蒙学书目稿"中竟然又特设"清末新学章程和教科书"一类，并将《澄衷蒙学堂字课图说》《识字贯通法》《文话便读》和《蒙学读本全书》等列入其中。③ 将这些新式蒙学教材纳入教科书范畴来分析的论著还有不少，如1994年出版的熊月之著的《西学东渐与晚清社会》以"教科书新貌"为标题来分析《蒙学课本》《蒙学读本全书》等教材，并称其为自编的"新式教科书"④。如1996年出版的王建军著的《中国近代教科书发展研究》的第二章《清末的自编教科书》将《蒙学课本》《字义教科书》《蒙学读本全书》和《澄衷蒙学堂字课图说》等四本教材纳入"清末自编教科书的最初尝试"一节中介绍。⑤ 又如1997年李杏保、顾黄初合著的《中国现代语文教育史》一面称"颇具小学语文课本雏形的《蒙学读本》"，一面又称"我国自编的新型教科书，产生于光绪二十三年（1897年）。我国的第一部教科书，要算朱树人所编南洋公学出版的三本《蒙学课本》"⑥。一会儿说《蒙学课本》具有教科书的雏形，一

① 张志公《传统语文教育初探（附蒙学书目稿）》，上海：上海教育出版社，1962年版第6页。张志公在该书的修订版《传统语文教育教材论——暨蒙学书目和书影》（上海：上海教育出版社，1992年版第11页）中将这句引文中的"清末"具体化为"清末维新运动以后"。
② 张志公《传统语文教育初探（附蒙学书目稿）》，上海：上海教育出版社，1962年版第74页。他在该书中称这两本书为"清末的韵语科学读物"，在该书的修订版《传统语文教育教材论——暨蒙学书目和书影》（上海：上海教育出版社，1992年版第73页）中将其归入"新学"教材。
③ 张志公《传统语文教育初探（附蒙学书目稿）》，上海：上海教育出版社，1962年版第186页。
④ 熊月之《西学东渐与晚清社会》，上海：上海人民出版社，1994年版第663—667页。
⑤ 王建军《中国近代教科书发展研究》，广州：广东教育出版社，1996年版第84—104页。
⑥ 李杏保、顾黄初《中国现代语文教育史》，成都：四川教育出版社，1997年版第15、39页。

会儿又断定其为教科书，表述不一。当然，他们还把1897年陈懋治等人编写的《蒙学课本》与1901年朱树人编的《新订蒙学课本》混淆了。又如在2006年吴洪成先生主编的《中国小学教育史》的第七章《维新运动时期新式小学教育的发展》之"新式小学教科书的编写"中，上海南洋公学编写的《蒙学课本》和三等公学堂编写的《蒙学镜》、澄衷学堂编写的《澄衷蒙学堂字课图说》被纳入新式"学堂自编教科书"，而叶瀚等合编的《蒙学报》《植物学歌略》《动物学歌略》、叶澜编的《天文歌略》《地学歌略》等被归为"知识界改编传统小学教材"①。此外，2008年汪家熔在其著的《民族魂——教科书变迁》的书名中标识所论对象为"教科书"，但其又在书中指出《字义教科书》、南洋公学《蒙学课本》和"无锡三等公学堂课本"等编写出版于"癸卯学制"正式实行前，所以被称为"非学制教育读本"，并指出："在国家学制颁布前，民间有各种供教学的读本，这些读本为学制公布后编纂的教科书提供了成功或失败的经验，减少了摸索，他们的功绩是不能抹杀的。"② 可见，他认为这是些"读本"而不是"教科书"。又如石鸥于2007年在《最不该忽视的研究——关于教科书研究的几点思考》一文中所界定教科书特征就有出现于现代学制产生后、依据教学计划规定的学科分门别类地编写和出版等③，但2008年其又在其他论文中将出版于现代学制诞生之前的1901年出版的、各科内容混合不分的南洋公学编写的《新订蒙学课本》称为"中国现代教科书之萌芽"④，将1902年出版、同样是各科内容混合不分的无锡三等公学堂《蒙学读本全书》认定为"最具现代意义的学校自编语文教科书"⑤。2011年，台湾学者梅家玲在《晚清童蒙教育中的文化传译、知识结构与表述方式——以〈蒙学报〉与〈启蒙画报〉为中心》一文中称："《蒙学报》与《启蒙画报》创刊时间早于一般小学教科书的

① 吴洪成主编《中国小学教育史》，太原：山西教育出版社，2006年版第136—138页。
② 汪家熔《民族魂——教科书变迁》，北京：商务印书馆，2008年版第8—18页。
③ 石鸥《最不该忽视的研究——关于教科书研究的几点思考》，《湖南师范大学教育科学学报》，2007年第5期第5页。
④ 石鸥、吴小鸥《中国现代教科之萌芽——南洋公学的〈（新订）蒙学课本〉》，《湖南教育（语文教师版）》，2008年第1期。
⑤ 石鸥、吴小鸥《最具现代意义的学校自编语文教科书——无锡三等公学堂的〈蒙学读本全书〉（1901年）》，《湖南教育》（语文教师版），2008年第3期。

编订"，《蒙学报》（1897）"具有'准教本'的性质"，《启蒙画报》（1902）"被当做'准教科书'"①。其实，称二者为"准教材"可能更恰当。梅家玲又说"早期小学教科书自然出自民间。而它们出版的时间，大多都在《蒙学报》与《启蒙画报》之后"，如《南洋公学蒙学课本》（1897）及重编本（1901）、《蒙学读本全书》（1902）、《最新教科书》（1903）、《高小史地教本》（1906）。② 很显然，她在这里把新式蒙学教材与现代小学教科书混为一谈了。又如2018年12月浙江大学举办"知识·图像·课程：民国教科书研究"国际论坛，其编订的论文集将清末或此前的《对相四言》《幼学杂字》《澄衷蒙学堂字课图说》《蒙学读本全书》《绘图蒙学捷径》等传统或新式的蒙学教材都纳入了"教科书"的范畴，如《明清民国蒙学读物〈幼学杂字〉的图像变迁》《从道到器：以〈澄衷蒙学堂字课图说〉探究清末思维的变迁》。其中一些论文也将"教材"与"教科书"混在一起讨论，如《教科书的文化赋形——以王亨统编撰新式教科书为中心》将王亨统编的新式蒙学教材全部归为新式教科书，《20世纪前期小学国文（语）教科书中"孝道"观念之变迁》则从《蒙学读本全书》开始梳理教科书中的"孝道"观念。③

第二，附带研究。如林治金先生主编《中国小学语文教学史》的第7章《1840至1920年期间的小学语文教学》第一节中"传统蒙学语文教学之革新"，提到了《蒙学课本》《蒙学读本全书》《识字贯通法》《文话便读》和《澄衷蒙学堂字课图说》，并认为它们的出现是"清末传统蒙学读本改革之先声"。不过，该书只对这几套教材的内容或体例作了粗略的介绍，而且其所述均来自张志公先生的著作。④ 又如，徐梓先生在《蒙学读物的历史透视》中，虽然意识到《澄衷蒙学堂字课图说》"已有某些现代字典的特征，表现出传统蒙学读

① 徐兰君、安德鲁·琼斯主编《儿童的发现：现代中国文学及文化中的儿童问题》，北京：北京大学出版社，2011年版第39、42、43页。
② 徐兰君、安德鲁·琼斯主编《儿童的发现：现代中国文学及文化中的儿童问题》，北京：北京大学出版社，2011年版第39页。另外，其中提到《最新教科书》出版时间是1903年，有误。有关此问题的考辨文字见张心科著《清末民国儿童文学教育发展史论》（北京：北京师范大学出版社，2011年版第39页）。
③ 浙江大学教育学院、浙江大学教科书研究中心《"知识·图像·课程：民国教科书研究"国际论坛论文集》，杭州：2018年12月第1、60—75、76—86、220—230、331—348页。
④ 林治金主编《中国小学语文教学史》，济南：山东教育出版社，1996年版第211—216页。

物向现代小学课本转化的倾向"①，而且该著作是"中国教育的传统与变革"丛书之一，但是其关注重点仍是传统蒙学读物，对这类新式蒙学读物并不作集中论述，而只是稍稍提及。与之形成鲜明对比的是，对传统蒙学教材和现代教科书的专门研究则从20世纪90年代开始就成为热点，对其进行整理出版成为新潮。②

第三，零星介绍。一些专门以教材或小学教育史为研究对象的著作或论文③，常以某一部或几部新式蒙学教材作为研究对象，且多数研究流于一般性的介绍，如李伯棠先生编著的《小学语文教材简史》的第二章《小学语文教材的历史演变》之一"旧中国的小学语文教材"只简略提及《蒙学课本》《蒙学读本全书》《识字贯通法》和《文话便读》。④又如石鸥、吴小鸥编著的《百年中国教科书图说》之"图说"⑤、洪宗礼等先生主编的《母语教材研究(3)·中国百年语文教材评介》之"评介"⑥，司琦《小学教科书发展史——小学教科书纸上博物馆》之初步整理后的"展览"⑦，等等。有些研究虽较深入，但常局限于某一两套教材，如张文、石鸥的《基于南洋公学〈蒙学课本〉不同版本的新认识》⑧、李重、胡根林的《清末〈蒙学课本〉的写作内容及理念》⑨以及朱宏

---

① 徐梓《蒙学读物的历史透视》，武汉：湖北教育出版社，1996年版第218页。

② 徐梓《"蒙学热"透视》，《中国典籍与文化》，1992年第3期第38—42页。近年来研究传统蒙学的单篇论文很多，专著除了张著、徐著等综论性质的著作，还有研究地域文献中的传统蒙学读物的，如台湾学者郑阿财、朱凤玉的《敦煌蒙书研究》(兰州：甘肃教育出版社，2002年版)；还有就中外传统蒙学教材进行比较研究的，如谭建川的《日本文化传承的历史透视——明治前启蒙教材研究》(北京：商务印书馆，2010年版)，等等。

③ 著作如王建军《中国近代教科书发展研究》(广州：广东教育出版社，1996年版)、吴洪成《历史的轨迹——中国小学教育发展史》(重庆：西南师范大学出版社，2003年版)、吴洪成主编《中国小学教育史》(太原：山西教育出版社，2006年版)，等等。相关论文，见本书参考文献，此处不一一列举。

④ 李伯棠编著《小学语文教材简史》，济南：山东教育出版社，1985年版第20—23页。

⑤ 石鸥、吴小鸥编著《百年中国教科书图说》，长沙：湖南教育出版社，2009年版。

⑥ 洪宗礼、柳士镇、倪文锦主编《母语教材研究(3)·中国百年语文教材评介》，南京：江苏教育出版社，2007年版。

⑦ 司琦《小学教科书发展史——小学教科书纸上博物馆》，台北：华泰文化事业股份有限公司，2005年版。

⑧ 张文、石鸥《基于南洋公学〈蒙学课本〉不同版本的新认识》，《湖南师范大学学报(教育科学版)》，2016年第5期。

⑨ 李重、胡根林《清末〈蒙学课本〉的写作内容及理念》，《语文建设》，2014年第8期。

一的《〈澄衷蒙学堂字课图说〉的主要特点及历史地位》①，等等，均没有将其放在历史时空之中探寻其是否或如何承前或启后。换句话说，就是没有看到这些教材之间及其与传统蒙学教材、现代小学教科书之间存在的联系。

第四，轻率论断。因为这些新式蒙学教材存世稀少，许多论者的研究多借助他人辑录的教育资料选或他人论著，所以所得结论往往偏颇。如1897年版《蒙学课本》多数人未见过，2003年就有人称："南洋公学师范生陈懋治等编的《蒙学课本》，成书于清光绪二十三年（1897年）……三册书现在仅能见到两课被转录的课文。"②学者夏晓虹在《〈蒙学课本〉中的旧学新知》中坦言："其实，到目前为止，笔者同样未曾目睹过《蒙学课本》的最早版本；不过，比其他论者略胜一筹的是，到底还是翻阅过此书的第二与第三次印本。"③根据其文中的论述来看，其所谓的"第二与第三次印本"是1901年出版的《新订蒙学课本》，而非与之差异较大的1897年初版的《蒙学课本》，所以严格地说，其所论只是《新订蒙学课本》中的旧学新知。又如，下文我们将提到，1933年舒新城在编写《近代中国教育史料》时，将他人抄录的1897年《蒙学课本》的上卷第1课和另一篇不知所自的课文与1901年版的《新订蒙学课本》的初编、二编的"编辑大意"放在一起，统一以"蒙学课本"标识，导致后世所出的出版史、教育史资料均照录该书，而一直错将下来。④那些未见原书只据这些资料研究的结论也就难以成立了，如王建军在《中国近代教科书发展研究》中分析"南洋公学的《蒙学课本》"所依据的史料是张静庐辑注的《中国近代出版史料》和朱有瓛主编的《中国近代学制史料》，而这两种史料依

---

① 朱宏一《〈澄衷蒙学堂字课图说〉的主要特点及历史地位》，《语文建设》，2017年第7期。

② 编者在子冶辑注《〈蒙学读本全书〉卷端》前所加的按语（《出版史料》，2003年第2期124页），其所说的两篇课文我们将在下文提到，指的是舒新城在《近代中国教育史料》中辑录的两篇课文。

③ 夏晓虹《〈蒙学课本〉中的旧学新知》，《清华大学学报》（哲学社会科学版），2009年第4期第41页。

④ 如果舒新城细察一下就不至于弄错，因为其所录的《蒙学课本初编编辑大意》提到，"所谓习见习闻者，非指一人一地而言。是编开卷即列山字，以问沪儿，必茫然矣。然无山之处不知山，犹无海之处不知海，山与海皆非罕见之物也，余可类推"之语。可见，"编辑大意"已明确这个《蒙学课本初编》第1课应该有一个字"山"字，但其所录的初编第1课为："燕、雀、鸡、鹅之属曰禽。牛、羊、犬、豕之属曰兽。禽善飞，兽善走。禽有二翼，故善飞。兽有四足，故善走。"根本就没有出现过"山"字。由此可见，课文和编辑大意并非出自同一本书。

据的都是舒新城的《近代中国教育史料》，结果王建军误将上述资料选所录课文和编辑大意当成出自同一本书而将其结合在一起来论述①，其所论自然就难以确定所针对的是《蒙学课本》还是《新订蒙学课本》了。虽然对上述研究给予这样评价有点"苛责"的意味，但就历史研究来说，这不能不说是一大遗憾。

专门以新式蒙学教材为研究对象，研究时声称从"教育"入手且学术性强的代表性论文不多，主要有以下几种：夏晓虹的《〈蒙学课本〉中的旧学新知》首先从《蒙学课本》存世的版本考辨入手，结合南洋公学的教育实践，厘清文献记载、学者论著中的错误，然后分析这本国民常识读本所呈现的教育理念和新知识观及其在传播新学方面的价值。② 陆胤的《清末"蒙学读本"的文体意识与"国文"学科之建构》则扩大研究范围，其所论"蒙学读本"包括《蒙学报·读本书》《蒙学课本》《新订蒙学课本》《绘图蒙学课本》《蒙学读本全书》《绘图文学初阶》。该文认为这些"蒙学读本"的内容及表述既受戊戌时期教育改制风潮的影响，又反过来作用于时人的文章意识及现代学制初设时期"国文"学科的建构。作者称："与以往教科书或童书研究注重'儿童的发现'不同，本文的考察重点在于成人编纂者的意识：看他们如何在学制缺席的状态下，为下一代设想一种'国文'的体式或观念。"③ 孙欣的《清末蒙学课本的爱国教育》分析了《新订蒙学课本》《蒙学读本全书》等几套清末蒙学课本中所体现的忠君爱国的思想。④ 这些研究虽然都涉及"教育"，不过，有些论文只是罗列呈现编辑大意、典型课文，然后以"小结"的形式稍作分析，所以学理分析不够深入，更主要的是多从宏观(广义"教育")把握或从边缘(文化、文学)切入，讨论更多的是其文化、文学价值，并未从课程与教学论的层面去分析这些蒙学教材的内容、形式及其在传统教育到现在教育转型期的"教育"价值。

---

① 王建军《中国近代教科书发展研究》，广州：广东教育出版社，1996 年版第 92—96 页。

② 夏晓虹《〈蒙学课本〉中的旧学新知》，《清华大学学报(哲学社会科学版)》，2009 年第 4 期。

③ 陆胤《清末"蒙学读本"的文体意识与"国文"学科之建构》，《文学遗产》，2013 年第 3 期第 122 页。

④ 孙欣《清末蒙学课本的爱国教育》，《课程·教材·教法》，2014 年第 10 期。

（二）研究意义

鉴于以上研究现状，我认为首先有必要改变将其随意纳入传统蒙学教材或现代小学教科书的不当的做法，对新式蒙学读物进行重新定位，将其从传统蒙学教材和现代小学教科书中独立出来，然后尽可能地结合教材实物，对其进行专门、系统、深入的研究。其研究意义，从不同的角度来看，大概有以下几层。

第一，历史与现实意义。就历史意义来说，首先，本研究借考察在西学东渐、革新救亡的历史背景中不同改革者对"什么知识最有价值"这个知识选择范围（旧学与新知）的追问的问题以及对"谁的知识最有价值"这个选择知识主体（革命派与改良派）的争取的问题的思考，探寻他们在借助各种知识和价值观念来改造、重构国民文化心理结构时的不同取向，思考如何通过"知识"的选择与呈现这个手段来推进教育改革，乃至文化改革。因为在新式蒙学教材的编纂中，无论是其形式，还是内容，都存在着传统经验与域外新知的选择问题。就形式来说，是沿用传统"三、百、千"的形式，还是借鉴西方现代小学教科书的形式？就内容来说，是承传旧有的本土文学、历史、舆地、伦理等知识，还是新介现代西方的器物、制度、精神等知识？这些都体现出编纂者不同的价值取向。如宇宙星系、地球圆形、太阳中心、洲洋区划等现代天文地理知识，已随着明末耶稣会士利玛窦的《坤舆万国全图》、艾儒略的《职方外纪》和清初传教士南怀仁的《坤舆全图》《坤舆图说》等，以及晚清魏源的《海国图志》、徐继畬的《瀛环志略》、姚莹的《康輶纪行》等书的刊印得以传播，而若将其选入新编的蒙学教材，则不仅重构了国人固有的如地球处宇宙中部、中国居世界中心及天上地下、天圆地方、天动地静等舆地知识，更是颠覆了舆地知识背后所暗含的诸如天尊地卑以维持封建纲常及中国开化而四夷蛮荒以排拒域外民族国家的落后、偏狭的观念。

其次，本研究试图借助新式蒙学教材的发生、发展和消亡过程的完整呈现，来揭示传统蒙学向现代教育转型的轨迹，这样就既在时间上续接了历史发展之链，又在教育历史研究方法上有所创新，即从教材而非理论、制度层面，把这段历史由虚线变成了实线，而这种研究方法也正是张志公先生大力倡导和身体力行的，他在1992年版的《传统语文教育教材论——暨蒙学书目和书影》

中说："研究历史上的语文教育，求之于教材往往比求之于史传记载的章程、条例更可靠可信一些。教材是实际使用的，而其余则往往是作出来的文章，说得头头是道，但与实际不见得相符……古今中外，语文教材对社会的发展变化最为敏感。它反映产生它的社会背景，包括文化传统、风土习俗等等，反映当时社会主导的思想意识，以及教育观点、教育政策。"[①]

就现实意义来说，首先，促进中国文化繁荣发展、推动本土文化的向外传播已成为政府的一项战略决策。[②] 这昭示出本土文化的创生和传播已经成为一种自觉行为，必将推动我国优秀文化、核心价值获得深入发掘和广泛传播。而清末先贤们立足于我国现实、回望祖国优秀文化、放眼世界先进经验，通过承继、借鉴、融会而创生出的新式蒙学教材及其编写行为，可为国内学者研究我国近代文化由传统向现代的转型过程，尤其是在这个过程中西方现代新知的传入条件、过程及方式等，提供原始材料和基本对象；也可为相关部门向海外传播中国文化、促进文化交流时选择哪些内容、采用何种形式编写"有中国特色"的对外汉语教育的教材提供参考和借鉴。其次，目前的基础教育，尤其是其中的语文教育一直广受诟病，其中教材的编写不当是一个重要的原因，从怎样从历史的角度来回答当下常见的"读经"主张、行为以及客观地评价小学教科书"今不如昔"的批评、民国小学重出的热潮，到怎样编出符合汉语言、文字学习规律的启蒙读本，都需要回顾这段承前启后的特定历史，考察这些中西古今交融的特殊教材，反思其优劣得失，预设未来教育，尤其是未来启蒙教材的发展路径。

第二，理论与实践意义。就理论意义来说，教材是课程与教学思想、理论外化的载体，也是教学得以开展的基本凭借，所以，通过对历史上和现实中不同教材的比较、归纳而得出的教育理论，比从其他学科或上位的教育学移植学术概念然后进行推理演绎而得出的理论，更契合教育学科的实际，也更具有说服力，更能产生影响；更何况，从历史出发，才能推陈出新，而且因为有历史

---

① 张志公《传统语文教育教材论——暨蒙学书目和书影》，上海：上海教育出版社，1992 年版第 3 页。

② 如 2011 年 10 月 18 日中国共产党第十七届中央委员会第六次全体会议通过了《中共中央关于深化文化体制改革推动社会主义文化大发展大繁荣若干重大问题的决定》。

的参照，才算是真正意义上的创新，而本研究就是希望通过总结各种新式蒙学教材的内容和形式特点，辨析其形成的内外因素，建构基于传统与现代、东方与西方结合（域外理论与本土经验兼顾）的启蒙教材编写理论。就实践意义来说，这些各具特色的新式蒙学教材内容和形式均不相同，各有利弊，如果能对此予以考察，总结利弊，结合当下现实，取利除弊，则可编写出各具特色的小学教材和对外教材。

二、概念界定与时间限定

（一）概念界定

"蒙学"的概念界定大致可以分为两类：一类是从其某一侧面出发来界定，一类是综合观照其各个侧面。前一类又可分为三种。一是从教育场所来界定，将其和书院等相对，指启蒙的学塾，如《辞海》称："蒙学又称蒙馆，是中国封建时代对儿童进行启蒙教育的学校。"① 二是从学习阶段来界定，将其和中学、大学等相对，指相当于现代学前及小学，如吴沃尧在《历史小说总序》中说："吾曾受而读之，蒙学、中学之书都嫌过简，至于高等大学或且仍用旧册矣。"② 三是从教学内容来界定，将其和精研深究学理相对，指内容浅近，如《蒙学报》的发刊词称："蒙学云者，以浅近之文字，达浅近必要之学术是已。"③ 后一类指出："蒙学是一个特定层次的教育，是特指对儿童所进行的启蒙教育，包括教育的目的、教学的内容、教学的方法等多方面的内容。这一教学旧时在书馆、乡学、村学、家塾、冬学、义学、社学等名称不同的处所进行。"④ 鉴于研究对象本身的复杂性，本研究所用的"蒙学"概念，择取后一类。

"教材"与"教科书"的概念。除上述现代学者随意将这类新式蒙学教材归类外，近代也不时出现对其性质不同认定的情况。如中华书局图书馆编的《基本教育展览目录》（1918年以前）中有一篇《教科书以前的童蒙读物》，其实

---

① 徐梓《蒙学读物的历史透视》，武汉：湖北教育出版社，1996年版第2页。
② 朱一玄编，朱天吉校《明清小说资料选编（上）》，天津：南开大学出版社，2006年版第173页。
③ 北京《蒙学报》，1913年8月11日，第一卷第一册第5页"演说"栏。
④ 徐梓《蒙学读物的历史透视》，武汉：湖北教育出版社，1996年版第2页。

这是一篇书目，内收童蒙读物 55 种，其中既有传统的"三、百、千"之类的教材，也有新式的《天文地理歌略》《地球韵言》《幼学杂字》和《澄衷蒙学堂字课图说》等一类的教材，虽然文中将传统与现代杂陈不分，但已明确将后一类排除在"教科书"之外。① 不过，又有一些学者称一些新式蒙学教材为"教科书"，如有人称《蒙学课本》（1897）和《新订蒙学课本》（1901 年）的编写或出版为"中国自编小学教科书之始"②，或"是为我国人自编教科书之始"③。有人称，《蒙学读本全书》（1902）"是我国最早编印的小学教科书"④。有人称，陈荣衮"萃毕生之精力于教育，尤其于小学教育。其创作教本，在光绪乙未（1895年）为创作教科书之第一人。《妇孺须知》一书，为行世最早之教本"⑤，或称其为"近代中国小学教科书的始创人"⑥。除了今之学者常为醒目起见而将这些新式蒙学教材称为"教科书"，近之学者因与编者存在某种关系而将这些新式蒙学教材称为"教科书"，并以"之始""第一"等标榜其开创之功甚伟外，还与上述这类新式蒙学教材本身兼具传统蒙学教材和现代小学教科书的某些特点，且论者并没有区分清楚"教材"和"教科书"这两个概念有关。

其实，"教材"即教学材料，"教科书"只是其中的一类，二者的关系，不能仅从名称上去判断。就名称来说，有人指出，在我国"教科"书之名在康熙年间就已出现，如称："早在康熙三十七年（1772 年 9 月）〔编者按：年代错误，但原文如此，故从〕我国已以'学堂教科'的字样出版蓝元鼎写的《女学堂教科讲读启蒙》。"⑦ 有人认为"教科书"之名出现在同治、光绪年间的教会学校，如 1934 年出版的《中国教育年鉴》中的《教科书之发刊概况》称："清同治光绪年间，基督教会多附设学堂传教，光绪二年（1876 年——引者）举行传教

---

① 中华书局图书馆《教科书以前的童蒙读物》，王泉根编《中国现代儿童文学文论选》，南宁：广西人民出版社，1989 年版第 352—355 页。
② 舒新城编《近代中国教育史料（第二册）》，上海：中华书局，1928 年版第 243 页。
③ 蒋维乔《编辑小学教科书之回忆》，商务印书馆《出版周刊》，1935 年新一百五十六号第 9 页。
④ 魏冰心《国定教科书之编辑经过》，《教育通讯》，1946 年 5 月 15 日复刊第一卷第六期第 14 页。
⑤ 璩鑫圭、童富勇《中国近代教育史资料汇编·教育思想》，上海：上海教育出版社，2007 年版第 584 页。
⑥ 谭彼岸《晚清的白话文运动》，武汉：湖北人民出版社，1956 年版第 17 页。
⑦ 汪家熔辑注《中国出版史料·近代部分（第二卷）》，武汉：湖北教育出版社，2004 年版第 527 页。

士大会时，教士之主持教育者，以西学各科教材无适用书籍，议决组织'学堂教科书委员会'。该委员会所编教科书，有算学、泰西历史、地理、宗教、伦理等科，以供教会学校之用，间以赠各地传教区之私塾。教科书之名自是始于我国矣。惟现已散佚无从可考。"① 这是在我国出现的但是由外国人编写的教科书。我国人自编并标以"教科书"的教材始于何时呢？还有人称："清之季世，师欧美各国及日本之制，废科举，立学校，始有教科书之名。"② 或称："科举废后，正式教科书遂相继出现。"③ 如商务印书馆于1904年农历十二月出版的《最新国文教科书》，不仅标上了"教科书"之名，而且是"正式"的教科书。正因其满足了现代教科书的基本条件，所以才能称其为"正式"的"教科书"。

有人认为："现代意义的教科书应该满足如下条件：第一，产生了现代学制，根据学制，依学年学期而编写出版；第二，有与之配套的教授书(教授法、教学法)或教学参考书，教授书内容要包括分课教学建议，每课有教学时间建议等；第三，依据教学计划规定的学科分门别类地编写和出版。"④ 不过，在现代教科书发展史上曾多次出现有教科书而无"教师用书"的情况，所以第二条并非必要条件。鉴于此，我认为现代意义的教科书应符合的三个基本条件如下。(1)其使用地点必须是学校，而不是书院、私塾或家庭。当然，我们也不能说有了新式"学校"，就有了"教科书"，因为在学校里使用的即便是文字材料，有时也只能称为"教材"，要被称为"教科书"，还必须具备另外两个特点。(2)其使用对象，有相对明确的学业年段的限制和区别，而不是模糊笼统的。(3)其内容编排，必须依据不同学段学生的不同心理及经验而组成一个较为严密的体系，而不是随意组织的。无论是依照上述学人的标准，还是依照我

---

① 《教科书之发刊概况》，教育部编《第一次中国教育年鉴·戊编》，上海：开明书店，1934年版第115页。
② 蔡元培《商务印书馆总经理夏君传》，汪家熔辑注《中国出版史料·近代部分(第三卷)》，武汉：湖北教育出版社，2004年版第438页。
③ 《教科书之发刊概况》，教育部编《第一次中国教育年鉴·戊编》，上海：开明书店，1934年版第115页。
④ 石鸥《最不该忽视的研究——关于教科书研究的几点思考》，《湖南师范大学教育科学学报》，2007年第5期第5页。

所确定的标准，"三、百、千"和"四书""五经"均不属于"教科书"的范畴，"因为它们在内容上是笼统而不分科的（基本上把语文的、政治的、历史的、地理的等都包含其中），在程度上是模糊而不分级的（很难说《三字经》《百家姓》以及'四书五经'究竟在几年级学习是恰当的），在分量上是主观而不分课时的（究竟一个内容学习多少时间，几乎完全凭教书先生自己的判断），在学习方法上是完全随意的（没有教授书可以参考，重点难点都由教师自己把握）"①。另外，一些新式蒙学课本也因为不分学科、不分年级而不能称为"教科书"，如俞子夷在1931年就曾说，"就是到了清末，上海各大书局竞编教科书的时代，书名也还有'……读本'，'……课本'，并不完全像现在的一样。所以现在的教科书，可以说是二十多年中的产物"。也就是说，他认为这些"读本""课本"还不是教科书而只是教材，教科书产生于现代学制确立之后。他认为教科书和这些蒙学教材的主要区别有两点：一是蒙学教材内容各科不分而显得多，教科书相反；二是蒙学教材不分年级而"程度不一定"，教科书反之。"譬如拿蒙学课本来和现在的国语教科书比，蒙学课本究竟从什么程度用起？每一课用多少时间？到什么程度为止？都没有明确的规定。所以三本蒙学课本，用三年也好，用半年也好，即使在一年里读完也没有人说你不好，或者还要说这位教员特别的认真努力。现在的国语教科书却只有这薄薄的几张，一定只有多少课，每课的字数也有相当的限度。"他又说："要是我记忆还可靠的话，我觉得学生用书，由内容较多的，渐渐变为内容少的；由程度不一定的，渐渐变为程度有一定的。"② 其实，这正反映出从蒙学教材到现代小学教科书的演变过程及二者之间存在的差异。

与之相对的是，一些现代学制确立后出版的教科书虽然书名中有"蒙学"二字，但因为其按学科分编、按年级分册，所以仍然是现代教科书。如上海文明书局分别于1902年8月和12月出版了华循编撰的《蒙学动物学教科书》和《蒙学植物学教科书》，于1903年8月出版了秦瑞玠编撰的《蒙学西洋历史教

① 石鸥《最不该忽视的研究——关于教科书研究的几点思考》，《湖南师范大学教育科学学报》，2007年第5期第5页。
② 俞子夷《关于小学教科书的几点小小意见》，《中华教育界》，1931年第十九卷第四期第77—78、77页。

科书》，之所以标上"蒙学"二字大概是因为 1902 年颁布的《钦定学堂章程》将小学分成"蒙学堂"和"小学堂"两个学段，而其恰为"蒙学堂"阶段所用的教科书。因此，虽然 1904 年颁布的《奏定学堂章程》将小学分成"初等小学堂"和"高等小学堂"，但是一些小学教科书继续在书名中标注"蒙学"字样，如上海文明书局又分别于 1905、1906、1907 和 1909 年出版由丁福保编撰的《蒙学生理教科书》、陆基编撰的《蒙学经训修身教科书》、张相文编撰的《蒙学中国地理教科书》和丁宝书编撰的《蒙学中国历史教科书》等。上海文明书局总共出版了 30 余种署名"蒙学"的"教科书"。大概因为后来"蒙学"成了"小学"的代称，或者因为这些书编写于 1904 年之前和前述教科书是同一系列，所以就延续了前者的书名标识方法。这种书名标识方法甚至延续到民国初年，如商务印书馆于 1917 年出版了秦同培编撰的《初阶蒙学修身教科书》。

本书所论述的教材，有些编写、出版于现代学制的确立（以 1902—1904 年《钦定学堂章程》和《奏定学堂章程》颁布为标志）之前，但它又是为现代小学编写的，其形式和现代小学教科书相似，不过其内容却又各科不分，如 1897 年南洋公学编写的《蒙学课本》；有些虽然编写于学制确立之后，内容也是分科的，但形式和"三、百、千"等无异，如 1906 年赖振宸编的《蒙学分类韵言》等；有些内容分为不同的学科，每科又分册以适合不同年级使用，有些配备了教师用书，但其并非根据官方颁布的"章程""计划"之类的文章而编写的，如陈荣衮编写的"妇孺"系列丛书。这些教材，往往兼具传统蒙学教材和现代小学教科书两重特征，只不过有时"传统"的色彩明显一点，有时"现代"的特征要显著一点，而且本研究要考察其如何由"传统"向"现代"过渡，所以本研究中将对象泛称为"教材"。

由"新式蒙学教材"这个概念又牵引出"传统"和"现代"两个概念。这组相对的概念，所针对的，不仅是时间上的过去和现在，而且是事物性质上的旧与新。当然，"过去"不等于"旧"，"现在"也不等于"新"，而往往是互有交叉的，所以，"新式"之"新"，在时间上并不一定指现代学制确立以后，而可能编写于这之前；在实质上也并不一定和现代小学教科书相似，而可能只是其内容包含的是现代知识。此处的"蒙学"，和"新式"的情况相似。

（二）时间限定

研究对象概念确定之后，时间限定也就相对明确，因为"新式蒙学教材"编写出版集中在 1897 年前后至 1911 年，所以本研究所论的"晚清"，指的就是这段时间。

三、研究方法与基本内容

（一）研究方法

研究对象决定了本研究的基本方法是历史研究法。这种方法主要是尽可能地利用原始资料，对其进行搜集、整理、比较、分析、归纳，通过研究过去，以观照现在，并预设未来。具体来说，就如梁启超在《中国历史研究法》中论述的，采用钩沉法（重新寻出已经沉没的事实）、正误法（改正前人错误的记述、今人不当的论说）、新注意（搜集前人不太注意而很有价值的史料）、搜集排比法（将单个的事件、遗物进行搜集、排比）、联络法（寻找事物之间时间先后关系和内在因果联系）以"求得真事实"，这样就可以"予以新意义"（"把种种无意义的事实追求出一个新意义，本来有意义而看错了的，给他改正，本来有意义而没觉察的，给他看出来"）及"予以新价值"（"从前有价值，现在无价值的，不要把它轻轻抹杀了；从前无价值，现在有价值的，不要把它轻轻放过了"），以达到"供吾人活动之资鉴"的目的。[①]

（二）基本内容

根据对现有资料的搜集、整理和初步的分析、归纳，将本研究分成三大部分。

第一，绪论《新式蒙学教材：在夹缝中生存》，主要简述新式蒙学课本的尴尬境遇，即无论是从其历史上存在的时间、所处的地位，还是从今天人们对其研究价值的认识和关注的程度及研究成果的数量和质量来看，新式蒙学教材的

---

① 梁启超《中国历史研究法》，北京：东方出版社，1996 年版第 156—163 页。

研究均处于夹缝之中。

第二，主体部分，试图从宏观和微观两个层面，借助对新式蒙学教材的分析，来探索传统蒙学向现代教育转型的过程，即将新式蒙学教材放在历史发展之链中，从各层面、多角度来考察其产生的原因、自身的特点和发展的历程等。其中第一章《传统蒙学教材遭遇困境与新式蒙学教材编写设想》，首先简要分析传统蒙学教材的内容和形式特点，其次概括新式教育改革的基本取向，然后在此基础上交代传统蒙学教材遭遇的困境和新式蒙学教材编写的设想。第二章《新式蒙学教材的发生、发展及其内容、形式》，结合出现的时间先后，按新式蒙学教材的内容和形式将其分为五大类，从总体上梳理出新式蒙学教材发生、发展和消亡的历史脉络，初步分析各种新式蒙学教材产生的原因，编写时对传统和现代所采取的不同态度，在改革与改良之间所选择的不同的编写策略，这些不同态度、策略是如何通过其不同的内容和形式表现出来的。除了具体分析单个教材文本之外，还将其放在历史坐标之中与其他新式蒙学教材作比

较，分析不同教材之间的联系与区别，考察不同时段的教材之间的承继与超越。这就好像是描绘星空，既勾勒出星空图景的轮廓，又细描其中单个星星的状貌。第三章《新式蒙学教材变形消亡与现代小学教科书兴起》，分析现代教科书编写、审定制度的确立，及其后新式蒙学教材的不同结局：革命式的新式蒙学教材转换变形为教科书，改良式的新式蒙学教材在审定时遭弃消亡。

第三，余论《新编小学教科书：在前行中回望》，对传统蒙学教材、新式蒙学教材和现代小学教科书进行反思，以符合现代精神与传统经验为基本判断标准，总结、评析其各自的优

劣得失，在根植中国教育，尤其是语文启蒙教育要符合汉字、汉语学习规律及教材要体现汉字、汉语特点而又要科学、现代的前提下，主张在前行中不时地回望历史，编写集中识字阶段的综合教科书和初步读写阶段的分科教科书。这套理想(中)的教科书是一套传统与现代交融、中国与西方结合的，具有不同功能、用于不同学段的各种类型的，可以在互用中发挥互补之效的教科书。

第一章　传统蒙学教材遭遇困境与新式蒙学教材编写设想

村先生

村先生，貌足恭，训蒙大学兼中庸。古人小学进大学，先生躐等追先觉。古人登高必自卑，先生躐等追先知。童子读书尚佶舌，便将大义九经说。谁为鱼跃孰鸢飞，且请先生与析微。不求入门骤入室，先生学圣功程疾。村童读书三四年，乳臭满口谈圣贤。偶然请之书牛券，却寻不出上下论。书读三年券不成，母咒先生父成怨。我意启蒙首歌括，眼前道理说明豁。论月须辨无嫦娥，论鬼须辨无阎罗。勿令腐气入头脑，知识先开方有造。解得人情物理精，从容易入圣贤道。今日国仇似海深，复仇须鼓儿童心。法念德仇亦歌括，儿童读之涕沾襟。村先生，休足恭，莫言芹藻与辟雍，强国之基在蒙养，儿童智慧须开爽，方能凌驾欧人上。[1]

——林纾（琴南）《闽中新乐府》（1897）

文明种

文明种，少年子。蹉跎复蹉跎，百年长已矣。我今举目览八荒，少年世界修写（罗）场，街头巷尾相嬉逐，无知无识如犬羊。训蒙师如牛充栋，无奈利名心太重。生来已种奴隶苗，如何能布文明种。文明无种可奈何，举国昏如春梦婆，少年精神既渐（渐）灭，国家精神亦销磨。迩来学战风潮烈，胜者为优败者劣，端赖少年兴国家，国民教育须普及。我愿少年父，

---

[1] 吴仁华主编《林纾读本》，福州：福建教育出版社，2014 年版第 37 页。

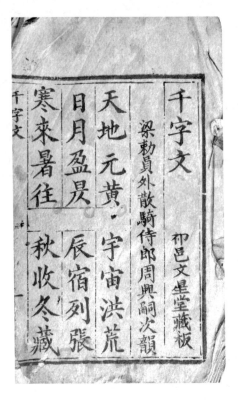

及早回头莫再误；我愿少年师，及早改良莫再迟。吁嗟乎！少年乃为国之宝，儿童教育休草草！君不见，联邦德意志，一统意大利，富强都自少年始。①

———黄海锋郎《新童谣》（1902）

《村先生》是近代著名学者林纾（1852—1924）编写的启蒙读物《闽中新乐府》中的一首童谣。作者标明其主旨是"讥蒙养失也"，其中就猛烈抨击了村学教学所用教材的不当。他认为这种充斥性理之学的传统蒙学教材不仅难懂，而且毒害儿童思想（"乳臭满口谈圣贤"）、玄虚不切实用（"书读三年券不成"）。"强国之基在蒙养"，然而在列强环伺、竞相侵凌的晚清，显然使用这种教材培养的只会是些"东亚病夫"，所以要改革这种教材，加入些"眼前道理"、日用"知识"、常见的"人情物理"、必要的爱国之情等内容，以造就"凌驾欧人上"的国民。黄海锋郎写的《文明种》刊发于 1902 年第 8 期《杭州白话报》。其题下标注"冀蒙学之改良也"，显然是希望提醒家庭和塾师要重视儿童教育，进而改良儿童教育，在儿童的心中种下现代"文明"的种子，最终使中国列于世界之林。林纾、黄海锋郎的疾呼，反映了晚清有识之士改革传统、转向现代的普遍心理；传统蒙学教材就是在这种强烈心理的一路催逼下最终消亡而让步于新式蒙学教材。

一、传统蒙学教材述略

传统蒙学教材，数量巨大、种类繁多、功能有别、内容各异、形式多样。

---

① 胡从经《晚清儿童文学钩沉》，上海：少年儿童出版社，1982 年版第 138—139 页。

下面，主要结合张志公《传统语文教育教材论》和徐梓《蒙学读物的历史透视》的相关研究和其他教材、教学实例，对此作一粗略的交代。

（一）数量

关于传统蒙学教材的数量，胡怀琛在《蒙书考》一书中开列了其所见的100多种①；张志公《传统语文教育教材论》后所列《蒙学书目》将其分为21类，总计619种②；徐梓、王雪梅编的《蒙学要义》后附的《中国传统蒙学书目（初稿）》将其分为12类，总计1 300多种③。虽然这些书目中所列有少量属于"新式蒙学教材"的范畴，但从上述学者的搜集也可以看出传统蒙学读物数量之可观。

（二）种类、功能

关于其分类方式，徐梓在《蒙学读物的历史透视》的结语中介绍了余嘉锡在《内阁大库本〈碎金〉跋》一文中的"字书""蒙求"和"格言"三分法，台湾学者郑阿财在《敦煌蒙书研究》中的"识字""知识"和"思想"三分法，及其自己先按"内容性质"所分的"综合类""经学或理学类""伦理类""历史类""识字类"和"名物和科技类"等6类，再按"编撰形式"所分的"韵对""故事""诗歌"和"图画"等4类，共10大类。④张志公先生在《传统语文教

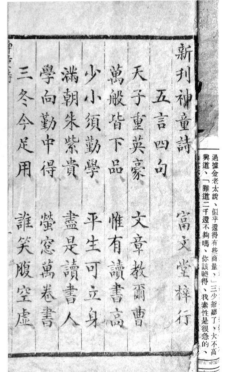

---

① 中华孔子学会编辑委员会组编《国学通览》，北京：群众出版社，1996年版第871页。
② 张志公《传统语文教育教材论——暨蒙学书目和书影》，上海：上海教育出版社，1992年版第191—287页。
③ 徐梓、王雪梅编《蒙学要义》，太原：山西教育出版社，1991版第229—338页。
④ 徐梓《蒙学读物的历史透视》，武汉：湖北教育出版社，1996年版第237—238页。

育教材论》后所附《蒙学书目》中将其分为"古轶蒙书""急就篇""千字文""百家姓""三字经""杂字""小学和'类小学'""以思想教育为主的韵语读物""兔园册""李翰'蒙求'""多种蒙求和类蒙求""历史类蒙求和类蒙求""各科知识类蒙求和类蒙求""散文故事""咏史诗""千家诗、神童诗及其他""对类及其他""蒙用文字、声韵、语法书""蒙用工具书""古文选本"和"丛书"21大类。① 余、郑两位学者所分相对清晰，而徐、张两位学者所依据的分类标准多样且多变。徐、张两位学者的如此分法，可能是因为古代蒙学读物本身情况的复杂而不得不用此法，不过也由此引发了诸多混乱。其实，分类应力避被分对象之间的交叉，尽可能自始至终依照某一类标准。鉴于此，本研究的分类主要以其功能为标准。当然，一本蒙学教材往往具备多重功能，所以本研究依其主要功能来界定其归属。下面就依历史发展顺序来略述传统蒙学教材的种类和功能。

根据《礼记》《尚书》及其传注的记载，在先秦时期就有与"大学"相对的"小学"存在。既然已有"小学"，那必然要使用相应的启蒙教材。

有史可考的蒙学教材，始于"宗周文胜之后、春秋战国之间，秦人作之以教学童"② 的《史籀篇》。其后，秦有《仓颉篇》、汉有《急就篇》等著名的蒙学读物。除此之外，周秦两汉时期，还出现了《八体六技》《凡将篇》《元尚篇》《训纂篇》《别字》《十三章》

---

① 张志公《传统语文教育教材论——暨蒙学书目和书影》，上海：上海教育出版社，1992年版第194页。

② 王国维《〈史籀疏证〉序》，方麟选编《王国维文存》，南京：江苏人民出版社，2014年版第293页。

《滂喜篇》等在内容和体例上存在一定关联的蒙学教材。从功能来看，"基本上所有的蒙学读物都是字书"①，即主要是作儿童识字、兼作写字之用的教材。

魏晋南北朝时期，出现了《劝学》《圣皇篇》《女史篇》《小学篇》《少学》《始学》《幼学》《启蒙记》《杂字指》《古今字诂》《字指》《要字苑》《常用字训》《要用字对误》《俗语难字》和《千字文》等。"这一时期的蒙学读物是以字书为主"②，和此前的蒙学读物相比，这一时期的蒙学读物的功能没有发生大的改变。

隋唐五代时期，编出了《开蒙要训》《俗务要名林》《杂集时用要字一千三百言》和《碎金》等"新的识字教材"，出现了《太公家教》和《女论语》等"进行封建思想教育的蒙书"，还出现了《兔园册府》《咏史诗》《蒙求》等用偶句韵语的形式写成的"掌故故事的蒙书"。这三类蒙学教材分别

① 徐梓《蒙学读物的历史透视》，武汉：湖北教育出版社，1996 年版第 31 页。
② 徐梓《蒙学读物的历史透视》，武汉：湖北教育出版社，1996 年版第 50 页。在辨析这些蒙学教材的功能时，徐著(第 35、37、50 页)针对《劝学》等指出，"历代《艺文志》和《经籍志》都把它著录在经部小学类中，我们认为它主要功能还是识字课本，不过因为编为韵语，其中得有一定的意思，所以有劝学的内容"；针对《小学篇》等指出，"它们都被著录在小学类中，前面是所谓的《急就》、《三仓》，后面是各种字书，它们都是识字读物也不难确定"；针对《杂字指》等指出，"它们识字读物的性质则更为明显"；针对《千字文》指出："有人或许会提出《千字文》，对它字书的性质提出异议。的确，这篇文章是如此精妙，以至于人们很难说它是一部字书。但是，《千字文》的编纂目的，是梁武帝为了教他的儿子识字，之所以编得形式如此整齐、语义之所以如此连贯，不过是为了识字的方便。从编撰经过来看，先是有人拓了 1 000 个不重的字，杂碎散乱，周兴嗣经过一夜天才的功夫，才把它组织成了一篇无与伦比的绝妙文章。所以，无论是就其编撰目的来看，还是就其编撰经过来看，说它是一部字书都确切无疑。只是由于它组织得太精致了，才使得它失去了本来的意义。传统目录学著作将各种文本的《千字文》著录在经部小学类字书之属蒙学门中，这是极其允当的。"

主要发挥着"识字教育，封建思想教育，知识教育"的教育功能。①

宋元时期，蒙学教材的体系大致如此："第一，识字教育方面，继承了《千字文》，补充了《百家姓》和《三字经》，成为几乎不可分的一套识字教材'三，百，千'；另一方面，'杂字'得到很大的发展，成为识字教育的另一条路线，与'三，百，千'相辅而行。第二，在封建思想教育方面，一则用《千字文》《三字经》深入到识字教育中去；再则以程朱理学为依据，产生了新的教材《小学》和大批性质相类似的书；此外又运用《弟子职》和《蒙求》的形式，产生了大批韵语的训诫读物。第三，在《蒙求》的基础上发展出来一大批历史知识教材，如《史学提要》等。同时出了一些介绍各科知识的教材，如《名物蒙求》等。第四，产生了重要的初步阅读教材——诗歌读本《千家诗》和散文故事书《书言故事》和《日记故事》。第五，在初步识字和初步阅读的教育之上，产生了一套读写训练的方法和教材——属对，程式化的作文训练，专作初学教材用的文章选注和评点本。"②

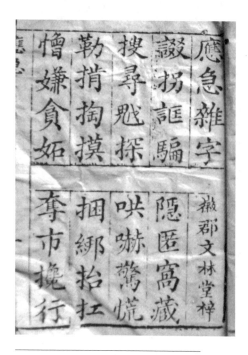

明清时期，"就识字教学而论，'三，百，千'一直流传使用下来，没有多少改变，中间曾经有过不少人编了些新的千字文、百家姓、三字经，但是大都通行不广，而'杂字'书则有较大的发展，在群众中有越来越广泛的影响"③。当时出现了不少杂字书，大致有分类词汇（《益幼杂字》《世事通考杂字》）、分类韵语（《鳌头备用杂字元龟》）、

---

① 张志公《传统语文教育教材论——暨蒙学书目和书影》，上海：上海教育出版社，1992 年版第 10 页。

② 张志公《传统语文教育教材论——暨蒙学书目和书影》，上海：上海教育出版社，1992 年版第 10—11 页。

③ 张志公《传统语文教育教材论——暨蒙学书目和书影》，上海：上海教育出版社，1992 年版第 11 页。

分类杂言(《群珠杂字》)和杂字韵文(山西《杂字必读》、山东《农庄日用杂字》、《六言杂字》)。就知识教育来说，有《小学绀珠》《幼学琼林》《龙文鞭影》《蒙训》《游学歌》《史韵》《韵史》和《史鉴节要便读》等；就思想教育来说，有《小儿语》《幼仪杂箴》《弟子规》《蒙养诗教》《小学韵语》《童蒙须知韵语》《伦理学歌》《四字经》《女儿经》和《增广贤文》等；就属对训练来说，有《时古对类》《千金裘》《声律启蒙》《训蒙骈句》《声律发蒙》《启蒙对偶续编》和《笠翁对韵》等；就兼有多种功能的故事和诗歌教材来说，分别有《金璧故事》《劝诫故事》和《续神童诗》《续千家诗》和《唐诗三百首》，等等。①

一般来说，"三、百、千"等初级教材作为识字、写字、初步的阅读和写作之用；明代科举兴盛后，一些私塾将"四书""五经"及其评注本作为进行更高层次的思想教育和读写训练来使用的教材。当然，因为教学目的不同，不同的学段会使用不同的教材，相同的学段不同的学校也会使用不同的教材。刘成禺在《世载堂杂忆》中追述私塾教学情况时说②：

> 家塾蒙馆，一曰停馆。富厚之家，延专师以教儿童，师称主人曰居停，主人称师曰西席；所授往往为三字经、千字文、百家姓，再授四书白文。又有所谓朋馆，亦名村塾、义塾，市井乡村贫穷儿童往读之。其师开馆授徒，儿童之家，纳学钱往读，所教为千字文及四言杂字之类。父兄所求者，不过能识日用字，写柴米油盐帐而已，所谓"天地元黄叫一年"也。杜工部诗："小儿学问只论语，大儿结束随商旅"；蒙馆风气，唐时已然。

> 蒙学所授，不过识字，能写能读，便于工商应用而已，略似今之初级小学。等而上之，儿童有志应考，长乃读习举业，教师多延请秀才任之，而蒙馆教师则多屡考不得秀才之人也。其教法分男女，女则教女儿经，读幼学，讲故事；男则读论语、孟子、大学、中庸，读毕，更读诗经、书经、礼记、春秋左传，诗则授唐诗三百首，字则习楷帖，古文则习古文观

① 徐梓《蒙学读物的历史透视》，武汉：湖北教育出版社，1996 年版第 83—233 页。
② 沈云龙主编、刘成禺著《近代中国史料丛刊 第 72 辑 世载堂杂忆》，台北：文海出版社，1973 年版第 8—9 页。

止，旁及纲鉴易知录。八股举业，先习破题两句，次作承题、起讲，次加作领下两股，亦曰两比，加习四股，再加作两股，合为六股，于是合破、承、起讲六比文，是为举业完篇。时文原用八股，后多减用六股，皆合考场程式。诗习试帖，先习一韵，加至六韵，即为合格。因童生及秀才科、岁考，皆用六韵，科场则用八韵也。学生完篇，其父母延宴先生，送礼敬，曰完篇酒，谓从此我家子弟可出考矣。

有些私塾却一入学便直接用"四书""五经"作教材，如曹聚仁在《我与我的世界》中回忆读小学之前的一段家塾学习经历时说[①]：

  "早慧"当然不一定是件好事。但先父心目中，却引以为乐事，他居然养了一个四岁便能念完《大学》、《中庸》的儿子。说实话，直到今日，我未必能够把《中庸》说得周全；四岁时，却真的能读能背能讲，在我的戚友面前，变成"神童"了。（神童，命定地会成为悲喜剧中的主角的。）五岁那年，我已读完了《论语》、《孟子》，六岁就会动笔了。《论语》对我，并无多大影响，《孟子》却是我的启蒙师。（我一直没念过《千字文》、《百家姓》和《三字经》。）所谓动笔，并不是拼句填字之类，而是写成短篇四五百字的完整文章。到了七岁那年，就读完《诗经》，除了那篇古怪字最多的《小戎》（《秦风》）以外，全书都背得默得，所谓"整本倒"。（即是从头至尾全部背完来之意。）

这样一来，"四书""五经"则发挥了进行思想教育及训练识字、写字、阅读、写作能力等综合功能。

（三）内容、形式

上述对传统蒙学教材的种类与功能的分析，已初步涉及其内容和形式，大体情况如下。

---

① 曹聚仁《我与我的世界》，北京：人民文学出版社，1983 年版第 15—16 页。

就内容来看，传统蒙学教材的内容包括儒家思想道德、各类实用知识和一般语文技能，而这三类内容很少单一地出现在某一本教材中，多数是综合呈现，只是可能某类内容要显著一点而已。如明代吕坤在《社学要略》中评价主要作为识字教材使用的"三、百、千"时说："先读《三字经》，以习见闻，《百家姓》，以便日用，《千字文》，亦有义理。"① 此处表述采用了互文见义的修辞方式，意思是说，无论《三字经》，还是《百家姓》或《千字文》，每一本书的内容均可"习见闻""便日用""有义理"，并不是说只有读《三字经》才可"习见闻"而不"便日用"、没"有义理"，等等。如《三字经》第一部分"人之初，性本善……人不学，不知义"用说理和举例的方式来论证努力学习的重要，第二部分"为人子，方少时……弟于长，宜先知"同样用说理和举例的方式来说明遵从人伦的必要，第三部分"首孝弟，次见闻……凡训蒙，须讲究"依次介绍了三才、三光、三纲、四时、四方、五行、五常、六谷、七情、八音、九族和十义等各类日用和处世知识，第四部分"详训诂，明句读……通古今，若亲目"介绍所学内容及典籍的概要、朝代名录等文史知识，第五部分"口而诵，心而惟……戒之哉，宜勉力"再用例证和喻证的方式来论证勤学的重要。

从形式来看，越是初级教材越注意采用短句对仗和韵脚相押的文字组织形式，如"三、百、千"之类的教材，其中的《三字经》整篇采取了三字一顿、韵文相接的文字连缀方式；只是稍高级的教材才采用散句、长句的形式，如《书言故事》《日记故事》。除此之外，考虑到儿童的心理水平和经验范围，一般所用的字是常见、常写的，用语虽然是文言，但多简练浅易。

在很多论者的眼里，内容综合多样、形式对仗和协韵是传统蒙学教材最典型的特征。如有人称："童蒙课本此类书为我国新式学校未兴前，千百年来世世代代沿用之韵文课本，内容无所不包。文体每句自三字、四字至七字，句法整齐，隔句协韵；亦有全书用排偶对句及三字七字相间者，皆所以求有便利于儿童之讽诵。"②

---

① 陈宏谋辑《五种遗规》，北京：线装书局，2015 年版第 74 页。
② 梁长洲整理《五十年(1897—1949)小学教科书概览》，汪家熔辑注《中国出版史料·近代部分(第二卷)》，武汉：湖北教育出版社，2004 年版第 576 页。

以上只是简略地分析了传统蒙学教材的内容及形式，至于其中的优劣得失，我们在下文将作进一步的分析。

二、新式教育改革取向

1840年，鸦片战争爆发，中国战败，被迫割地赔款。面对强敌入侵，有识之士纷纷对帝国的传统提出批评，而希望对西方的新学有所借鉴，希望"师夷长技以制夷"；洋务派在各地设工厂、办学校，派人留学、翻译西书，西方的器物、学理均被引入。1894年，甲午战争再起，中国再败，日本这个昔日以华为师的"学生"，已变成脱亚入欧的"强人"，于是维新派势力大兴，他们尤其希望首先从各项制度层面改革入手，以促进传统向现代的变革。所以，从1894年至1911年，中国改革的范围扩大，速度加快。

教育改革是各项改革的重中之重，因为要"救亡"首先要"自强"，要"自强"又首先要"启蒙"，而"启蒙"必须借助教育改革才能推进，而教育改革的基本取向便是大众化和现代化。

（一）大众化

就大众化的取向来说，主要表现在两方面。

1. 普及化。为了扩大受教育者的范围(机会均等)，让受教育的对象由中、上层转向底层民众，即由精英教育转向平民教育，清政府相继推出了禁八股(1901)、兴学堂(1902)、建学制(1902—1904)和停科举(1905)等一系列重大的教育改革举措，以让更多的人有接受教育的可能。

2. 浅易化。为了降低接受教育的难度(工具简易)，让普通民众能迅速掌握所要学习的内容，清末以民间为主，开展了多次(种)语言、文字改革运动。当时教育中使用的基本工具是文言文和繁体字。繁则难、简则易，改革者视文言文和繁体字为"骸骨"。之所以是"骸骨"，主要是因为给学习带来"困难"，因为文言文是脱离口语的书面语言，繁体字基本上是不表音的"衍形文字"。在汉语中，"言"(口语)和"文"(文章、文字)是分离的，如果要普及教育，让天下人都能读书、识字，必须做到"言文一致"；要做到"言文一致"，必须改革这两个基本的教育工具；要改革这两个基本的教育工具，必须"用白话文字来代文言的文字"，"把白话的文字变成拼音的文字"①。所以，清末出现了切音字运动，从 1892 年卢戆章出版的《一目了然初阶》到 1910 年郑东湖著《切音字说明书》，共提出了近 30 种文字改革方案；后来又出现了白话文改革运动，从 1898 年裘廷梁《论白话为维新之本》的发表到各种白话报的创办、"国语"改革会议的召开，改革的声浪此起彼伏，具体措施相继提出。

(二) 现代化

就现代化的取向来说，表现在以下三方面。

1. 实用化。为什么要从事教育？传统教育的终极目标是培养统治百姓的官吏，而官吏只需掌握封建的礼教便可维持统治；现代教育的终极目标是培养合格的公民，而公民需要各类实用知识才能完满生存。清末，魏源、龚自珍等对传统教育尚虚倾向提出批评；1840 年之后，一些游学西洋、东洋的人更是对其痛心疾首，如郑观应等人对整日从事"章句之学""帖括之艺"的学校教育提出猛烈的抨击，认为学校教的是无用的五经、古文，而对"天算、动物、形声、格致之学，皆懵然漠然，不知所对"，"读书六七年，徒以多记为功，不辨菽麦"（《盛世危言·学校下》)②；1895 年之后，"旧教育之空疏虚浮"的弊端暴露无遗，所以提倡新政者"莫不推崇教育之裨实用"③。正是基于强敌所逼和国内现状，1906 年 3 月，学部奏请朝廷建议宣示"忠君""尊孔""尚公""尚武"和"尚实"为教育宗旨；4 月，奏请获得朝廷的同意。学部在奏折中指出，中国民众素质中最缺乏而最应培育的是后三种品格。为什么要定"尚实"为一个主要教育宗旨呢？奏折解释道："夫学之所以可贵者，惟其能见诸实用也……至若高谈性命，崇尚虚无，实于国计民生曾无毫末裨益；等而下之，章句之儒，泥于记诵考据之末，习非所用，更无实际之可言。尝有泛览群籍而不能成寻常书牍之文，精研数理而不能通日用簿记之法；予人口实，亦安用此学为也……今欲推行普通教育，凡中小学堂所用之教科书，宜取浅近之

---

① 胡适等《中国今后之文字问题》，《新青年》，1918 年第四卷第四号第 357 页。
② 郑观应《盛世危言》，曹冈主编，呼和浩特：内蒙古人民出版社，2005 年版第 26、27 页。
③ 舒新城《近代中国教育思想史》，上海：中华书局，1932 年版第 137—138 页。

理，与切实可行之事，以训谕生徒。修身、国文、算术等科皆举其易知易从者，勖之以实行，课之以实用……方今环球各国实利竞尚，尤以求实业为要政，必人人有可工可商之才，斯下益民生上裨国计。此尤富强之要图，而教育中最有实益者也。"①

2. 科学化。拿什么来教育？教育实施之前要对各类知识进行选择，这里首先会遭遇"什么知识最有价值"的拷问。在传统教育中，各种生活常识，尤其是儒家性理知识被认为是最有价值的。那么，在新兴阶层的眼里，什么知识最有价值呢？正如斯宾塞在专论此问题的文章中所说，知识价值的大小与生活关联程度的高低相关，在现代工业社会，科学知识是人生所必需的，所以要问"什么知识最有价值？一致的答案就是科学"。更严格地说，就是包括数学、物理学、化学、生物学、天文学、地质学等在内的自然科学。在这些新兴阶层看来，"今日儿童教育，第一要输进普通智识。输进普通智识，是要改良学科。儿童教育的学科，大约六种：一修身；二历史；三舆地；四博物；五国文；六算学。其余还有习字诗歌图画体操，都是儿童教育的教授材料"②。其中的舆地、博物、算学、体操等则属于现代科学。

3. 人性化。怎样去教育？这就涉及其内容的组织和呈现方式。传统蒙学教学内容的安排基本上是随学段由低到高而由浅入深，教材的组织形式也多考虑了儿童的接受心理。不过，其中的知识是成人的、古代的，并不符合现代儿童的经验水平；有些直接用"四书""五经"教学，并不合儿童接受心理；教学时多强调背诵而少讲析，也不符合现代教育强调的教学方法应适合儿童接受心理的基本原则。在选择了这些科学知识之后，就要组织和呈现这些知识，正如1901年有人说的，根据新式"教育法则"，应注意："一、儿童智识初开，脑气未足，心灵有限。教授材料，总要由浅到深，由简入繁，由近及远，循序而教，不可躐等。最好把些目所常见，耳所常听的实物，细细讲清，使儿童容易明白。二、讲解要细，不要叫儿童心有所疑，儿童存了疑心，就打断了他的读书趣味。总要逐字讲解，由字而句，由句而章，与其深而多，不如

---

① 《学部奏请宣示教育宗旨折》，《东方杂志》，1906 年第三卷第五期第 86、87 页。
② 黄海锋郎《儿童教育》，王泉根评选《中国现代儿童文学文论选》，南宁：广西人民出版社，1989 年版第 6 页。

浅而少。"①

　　正是出于对现代教育的大众化、现代化基本取向的追求，新兴阶层提出应顺应时代的发展对传统教育进行改革，以救亡图存。传统启蒙教育及其教材，由此开始踏上了向现代转型的征途。

三、传统蒙学教材遭遇的困境

　　在各种教育改革中，启蒙教育自然成了重中之重。因为如果将新兴阶层所追求的思想、所认可的知识在一个人成长的起始阶段就传授给他/她，那么他/她很有可能成为新兴阶层的事业的建设者和继承者，正如杜威所说：

《私塾》（漫画）《教与学》，1935 年
第 1 卷第 6 期

"一个共同体或社会群体通过不断的自我更新维持自己，这种更新的进行，依靠群体中未成熟成员的教育成长。社会通过各种无意的和计划好的机构，把蒙昧的和似乎异己的人改造成为它自己的资源和理想的健全的托管者。"② 在这里，教材的编写就显得十分重要。如 1897 年吴县《蒙学报》的主要编者汪康年指出，"中国幼学开口便读《大学》《中庸》治平性道诸语，文法太深，致幼孩读之数年茫然不解，故敢冈议中国宜早设新幼学书也"，近邻日本自明治维新后教科书内容日新月异，如果对其"幼学书"进行翻译、删留，则可"使读者心领神会，则风气定为之一变"③。又如 1918 年钱玄同在孔德学校召开的由众多提倡"新教育"的学者参加的教科书修订会上指出的，"教科书以养成

① 黄海锋郎《儿童教育》，王泉根评选《中国现代儿童文学文论选》，南宁：广西人民出版社，1989 年版第 6 页。
② 约翰·杜威《民主主义与教育》，王承绪译，北京：人民教育出版社，1990 年版第 12 页。
③《汪君颂虞论改报例》，吴县《蒙学报》，1897 年第二期第 37 页。

'眼光'为要旨"①。晚清，改革者们已明确意识到，"蒙学一事不但为学生一身德行知识之基础，实为全国人民盛衰文野之根源，所关甚巨"②。1898 年，茅谦在《蒙学报博议》中更是指出，中国传统蒙学教育使学生学习那些无用的教材："徒然记诵十年，一字不解。夫学者，所以医天下之愚也。今吾有学，而乃更愚。以此子弟，壮而入仕，暨为各业，安所得而战胜于内外之思乱吾国者？"之所以要在《蒙学报》中呈现西方的算学、天文、舆地、动植物学，就是希望未来我国"人人有自养之具，人人能明理法，人人能有学问。则可不为乱，可以弭乱，可以御外人之来乱吾教法政法"。总而言之，"今后吾国之强，亦当由童蒙肇之矣！"③ 正如今有论者所指，"教科书是面向未来传达的一种信息，也是关于未来的一个预言"④。因此，可以说，使用什么样的启蒙教材，往往会培养出未来具有何种"眼光"和"能力"的国人，他们在未来会建立何种文明程度和经济、军事实力的国家。

在现代新式教育的基本取向面前，传统蒙学的弊端是显见的，所以必须对其加以改革。我们根据当时及稍后学者们的论述可知，其弊端主要表现在以下几方面。

（一）文字、语言难应社会之用

"三、百、千"总字数为 2 708 字，其中《三字经》有 1 140 字、《百家姓》有 568 字、《千字文》有 1 000 字，剔除重复用字，得单字字种 1 462 个。⑤ 过去认为识、写这一千多个字，就基本上能满足阅读和写作的需要。不过，清末随着国人对西方文明的渴求，大量西方的现代社会科学和自然科学著作被译成汉文，对于社会科学中的一些新名词，还可以用汉字组合（词）来表达，如严复

① 蔡元培《蔡元培全集 第十八卷》，杭州：浙江教育出版社，1998 年版第 272 页。
② 杜亚泉《文学初阶叙言》，汪家熔辑注《中国出版史料·近代部分（第二卷）》，武汉：湖北教育出版社，2004 年版第 531 页。
③ 茅谦《蒙学报博议》，吴县《蒙学报》，1898 年第二十八期第 52—53、53、54 页。
④ M. 阿普尔、L. 克丽斯蒂安-史密斯主编《教科书政治学》，侯定凯译，上海：华东师范大学出版社，2005 年版第 4 页。
⑤ 郑国民、刘彩祥、王元华、陈双新《小学语文常用读物的字种与字量研究》，《语言文字应用》，2003 年第 4 期第 52 页。

将"逻辑学"译成"名学",将"社会学"译成"群学";然而,对于一些自然科学中新发现的物质、现象就难以用汉字来对译,如原有汉字中就缺少一些表达化学元素的字,表示颜色的字也少。吕思勉曾回忆说:"尝有治化学者,告予曰:'中国表颜色之字,不过十数,必不足用。'"[1] 在"三、百、千"中更不可能有这些字,在那些知识类、诗文类教材中也不可能有这些词。也就是说,作为基本的读写工具的文字在此时已难应社会之用了。

"三、百、千"虽然表述相对通俗,不过仍是文言,"四书""五经"用的自然更是古雅的文言了。文言的表达方式及其用字均与白话有较大的差异,"四书""五经"之语言"则儒林古国之语,而非今国之语也","古人席地而坐,故五经只言席也。若新读本,则必言桌椅矣"。所以,今人读、写所用的教材不应是这些古奥的文言读本而应为"浅白读本"[2]。

(二) 思想违背现代意识

郑振铎说,传统蒙学教材,"从三字经到千字文到历代蒙求",只是"注入了:忠君孝父的伦理观念;显亲荣身的利己主义;安分守己的顺民态度;腐烂灵魂的反省的道学的人格教育;而同时,更以严格的文字的和音韵的技术上的修养来消磨'天下豪杰'的不羁的雄心和反抗的意识,以莫测高深的道学家的哲学和人生观,来统辖茫无所知的儿童"。[3] 如《三字经》开篇就是"人之初,性本善,性相近,习相远",介绍古人所尊崇的德行,更有"三纲者,君臣义。父子亲,夫妇顺""曰仁义,礼智信。此五常,不容紊"等思想训诫类的文字。

晚清,"民权""宪政"等现代西方民主、政治思想开始在中国传播,传统的儒家纲常伦理思想显然难以与之合辙。传统蒙学教材中所蕴含的思想,被认为是一种封建落后的思想,这种思想"既不是儿童的,也不是现实社会的"。[4] 又如有人指出,"四书""五经"是培养卿相大夫、普通官吏的"仕宦教科书或做官教科书",难以作"国民教育"培养普通人才之用,其内容中所定的儒家

---

[1] 吕思勉《国文教授祛蔽篇》,《新教育》,1920 年第十卷第三期第 346 页。
[2] 陈子褒《论训蒙宜用浅白读本》,陈子褒《教育遗议》,台北:文海出版社,1973 年版第 38 页。
[3] 郑振铎《郑振铎全集(第 13 卷)》,石家庄:花山文艺出版社,1998 年版第 48 页。
[4] 吴研因、沈百英《小学教学法概要》,《教育杂志》,1924 年第十六卷第一号第 2 页。

教义、规范也与当今现实需要格格不入，又如《论语》中"君子喻于义，小人喻于利"的说法与当时重视实业的思想相违背，如果"强今之世循古之法"，则必然会违背科学性教育的基本原则。①

（三）知识远离现实生活

如《三字经》中介绍了许多历史上朝代、人物、典籍，干支、地理等知识。又如《幼学琼林》（《幼学须知》）分别按天文、地舆、岁时、朝廷、文臣、武职、祖孙父子、兄弟、夫妇、叔侄、师生、朋友宾主、婚姻、妇女、外戚、老幼寿诞、身体、衣饰、人事、饮食、宫室、器用、珍宝、贫富、疾病死丧、文事、科第、制作、技艺、讼狱、释道鬼神、鸟兽、花木等33个主题分别介绍各类知识。这些知识多数与现实生活无关。1901年，对"西方两洲东三岛"情形颇熟、署名为"黄海锋郎"的人，在《论今日最重要的两种教育》一文中论述了"儿童教育"，就对传统蒙学教材的知识远离现实生活的需要提出了批评。他说："读书贵有用，人生世上，普通智识，是少不了的。现在所读的《三字经》《百家姓》《千字文》，究有何用？究竟能够增进知识么？所以自幼至老，懵懂一世，天文不知，舆地不知，掌故不知，就是我们中国有多少行省，有多少朝代，也茫然不晓。"② 又如吴研因、沈百英所说，传统蒙学教材内容"都是些前人经验的概要"，知识"是古人的死知识"，"在当时的眼光看来，以为非用这种教材，不足以增进学生的见识"③，但是在现代人看来，这些知识是远离当下的生活所需要的知识。以前读书多为科举及第，而现在读书多为适应生活，既然时势不同，那么所学也应不同，"贱儒之学此也，虽云无用，然能借以窃甲第，武断乡曲，一生吃著不尽，彼固自以为受用莫大也。若夫为农、为工、为商、为兵者之学，此其于学非所用，用非所学，更显而易见也"④。

---

① 顾实《论小学堂读经之谬》，《教育杂志》，第一年(1909)第四期第59页。顾实《论小学校读经之谬(续)》，《教育杂志》，第一年(1909)第五期第69页。连载两期之文题不一。

② 黄海锋郎《儿童教育》，王泉根评选《中国现代儿童文学文论选》，南宁：广西人民出版社，1989年版第6页。

③ 吴研因、沈百英《小学教学法概要》，《教育杂志》，1924年第十六卷第一号第2页。

④ 梁启超《论幼学》，汤志钧、陈祖恩、汤仁泽编《中国近代教育史资料汇编·戊戌时期教育》，上海：上海教育出版社，2007年版第88页。

(四) 内容、形式不合儿童心理

其内容超越了儿童的经验范围。如《三字经》起首句为"人之初，性本善。性相近，习相远"，什么是"性"，为什么"性相近"却"习相远"呢？又如《千字文》起首句为"天地玄黄，宇宙洪荒"，什么是"玄黄"，什么是"洪荒"，"宇宙"与"洪荒"之间有什么联系？其实，这些就是让成人理解起来都不容易，更何况是儿童。正如1899年陈子褒所说："今之训蒙者始教之以三字经千字文。为问三字经首两句，童子能解乎？继教之以四书五经。为问大学之道在明明德二句，童子能解乎？如不能解，是蒙也。不能解而以此教之，是既不能开其蒙而复加之以蒙也。不能开其蒙而复加之以蒙，于是童子以为苦事而不肯入学矣。"① 又如1902年"黄海锋郎"称："儿童只有记忆力，没有推理力。现在儿童初学，就叫他读'四书五经'，那'四书五经'，是圣贤的大义微言，就是胡子一把的老先生，也不能够明白这个道理，何况那乳臭未干的儿童。所以儿童入塾读书，终日高声朗诵，却不晓得书中的意思，积久生倦，趣味毫无，反阻止了儿童好学的心思，埋没了儿童活泼的天籁。"② 后来在反对读经时，有人就指斥读经之谬，认为"四书""五经"除内容不庄而不宜学习（《诗经》中多男女相悦之辞）外，文理艰深也不易学习（"《大学》《中庸》理太深而文太奥……今乃执八九岁之童子，而遽语之曰道千乘之国，曰吾道以一贯之，何其视今日八九岁之童子，其程度竟高于孔门之高足弟子乎？"③）。在儿童中心教育完全确立之后，还有人对传统蒙学教材内容不合儿童心理进行反思："这种教材，虽有社会的价值，而于教授之时，心理的价值并未存在。一个极端的例，就是十余年前的私塾以四书、五经教授十龄的儿童。我们固然承认四书、五经是有价值的知识，但是我们如何能使十龄儿童感觉这种知识的价值？"④ "我犹记得在私塾读书的时候，塾师一天的功课除掉使儿童背读茹而不化的四书五经写字本以外，枯坐而已。有

---

① 陈子褒《论训蒙宜先解字》，陈子褒《教育遗议》，台北：文海出版社，1973年版第22页。
② 黄海锋郎《儿童教育》，王泉根评选《中国现代儿童文学文论选》，南宁：广西人民出版社，1989年版第4页。
③ 何劲《说两等小学读经讲经科之害》，《教育杂志》，第三年（1911）第五期第53、54页。
④ 赵廷为《课程改造》，《教育杂志》，1924年第十六卷第八号第3—4页。

时候偶尔偷看了几本水浒封神之类的小说，被塾师看见，必是一场毒打。"①

其形式也不合儿童接受心理。"三、百、千"除协韵外，整本书基本上是用"单字"机械地连缀，如在《百家姓》中"赵钱孙李，周吴郑王"这些单个字之间根本就没有什么意义上的联系。这样一来，只好"一天认数字，数天一复习，打了许多小圈子做符号。先生力竭声嘶地连着叫，学生没精打彩地跟着呻吟，既无趣味之可言，更无活动之余地。好容易在高压的威权之下，勉强记忆了若干字，顽钝者隔日即忘，聪颖者容或支持许久，但是一经变地，仍复'此路不通'！什么《杂字》啦，《龙纹鞭影》啦，《百家姓》《千字文》啦……也是完全机械，毫无意义。要是预备考试的，还须熟读《字学举隅》，破体字不能写，圣讳庙讳不能写"，结果"把有用时间注意在无用的文字障上，岂不可惜②"？

"三、百、千"和"四书""五经"的用字是古人成人读写常用字而非现代儿童生活中的常用字，表达时用的是文言而非白话，这些也被认为不合儿童的学习心理。

另外，正因为传统蒙学教材往往句式整齐、隔句押韵，其采用的教学方式常常多让儿童机械地诵背而教师少串讲分析③，结果往往是"牧童七八纵横坐，

---

① 李清悚《小学学生参考书的编制》，《教育杂志》，1924年第十六卷第十号第1页。除以上论者就此种弊端对传统蒙学教材进行抨击外，还有如称："诸位！请回想在私塾和蒙馆里的儿童，起初进学，第一步就拿了《三字经》和《千字文》等干燥无味的书来读；那些六七岁儿童的智力，那里懂得这样'人之初，性本善'的人生哲学呢？这样的教育，正像养育婴儿，不用乳哺而却用饭喂，岂有不糟的道理么？"（李尚春《通俗字汇研究》，《中华教育界》，1922年第十一卷第六期第1页）又如："就我国私塾时代看，儿童一入书房，就要规规矩矩的坐在那里。先生的诗书古文，不敢一看——其实看也无用，不看倒也罢了——只管自己一天到晚的念那些死版文章。先从《三字经》读起，然后《百家姓》《千字文》《大学》《中庸》《论语》《孟子》《诗经》……这样一段一段的经过。把'四书''五经'读完了，就算一个好学生。父兄接着快活；社会接着欢迎。假使读不下去，或是偷看非所指定之小说，传奇等类，一旦发现，随即施以夏楚，家庭父兄知道了，还要说'打得好！谁叫你不学好的啊？'……试问《三字经》《百家姓》《千字文》等类书籍，是否合于儿童经验？是否可以引起趣味？是否为儿童必读之书？儿童不能发生趣味之死书本，偏偏叫他在经验范围以外去做这样被动的，干枯的学习。你看，怎么能够教出好儿童来？个个儿童都必经过这样的逼迫，造成一种同样的模型。唉，儿童生活之最不幸，再没有甚于此者！"（沈振声《"儿童用书之研究"为什么是一件特别紧要的事？》，《中华教育界》，1922年第十一卷第六期第2页）
② 何仲英《国语词教学法》，《教育杂志》，1924年第十六卷第一号第1—2页。
③ "私塾的教法着重记诵，凡教师所授须能成诵，不必问其意义。"（陈翊林《由旧教育到新教育的历史概观》，《中华教育界》，1929年第十七卷第九期第2—3页）

天地元黄喊一年"①（袁枚《随园诗话》）；时间一久，这种教学方式也往往顺势运用于蒙学稍高阶段。如清同治年间刊本《得一录》中《变通小学义塾章程》记载了一则"训蒙"趣事：一人问一曾在村塾读书五年的学生："能明《学》、《庸》、《论》、《孟》道理否？"该生笑答："当时先生初未尝为我讲解，我何能明白，迄今句读已大半忘却，何论道理耶？"又问："然则子入塾五年，竟全未得读书之益耶？"生答："诚然。然我在塾五年，固未得益，却得益于两夕之深谈，令人没齿不能忘，是则我之恩师也。"② 之所以没齿难忘，虽然与所讲内容可能颇能启人心智有关，更可能与终日背诵不讲而偶有"深谈"便记忆深刻有关，这也说明清末已有人认识到与传统蒙学教材形式相应的只背不讲或多背少讲的教学方式直接造成了教学效果的低下。

四、新式蒙学教材编写的设想

教育改革可以通过著书立说来宣传，也可以通过制定新政策、确立新制度的方式来推进，不过编写新教材无疑是推动教育改革最直接、最容易的方式，而且往往是意义最重大、效果最显著的方式。所以，改革者对改革传统蒙学教材提出了许多设想。这些在思想领域开风气之先者多数是早年接受过传统的蒙学，成年后又因曾游学国外而见识了西方的现代教育。正因为有如此知识背景，所以其"眼光"既观照古今，又兼顾中西，显得十分独特。梁启超和陈荣衮所提出的改革设想在这些改革主张中

梁启超

---

① 璩鑫圭编《中国近代教育史资料汇编·鸦片战争时期教育》，上海：上海教育出版社，2007年版第411页。

② 璩鑫圭编《中国近代教育史资料汇编·鸦片战争时期教育》，上海：上海教育出版社，2007年版第410页。

最有代表性。

清末，有些学堂已直接用西方的教科书进行教学。另外，在设译局广译西书、派生徒出洋游学、派官员出国考察的过程中，人们逐渐接触到西方各国及受西方影响较深的日本的教科书，逐渐接受国外教科书的编写思想，并对中国传统"三、百、千"等传统蒙学教材提出了批评。如康有为曾在1879年游香港时搜得"西书数种览之"，1882年他途经上海时购置大量西书，1891年他在广州万木草堂开始讲学。据他的学生梁启勋在《万木草堂回忆》中所述，当时在万木草堂"除读中国古书外，还要读很多西洋的书"①。在万木草堂求学的梁启超、陈荣衮等人在接触到西方教科书后，受此启发，指出我国传统蒙学教材需要改革。

（一）梁启超的设想：传统的形式，改良的内容

1896年，梁启超在《论师范》一文中认为，要改变中国落后的教育首先必须改变传统的"幼学"，而改革"幼学"要从培养师资和编写教材入手，"非尽取天下之学究而再教之不可，非尽取天下蒙学之书而再编之不可"②。1897年，他在《论幼学》中再次提到"人生百年，立于幼学"，而改革幼学就要改编传统蒙学教材，他说："吾未克游西域，观于其塾与其学究，顾尝求之于其书，闻之于其人，其与今日之中国，何相反也。其为道也，先识字，次辨训，次造句，次成文，不躐等也。识字之始，必从眼前名物指点，不好难也。必教以天文地学浅理，如演戏法，童子所乐知也。必教以古今杂事，如说鼓词，童子所乐闻也……多为歌谣，易于上口也。多为俗语，易于索解也。"③ 而且"彼西人花士卜、士比林卜等书，取眼前事物至粗极浅者，既缀以说，复系以图，其繁笨不诚可笑乎，然彼中人人识字，实赖此矣"④。然而，我国"近世通行之书，

---

① 汤志钧《戊戌变法史（修订版）》，上海：上海社会科学院出版社，2015年版第39、66页。
② 梁启超《论师范》，汤志钧、陈祖恩、汤仁泽编《中国近代教育史资料汇编·戊戌时期教育》，上海：上海教育出版社，2007年版第88页。
③ 梁启超《论幼学》，汤志钧、陈祖恩、汤仁泽编《中国近代教育史资料汇编·戊戌时期教育》，上海：上海教育出版社，2007年版第83页。
④ 梁启超《论幼学》，汤志钧、陈祖恩、汤仁泽编《中国近代教育史资料汇编·戊戌时期教育》，上海：上海教育出版社，2007年版第90页。

若《三字经》《千字文》，事物不备，义理亦少"①，而且其内容往往超过学生的经验范围。为了让儿童易于、乐于识字，并掌握易懂、有用的知识，应该编一种"歌诀书"："今宜取各种学问，就其切要者，编为韵语，或三字，或四字，或五字，或七字，或三字七字，相间成文。"他还详细地列出了这些歌诀书的类别及内容②：

> 一曰经学，其篇有四：一，孔子立教歌；二，群经传记名目篇数歌；三，孔门弟子及七十子后学姓名歌；四，历代经传歌。二曰史学，其篇有七：一，诸史名目种别及撰人歌；二，历代国号及帝王种姓歌；三，古今大事歌；四，域外大事歌；五，历代官制歌；六，历代兵制歌；七，中外古今名人歌（此篇复分二章：一民功，二民贼。）；三曰子学，其篇有三：一，周秦诸子流派歌；二，历代学术流派歌（此篇复分四章：一，汉；二，六朝、唐；三，宋、元、明；四，国朝。）；三，外教流派歌。四曰天文，其篇有四：一，诸星种别名号歌（自行星、恒星以讫星云、星气，双星并言其理。）；二，八星绕日及诸月歌（此二篇，因叶氏书而损益之。）；三，测候浅理歌（专言潮汐、空气、风云、雷雨等事，亦谓之地面学。）；四，古今中外历法异同歌。五曰地理，其篇有七：一，五洲万国名目歌；二，中国内地属地名目歌；三，中国险要各地歌；四，地球高山大河名目歌；五，历代都邑万国京城名目歌；六，中国大都会外国大商埠名目歌；七，地质浅理歌（专言地中金石各事。）；六曰物理，其目有四：一，原质名目歌；二，动物情状歌；三，植物情状歌；四，微生物情状歌。以上各门，略举大概，若其详备，以俟编时，又别为劝学歌、赞扬孔教歌、爱国歌、变法自全歌、戒鸦片歌、戒缠足歌等……

从上可以看出，他主张继承"三、百、千"之类的传统蒙学教材韵语连缀

---

① 梁启超《论幼学》，汤志钧、陈祖恩、汤仁泽编《中国近代教育史资料汇编·戊戌时期教育》，上海：上海教育出版社，2007 年版第 90 页。

② 梁启超《论幼学》，汤志钧、陈祖恩、汤仁泽编《中国近代教育史资料汇编·戊戌时期教育》，上海：上海教育出版社，2007 年版第 90—91 页。部分标点有改动。

陈荣衮

的形式，而改良其内容，其内容既要有古代的，也要有当代的；既要有中国的，也要有外国的；既要有属经、史、子、集等社科类的，也要有属天文、地理、物理、生物等自然科学类的。他认为，如果能编出这样的书，"令学子自幼讽诵，明其所以然，则人心自新，人才自起，国未有不强者也"①。

（二）陈荣衮的设想：革命的形式，改良的内容

据冼玉清回忆，陈荣衮当年在万木草堂求学时，"读英文课本第一册至鸡猫等字，恍然于《大学》、《中庸》穷理尽性诸奥义之不适宜于童蒙"，并萌发了改良教育的动机。② 据陈荣衮自己回忆，当时"学习蟹行文，甫读花士卜十一日，恍然曰：西人之蒙学读本固如是乎！"③ 这"花士卜"之书应该是万木草堂教授英文的用书，因为同在万木草堂求学的梁启超在《论幼学》中也提到了。1898 年，陈荣衮考察日本教育，看到了明治十七年、二十年、二十七年的小学新读本，并希望中国小学教科书的编写能"仿日本小学新读本"。回国后，他在《论训蒙宜用浅白读本》中介绍西方及日本的教科书的文字选择和编法④：

> 彼见习西文者开卷即读也，又见习东文者开卷即读也，以为训蒙不读书，是悖地球之公理也。虽然，彼亦知东西国小学读本所读果何如乎？西文初级读本，猫羊笔帽而已。东文初级读本，树叶国旗而已。是其初读不

---

① 梁启超《论幼学》，汤志钧、陈祖恩、汤仁泽编《中国近代教育史资料汇编·戊戌时期教育》，上海：上海教育出版社，2007 年版第 91 页。

② 冼玉清《改良教育前驱者——陈子褒先生》，璩鑫圭、童富勇编《中国近代教育史资料汇编·教育思想》，上海：上海教育出版社，2007 年版第 571 页。

③ 陈子褒《无意得之之教授法》，陈子褒《教育遗议》，台北：文海出版社，1973 年版第 97 页。

④ 陈子褒《论训蒙宜用浅白读本》，陈子褒《教育遗议》，台北：文海出版社，1973 年版第 37 页。

过眼前物件，且又由一字至二字至三字，递推递增，非开口便读全句也。盍观婴儿之学语乎？其始只能学一字之语，多一字不能也。童子学读书与学语无异耳。然而初学读本，于条理之中又有条理焉。盖于眼前之物件，一二字之名称，又必以字音之简字形之简者先之，所谓最初之级数也。余请舍西文而言东文。夫东文初级读本之言树叶言斑鸠言国旗言纸鸢也。不过以中文译之则然耳，若其原文，则译文所谓叶者，彼则八而已；译文所谓斑鸠者，彼则八卜而已；译文所谓国旗纸鸢者，彼则为八夕夕而已。其文由简而略繁，由略繁而又略繁，且上留下，下跟上，衔接一片，温故知新，由是而实字兼活字，如风吹鸟啼是也。由是而有联属字，如鱼在水鹤在松是也。夫而后教以四句一段，五句一段，由少而略多，由略多而又略多；而其文义则一闻即解。

可见，他认为，无论是西方欧美还是东方日本的教科书，其内容都是符合儿童生活经验的，其所用的字词也是和儿童口语相近的，而且这些字按由简到繁的顺序排列，按由词到句形式呈现，这样由易到难，极其符合儿童学习的心理。另外，国外教科书多插图，"凡人无不喜看图画，而童子尤甚。盖有图则一目了然，且有趣味在焉"。然而，和外国教科书相比，"中国读本，则差之毫厘，谬之千里"①。不过，他又主张我国仿效国外教科书，应"只仿其大纲而已，至于物理制度，则又当变通为之"②，即仿效其形式，而非内容。总之，新编的蒙学教材的形式是革命式的，内容是改良式的。

---

① 陈子褒《论训蒙宜用浅白读本》，陈子褒《教育遗议》，台北：文海出版社，1973 年版第 39—40、38 页。

② 陈子褒《论训蒙宜用浅白读本》，陈子褒《教育遗议》，台北：文海出版社，1973 年版第 39 页。

第二章　新式蒙学教材的发生、发展及其内容、形式

德相俾士麦言曰："蒙学为富强之始基。"盖知民为邦本；而民之本，尤在童蒙时也。苟能端其趋向，开其灵明，则日后成人，或为士为农，或为工为商，或为兵为将，自有学问见识，犹何患家不富、国不强哉。今哉中国，力图维新，诏废八股，改书院为学堂，以作培养人才之起点。然培养人才，尤贵有启迪之善本。[①]

——王亨统《〈绘图蒙学捷径〉广告》(1901)

在回答完"什么知识最重要"的问题之后，改革者们接着要思考"谁的知识最重要"以及"如何呈现这些知识"等问题。正如 D. 朱尔斯所称："每当统治阶级的霸权遭到质疑的历史时刻，教科书就成为意识形态激烈斗争的场所。什么形式的知识和谁的知识能够获得教科书中的合法地位，这不仅是文化资本的政治哲学问题，而且是'知识置换'(displacement)的政治学：关于教科书内容的意识形态的争论，预示着一场更大范围的冲突，那就是：怎样的阶级和性别观念将占上风，进而成为被社会普遍接受的'常识'。"最终，"教科书成为知识筛选过程(谁的知识、被谁筛选、通过什么方式筛选)的一个产物。"[②] 很显然，在以梁启超等为代表的改革者看来，传统教育中的

---

① 汪家熔辑注《中国出版史料·近代部分(第二卷)》，武汉：湖北教育出版社，2004 年版第529 页。
② M. 阿普尔、L. 克丽斯蒂安-史密斯主编《教科书政治学》，侯定凯译，上海：华东师范大学出版社，2005 年版第 320、321 页。

书院山长、蒙馆学究绝大多数是"六艺未卒业，四史未上口，五洲之勿知，八星之勿辨者"，即对中国古代知识一知半解，对西方现代知识更是懵懂无知，让这些人确定他们所认为重要的知识并按他们所习惯的方式呈现这些知识，其结果必然是"欲开民智而适以愚之，欲使民强而适以弱之也"①，所以必须按照自己所确立的标准认定、选择那些"重要"的知识并按自己设定的方式去呈现，从而最终达到"开民智""使民强"的目的。因为"知识是透过对知识生产者的规范或操控而生产的"②，这些改革者便编写不同形式的新式蒙学教材来让儿童学习，从而去"规范和操控"那些可以"开民智""使民强"的知识的生产。从总体上看，当时教科书编写实践和上述梁启超、陈荣衮的设想有同有异，主要分为以模仿西方为主、以借鉴传统为主和古今兼采、中西合璧三大类型。第一类又分为形式西方、内容西方和形式西方、内容传统两种形式，第二类又分为形式传统、内容现代和形式传统、内容传统两种形式。

柯林伍德在《历史的观念》中称："历史的过程不是单纯事件的过程而是行动的过程，它有一个由思想的过程所构成的内在方面；而历史学家所要寻求的正是这些思想过程。一切历史都是思想史。"③下面我们将试图通过对这些不同类型和形式的新式蒙学教材的分析，来呈现传统蒙学教材的发生、发展和变形、消亡的这个"事件过程"和"行动过程"，同时对这个过程作必要的分析，目的是探寻"事件过程""行动过程"背后的"思想过程"。现在，我们就开始一段相对漫长的探秘之旅。

一、形式西方、内容西方型蒙学教材

1897年，洋务派重臣盛宣怀(1844—1916)奏请并获准在上海创办南洋公

① 梁启超《论师范》，汤志钧、陈祖恩、汤仁泽编《中国近代教育史资料汇编·戊戌时期教育》，上海：上海教育出版社，2007年版第80、81页。
② 华勒斯坦等《学科·知识·权力》，刘健芝等编译，北京：生活·读书·新知三联书店，1999年版第14页。
③ 柯林伍德《历史的观念》，何兆武、张文杰译，北京：中国社会科学出版社，1986年版第244页。

学，公学分为四院："师范院"相当于现在的师范学校；"外院"相当于师范学校的附属小学；"中院"相当于现在的中学；"上院"相当于现在的高等专科学校。① 其中，"外院"被称为"中国公立小学的始祖"②。盛宣怀称设外院是"复仿日本师范学校，有附属小学校之法，别选年十岁内外至十七八岁止，聪颖幼童一百二十名，设一外院学堂，令师范生分班教之"③。同时，他奏请在公学内设立译书院，以兴学图强，拟"广购日本及西国新出之书，延订东西博通之士择要翻

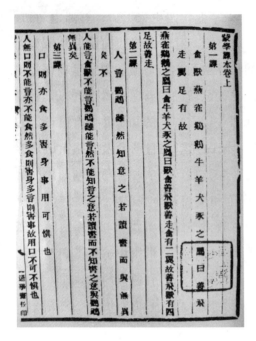

译，令师范院诸生之学识优长者笔述之"④。舒新城说："译书院与南洋公学同时成立，初仅编辑教本，二十八年推广译各种政艺要籍。"⑤ 盛宣怀在《奏陈南洋公学翻辑诸书纲要折》中称："臣今所译，为学堂计，以外国寻常小学校，高等小学校课本，备将来各省中学校用之。"⑥ 南洋公学外院创办的当年(1897)，师范院学生陈懋治、杜嗣程、沈庆鸿等人为外院先行编纂上、下卷《蒙学课本》，作师范生在外院日常教学之用。蒋维乔称："是为我国人自编教科书之始。"⑦ 1901年，朱树人对其进行了较大幅度的修订，将书分成初编、二编、三编并以《新订蒙学课本》为名出版，舒新城称其标志着"中国自编小

---

① 周予同《中国学校制度》，上海：商务印书馆，1933年版第119页。

② 周予同《中国现代教育史》，上海：良友图书公司，1934年版第99页。

③ 盛宣怀《奏为筹集商捐开办南洋公学折(附章程)》，汤志钧、陈祖恩、汤仁泽编《中国近代教育史资料汇编·戊戌时期教育》，上海：上海教育出版社，2007年版第269页。

④ 盛宣怀《奏陈设立译书院片》，舒新城编《近代中国教育史料(第四册)》，上海：中华书局，1928年版第139页。

⑤ 见舒新城在将盛宣怀《奏陈设立译书院片》收入《近代中国教育史料》时在文前加的按语。

⑥ 盛宣怀《奏陈南洋公学翻辑诸书纲要折》，舒新城《近代中国教育史料(第四册)》，上海：中华书局，1928年版第142页。

⑦ 蒋维乔《编辑小学教科书之回忆》，商务印书馆《出版周刊》，1935年新一百五十六号第9页。

学教科书之始"[①]。

因为《蒙学课本》出版后没几年就有重订的《新订蒙学课本》出版，所以随着时间的推移，人们很难见到《蒙学课本》，以致关于二书的记载多误。

(1) 编者姓名误植。1934年，周予同在《中国现代教育史》中说："初等小学的第一部教科书，当推光绪二十三年(公元一八九七年)朱树人编南洋公学出版的《蒙学课本》。"[②] 显然是将1901年《新订蒙学课本》的修订者朱树人当成1897年版《蒙学课本》的编者了。

(2) 课文与编辑大意误配。1933年舒新城在《近代中国教育史料》中收录了称是初编第一课的"燕雀鸡鹅之属……"和第二编第一课的《四季及二分二至说》，并摘录了《蒙学课本初编编辑大意》和《蒙学课本二编编辑大意》。然而，我所见的1897年版《蒙学课本》下卷第一课是出自《吕氏春秋》的《刻舟求剑》，1901年版《新订蒙学课本》的二编第一课是《母鸡护雏》，上述舒新城摘录的第二编第一课为《四季及二分二至说》，在我所见的二书中根本就没有出现，不知其所本。夏晓虹在《〈蒙学课本〉中的旧学新知》中提到过"第二、三次"印本，根据夏晓虹的论述，我们认为现在常见的《新订蒙学课本》(涵子校注，岳麓书社，2006年版)可能是第三次印本，而舒新城所录的课文出自1897年出版的《蒙学课本》和第三次印刷的《新订蒙学课本》之间，而这第二次印刷的课本的第二编第一课是《四季及二分二至说》。前文说过，舒新城在《近代中国教育史料》中所录的课文和"编辑大意"并非出自同一版本，舒新城自己可能并不知道课文和"编辑大意"来自两个版本，所以无论是课文

---

① 舒新城编《近代中国教育史料(第二册)》，上海：中华书局，1928年版第243页。2004年，汪家熔辑注《中国出版史料·近代部分》时称："尽管早在康熙三十七年(1772年9月)我国已以'学堂教科'的字样出版蓝元鼎写的《女学堂教科讲读启蒙》，但真正意义的我国自编的学校课本，当推光绪二十三年(1897年)南洋公学师范院给他们的实习学校南洋公学外院(小学部)的学生编的《南洋公学蒙学课本》。"(汪家熔辑注《中国出版史料·近代部分(第二卷)》，武汉：湖北教育出版社，2004年版第527页)此时说法和其一年前出版(据《后记》所载，此书实际写作完成时间是2000年4月17日)的《近代出版人的文化追求》(汪家熔《近代出版人的文化追求》，南宁：广西教育出版社，2003年版第174页)中的说法有异："我国第一套课本是无锡三等小学教师编辑、由文明书局出版的，共七册。"他指的是《蒙学读本全书》，此处之所以这样改，其原因后文将提到，即他见到了《蒙学课本》实物，所以说法前后不一。

② 周予同《中国现代教育史》，上海：良友图书公司，1934年版第99页。"朱树人"有误，下文将分析。

还是"编辑大意"只以"南洋公学蒙学课本"标识而没有注出是初版还是新订①，这就导致后世不少研究者认为这是同一套书的课文和"编辑大意"。除了我们在绪论中所列举的一些当代论者的错误，还有如陈学恂主编的《中国近代教育史教学参考资料》在收录这份《南洋公学蒙学读（课）本初编编辑大意》时，又错误地将其当成1897年版的"编辑大意"了，因为该参考资料的编者在题下标注了具体的时间——"光绪二十三年（1897年）"②。关于版本，下文将结合卷数、时间等作进一步的申说。

（3）课本卷数误计。蒋维乔在《编辑小学教科书之回忆》中提出："民元前十五年丁酉，南洋公学外院成立，分国文、算学、舆地、史学、体育五科。由师范生陈懋治、杜嗣程、沈庆鸿等，编纂《蒙学课本》，共三编。"③《教科书之发刊概况》称，1897年"由师范生陈懋治、杜嗣程、沈叔逵等自编《蒙学课本三编》，铅印本，形式不佳"④。1973年，王云五在《商务印书馆与新教育年谱（上册）》中称1899年陆基编辑的《启蒙图说》《启蒙问答》为"教科书"，并加按语称："按前此上海南洋公学师范生陈颂平等曾编辑蒙学课本三册，稍后又由朱树人编辑高等蒙学课本。为半官式蒙学教科书之始。至是又有纯粹私立学校所编之蒙学教科书。此时革新学制尚未颁布，故不称小学而称蒙学。"⑤ 据我所见，通学斋校印本的《蒙学课本》只分上、下二卷，可能是这些编者误以为《新订蒙学课本》分为"初、二、三编"，那么其前身也就有"三编"或"三册"了。

当然，还有一种情况可能是通学斋校印本的《蒙学课本》是1897年版的《蒙学课本》和1901年版《新订蒙学课本》中间的一个版本。1897年版的《蒙学课本》原有三编，通学斋校印本的《蒙学课本》取了其第一和第三编，而1901年版《新订蒙学课本》则根据其第一和第二编修订。夏晓虹在将《〈蒙学

① 《南洋公学蒙学课本初编编辑大意》，舒新城编《近代中国教育史料（第二册）》，上海：中华书局，1928年版第244页。

② 《南洋公学蒙学读本初编编辑大意》，陈学恂主编《中国近代教育史教学参考资料（上册）》，北京：人民教育出版社，1986年版第659页。书名中的"蒙学读本"应该是"蒙学课本"。

③ 蒋维乔《编辑小学教科书之回忆》，商务印书馆《出版周刊》，1935年新一百五十六号第9页。

④ 熊明安主编《中国近现代教学改革史》，重庆：重庆出版社，1999年版第479页。

⑤ 王云五《王云五文集（五）·商务印书馆与新教育年谱（上册）》，南昌：江西教育出版社，2008年版第7页。

课本〉中的旧学新知》收入徐兰君、安德鲁·琼斯主编的《儿童的发现：现代中国文学及其文化中的儿童问题》时，对其文字作了修订。对 1898 年之后开始编写的《通学斋丛书》，"将初本《蒙学课本》卷一纳入"并增加了一条注释，其中提到"邹凌沅辑《通学斋丛书》所收《蒙学课本》，卷上录自南洋公学的初本《蒙学课本》卷一，卷下采自无锡三等公学堂的《蒙学读本全书》五编。原书未注出版时间"，而根据《汪康年师友书札》推断，《通学斋丛书》所辑录的 52 种书，是从 1898 年 12 月之后才陆续出版的。[①] 据我所见的《通学斋丛书》中收录的《蒙学课本》的内容来看，夏晓虹称"《通学斋丛书》所收《蒙学课本》，卷上录自南洋公学的初本《蒙学课本》"确实如此，均是 130课，且内容相同；但是她说的"卷下采自无锡三等公学堂的《蒙学读本全书》五编"不知所本，下卷与《蒙学读本全书》的第五编均是 60 篇，篇目相同，但是《蒙学读本全书》的第五编，可能是在 1897 年版三卷本《蒙学课本》的第一、第三卷的基础上，或者是在《通学斋丛书》本《蒙学课本》的第一、二卷基础上修订而成的，而不是相反。关于这一点，我们在后文分析《蒙学读本全书》时将提到，1897 年版《蒙学课本》的三位编者中的两位陈懋治和杜嗣程都参与了无锡三等公学堂的开办和教学，参与了《蒙学读本全书》的编写，这样将过去所编而被《新订蒙学课本》弃之不用却由《通学斋丛书》本《蒙学课本》收录的内容编入《蒙学读本全书》的第五编，是合情合理的；而且从《蒙学读本全书》第五编增加了《通学斋丛书》本《蒙学课本》第二编所没有的课文题名、增添了断句分段的标志、简化了课后问答这三点来看，也可以判断前者是在后者基础上修订而成的。假如 1897 年版的《蒙学课本》是三卷本的话，那么，也可以说《蒙学读本全书》的第五编可能是根据 1897 年版《蒙学课本》的第三卷修订而成的。

我们再看 1897 年版《蒙学课本》。夏晓虹所见的"初本"是两卷本，卷一是 130 课，卷二有 32 课。卷一的第一课是"燕雀鸡鹅之属……"，卷二的第一课是《四季及二分二至说》。这和上述舒新城在《近代中国教育史料》中所抄

---

① 徐兰君、安德鲁·琼斯主编《儿童的发现：现代中国文学及文化中的儿童问题》，北京：北京大学出版社，2011 年版第 34 页。

录的课文的题名完全一样。也就是说，夏晓虹和舒新城所言是一个版本。然而这个版本是否就是初版本仍是一个未解之谜。夏老师所见的这个版本是光绪己亥年(1899)和辛丑年(1901)南洋公学的第二、第三次排印本，并不是最初的版本。她在文中称，"其实，到目前为止，笔者同样未曾目睹过《蒙学课本》的最早版本"，甚至根据外院学生的入学时间为1897年11月9日而推断"第一部《蒙学课本》的问世可能是在1898年"[①]。所以，初版《蒙学课本》的真面目现在尚不清楚，有可能是夏先生所见的二卷本，一卷130课，二卷32课；也有可能是三卷本，一卷130课，二卷32课，三卷60课。

（4）书名误标。1925年，陆费逵在给舒新城的关于中国教科书历史的复信中，没有提到南洋公学1897年编的《蒙学课本》，只是称："第一部出版的书，要算辛丑年（一九〇一年）朱树人编，南洋公学出版三本《蒙学课本》。"[②] 1935年，丁致聘编的《中国近七十年来教育记事》记载："公学当时并由陈颂平等三人编辑《蒙学课本》三册，后又由朱树人编辑《高等蒙学课本》，（仿英美课本体例，无图，书于二十七年出版。）翻译《格致读本应用》。"[③] 这样就把1901年版应该称为《新订蒙学课本》者误写成《高等蒙学课本》，或与1897年版的《蒙学课本》名称混用了。

除《中国教育年鉴》称《新订蒙学课本》"仿英美课本体例"外，蒋维乔在《创办初期之商务印书馆与中华书局》中称："最初南洋公学附属小学有出版之蒙学课本，仅三册，其材料多从英文读本译出，略加本国故事，不适用于我国学校。"[④] 又，1925年陆费逵复函舒新城，介绍"中国中小学教科书之变迁情形"时说："第一部出版的书，要算辛丑年朱树人编南洋公学出版三本《蒙

---

① 徐兰君、安德鲁·琼斯主编《儿童的发现：现代中国文学及文化中的儿童问题》，北京：北京大学出版社，2011年版第5、7页。

② 陆费伯鸿《中国教科书史书》，张静庐辑注《中国近现代出版史料·近代初编》，上海：上海书店出版社，2003年版第212页。这封信最初收录于舒新城编的《近代中国教育史料》，标题《与舒新城论中国教科书史书》为舒新城所拟。（舒新城编《近代中国教育史料（第二册）》，上海：中华书局，1928年版第226页）

③ 丁致聘《中国近七十年来教育记事》，南京：国立编译馆，1935年版第6页。"二十七年"指光绪二十七年，即1901年。

④ 张静庐辑注《中国近现代出版史料·现代丁编（下）》，上海：上海书店出版社，2003年版第396页。

学课本》，他是仿英美读本体例，但是没有图画。"[①] 他们认为《蒙学课本》的"材料多从英文读本译出"而《新订蒙学课本》"仿英美读本体例"，那么实际情形如何呢？我们根据这两套教材的原本对此进行分析。

(一)《蒙学课本》

1897 年版通学斋校印本的《蒙学课本》全书分上、下两卷，上卷 130 课，下卷 60 课，每课均没有题名。全书没有"编辑大意"，我们只能根据课文及其组织来判断该书的"材料"（内容）和"体例"（形式）。从总体来说，无论是其内容还是形式，都在有意地和传统蒙学教材相区分而模仿西方的小学教科书。

1. 内容

陈荣衮在《论训蒙宜用浅白读本》一文中对一般新式蒙学教材编写旨趣的解说也可用以揭示本书的编写宗旨，他说："夫新读本大旨以趣味养生修身人情物理古事今事喻言为方针。约而言之，又不出趣味开智四字。盖趣味所以顺其性，开智所以储其用。"[②] 从内容方面来看，书中出现了儿童经验中事物，这样就容易让儿童产生学习的"趣味"，更主要的是其中介绍了大量的西方科学知识和现代观念，这样就容易让儿童产生新奇之感。而且，其内容的选择明显地对比了传统蒙学的"三、百、千"等初级教材和"四书""五经"等高级教材，以实现与传统的区别。我们先看其上卷第 1—10 课：

> 燕雀鸡鹅之属曰禽，牛羊犬豕之属曰兽。禽善飞，兽善走。禽有二翼故善飞，兽有四足故善走。
>
> 人能言，禽兽不能言。鹦鹉虽能言，然不能知言之意。若读书而不知书之意，与鹦鹉无异矣。
>
> 人无口，则不能言，亦不能食。然多食则害身，多言则害事，故用口不可不慎也。

---

① 陆费逵《与舒新城论中国教科书史书》，舒新城编《近代中国教育史料（第二册）》，上海：中华书局，1928 年版第 262 页。

② 陈子褒《论训蒙宜用浅白读本》，陈子褒《教育遗议》，台北：文海出版社，1973 年版第 39 页。

日照地上有光、有热，能养万物。若无日，则人与禽兽草木皆不能生矣。

自地至天，皆空气也。人在空气中，犹鱼在水中。鱼离水则死，人离空气则亦死。

鸡，禽也，能司晨。犬，兽也，能守夜。蚕与蜂，虫也，能吐丝，能酿蜜。物尚有用，可以人而不如物乎？

童子在塾中，如蚕之缚于茧中也，不亦苦乎？然蚕不缚于茧不能成蛾，童子不入塾不能成人。

兽有力而无智，人虽力不如兽而能以智胜之，故狮虎熊豹皆为有力之兽，而人皆能设计擒之也。

饥者思食，寒者思衣，渴者思饮，而愚者独不思学，则何故也？岂不自知其愚乎？抑不知学之可以救愚乎？

人生在世上，寿不过百年，即使日日勤于作事，亦不过三万六千日耳。时已去，不复来，人可虚度一日乎？

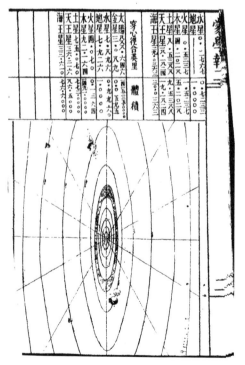

吴县《蒙学报》，1897年第二期

从以上所引这10课，我们依稀看到"三、百、千"的背影，因为其中出现了一些"三、百、千"和其他传统蒙学读物中出现过的字眼，如《三字经》中的"子不学，非所宜。幼不学，老何为？玉不琢，不成器。人不学，不知义"，"彼不教，自勤苦……犬守夜，鸡司晨。苟不学，曷为人？蚕吐丝，蜂酿蜜。人不学，不如物。幼而学，壮而行。上致君，下泽民。扬名声，显父母。光于前，裕于后……勤有功，戏无益。戒之哉，宜勉力"。又如《增广贤文》中的"是非只因多开口，烦恼皆因强出头"，"爽口食多偏作病，快心事过恐生殃"。细察一下，我们发现其内容和传统的蒙学教材明显不同。

首先是出现了新名词，如上述第 5 课中的"空气"。在随后的课文中又依次出现了"地球"、"恒星"、"行星"、"火车"、"轮船"、"硫矿"、"交易"、"奥大里亚"、"亚细亚"、"米利坚"、"华盛顿"、"动物"、"植物"、"铁路"、"显微镜"、"地球仪"、"煤气灯"、"运动"、"智能"、"淡气"（碳）、"养气"（氧）、"地壳"、"化学"、"试验"、"蒸气"、"耶稣"、"礼拜"、"微生物"、"百石粉"（碳酸钙）、"轻气"（氢）、"新闻纸"、"政治"、"律法"、"党羽"、"章程"、"设立"、"约束"、"天演学"，等等。

其次是呈现了许多新知识，如介绍了光合作用促万物生长、空气使人存活等现代科学知识。这些知识的介绍在上卷中随处可见。如第 35 课称日月都是星球："星有转动不息者，曰'行星'，如月与金木水火土五星之类，而地球亦行星之一也。有常居一处而不移者，曰'恒星'。恒，常也。如二十八宿与北斗七星之类，而日亦恒星之一也。"课文介绍了行星和恒星的区分。还有用现代知识来重新解释一些现象的。如第 25 课用现代天文、物理知识解释国人常说的"龙取水"的现象："古书皆言有龙，今则不见其物矣。有时大雨将至，远见白气下垂，俗以为龙取水，其实不然，此乃水面发出电气卷去空气，水即上升，所见之白气，即如水也，与水龙之抽气引水，实同一理。"又如第 101 课讲一个少年因不识地理学而闹出了笑话："有某君从日本归，自言从长崎至上海仅一日半路程。某少年在旁语之曰：'然则先生其有良马乎？'某君曰：'木马耳！'盖谓轮船也。少年未习地理学，不知上海与日本尚隔一海而相去不远，乘轮船而往一日半已到，故不免为某君所笑也。"

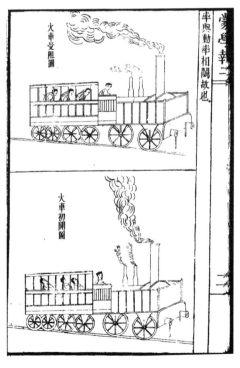

吴县《蒙学报》，1897 年第二期

第 103 课讲雷电生成的原理及防止雷击之法，第 117 课讲显微镜成像的原理，第 120 课讲"轻气与养气相合则成水"的实验，第 121 课讲"物质不可灭"（能量转换）原理，等等。

最后，阐发新道理。如《三字经》中的劝学部分认为读书是知其中的"义"（儒家教义），最终目的是致君泽民、显亲扬名，而该书劝勉勤学时强调读书应汲取其中有用的知识，为了"救愚"生"智"而促进个人的成长（"成人"）。其第 51 课更是将读书与种族的繁衍与物质生产联系起来，称读书识字的人愈多其国力愈强，英法德美诸国人口少而读书识字者多所以国强，我国反之，所以要在我国普及教育。总之，"读书之所以为要事也，不独男子宜读书，即妇女亦宜读书，然后能以所知教其儿女；不独士宜读书，即农工商亦必读书，然后能用新法以兴其业也"。又如《增广贤文》称"善有善报，恶有恶报；不是不报，日子未到"，"为善最乐，为恶难逃"等。而该书第 94 课称："论报应者，每曰'为善者神必福之，为恶者神必祸之'。吾谓此所论之报应，犹虚而不可信者也。世间有自然之报应焉，如出言无妄者人必信之，出言不实者人必疑之，傲慢者人必恶之，谦恭者人必爱之，勤俭而有才者必可以得富，即不富亦不至于冻饿，懒惰而妄费者必至为乞丐，为盗贼，即不为乞丐、盗贼亦必穷困而后已，此皆实而可信之报应，鲜有爽者。尔等试思之，即当知恶之不可为，而善之不可不为矣。"

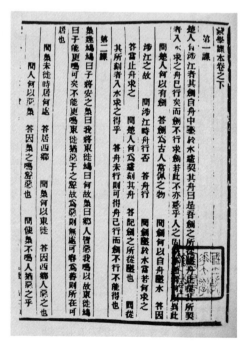

这些新名词、新知识、新道理必然破除旧的观念而引发新的观念，以促进"知识"的生产。其中最典型的便是对"中国"的理解：一是对有形的中国从时空上予以新的界定，指出其并非处于地球之正中之国，而是地球之某一国而已，与他国及他国之人是平等的；一是对无形的中国从意识形态上予以建立，促进人们脑海中形

成"国家"观念，以养成"爱国"之心。如先介绍地球在宇宙中的位置和形状，第 15 课称："人居地上，不可不知地形。古人云'天圆而地方'，其实不然。地浮于空气之中，形圆如球，其上下前后左右，皆有山川人物，惟其体极大，故人不觉其圆也。"[①] 在第 35 课介绍完行星、恒星之别后，又在第 38 课中接着第 15 课的话题说道："十五课中既言地形如球，则'天圆地方'之说不可信矣。古人又云'天动地静'，盖谓地不动而日月五星皆环之而行也。其实不然。日不动而居中，地则运转不息，环之而行。且不独地球也，即水火金木土等行星，亦皆环日而行，而月又环地球而行也。"即介绍公转与自转的知识，倡言"日心说"而非过去的"地心说"。[②]

有了这种宇宙观、地球观就利于从时空上对"中国"进行解构和祛魅，如第 28、29、64 课写道：

> 我国古人，既不知地形之圆，又见其时蛮夷戎狄皆在东南西北四边，故自名曰"中国"，以为我国居地之正中，其四边皆蛮夷戎狄也。其实地球之上，大国甚多，不皆蛮夷戎狄；且地形既圆，何国不可谓中耶？
>
> 凡无教化之国，谓之"蛮夷戎狄"。我国古时所见他国之民，其教化皆不如我国，因名之曰"蛮夷戎狄"。后人不知此义，见他国人，不问其

---

① 1905 年，童琮编写儿童学习策论的著作《蘧园课蒙草三编》（又名《蘧园益幼篇》）出版，其中所论多是刚传入的西方现代器物，如轮船、火轮车、电报、铁路、电报、雷气灯、水烟袋等，第一篇则是重新解说人类历代居住的地球，篇名《地球论》而非《地论》就是为了破除传统天圆地方的错误认识，而指出天地同圆的自然现象："古人云：天圆而地方。自今日言之，天圆是矣，地方则非也。证以西人地球之说，球，圆体也；地若非圆，何以肖球乎？盖日圆如球，月圆如球，地亦体圆如球也。所异者日大于地球百四十万倍，月小于地球四十九倍；其体圆则一也。"该书主要以这篇例文来解说儿童学习策论写作时所用的"起收分用陪笔定题法"，但其内容则是在直接介绍西方的科学的地理知识，这样也是希望改变儿童的落后观念。下文将提到，此后多篇有关阐释"地圆"的教材中课文和报刊中的相关文章都以"大海船行"为例来作形象的说明。以"大海船行"等为例来说明地圆可能在此前的学界比较盛行，如谭嗣同在 1898 年 2 月的一次演讲(见郭双林《晚清地理学研究与传统天地观念的变异》，《清史研究》，1999 年第 4 期第 87—88 页)中称："试于海面上观之，有海船来，始见其船之烟，既见其船之烟筒，至前始见其全船之身。是明明从上而下，而为圆形矣。又以日月食见之：日食，乃日行入月度，为月所掩，而成圆形，人人知之。若日在地下，月在天上，而成月食，假使地球不圆，则掩月之形必不圆矣。此又地圆之确证也。"

② 吴县《蒙学报》1897 年第二期第 30 页之"英文书报译"栏有《众星拱太阳图说》，首句为"先当以太阳为太空之心，而行星绕之"。

教化如何，皆以"蛮夷戎狄"呼之，几若中国外无一非蛮夷戎狄也，不亦误乎？

人皆知地球之大，不知天空中圆如地球者，大小以万计，行星、恒星等皆是也。地球虽大，在天空中仅如一小粒耳。地球之面四分之三为水，四分之一为陆。陆地分五大洲，亚细亚洲其一也。亚细亚洲大小国以十数，中国其一也。中国地分二十二省，江苏为二十二省之一，松江为江苏省之一府，上海为松江府七县之一，而徐家汇又为上海西乡之一镇也。[①]

可见，编者希望随着现代科学知识的广泛传播及与外国人的交往的日益深入，国人拥有现代意识，不再用老眼光而宜用相对的眼光、辩证的思维看待自己和他人及其各自所处之国的地点及文明程度。尤其值得提及的是，虽然此处并未细说中国之外的其他大国、亚细亚之外的其他大洲，但是这种世界地理概念的确立对国人固有的空间观念来说简直就是一个颠覆。人（民族、国家）往往以自己所居住地点为中心在意念中建构世界，如称自己为"中国"、他者为"四极""海外"等。又常以自己的居住地来认识自我，如果其所居是方寸之地，加之封闭而失去了与他者参照则往往自大，诸如自称"大 X 帝国""大 X 民国"之类，或称他者为"蛮""夷"；如果生活的区域广袤，且与外界多有交往，则对自我的认知因为有他者的参照而显得较为客观。中国知识界对世界地理知识的传播最初是极为轻视和拒斥的："言世界地理者，始于晚明利玛窦之《坤舆图说》，艾儒略之《职方外纪》。清初有南怀仁、蒋友仁等之《地球全图》。然乾嘉学者视同邹衍谈天，目笑存之而已。"[②] 康熙年间，钦天监臣杨光

[①] 徐家汇即南洋公学所在地，1901 年版《新订蒙学课本》的初编下卷第 9 课的课文为"上海西乡有徐家汇镇，南洋公学在其北"。《大陆发刊辞》（《大陆》，1902 年第一期第 1—2 页）称中国人形成这种地理观念与数千年来闭关锁国有关，所以应引以为耻而改变之："盖数千年来，杜大陆之门户，塞大陆之耳目，于大陆以外之事，无所闻见。故其遇外人也，则称之曰洋人。一若君处大洋，寡人处大陆，有若风马牛不相及者。其遇外国也，则称之曰海国，一若支那大陆处地球之中，而英吉利法兰西各岛，皆环其四周也者。呜呼！大陆之民智，若此其塞。此大陆之变故，所由日亟也。故吾一思之而未尝不为大陆耻也。"

[②] 梁启超《中国近三百年学术史》，《梁启超全集（第八册）》，北京：北京出版社 1999 年版第 4593 页。

先就曾斥地圆学说为谬论："若然则四大部州万国之山河大地，总是一大圆球矣……所以球上国土之人脚心与球下国土之人脚心相对……竟不思在下之国土人之倒悬……有识者以理推之，不觉喷饭满案矣。夫人顶天立地，未闻有横立倒立之人……此可以见大地之非圆也。"① 自从被西方列强打开大门之后，他国才真正进入近代立志维新学者的学术视野。随着林则徐请人根据西方学者所著《地理大全》而译的《四洲志》及魏源在此书基础上所著《海国图志》、留日学生翻译的《地理学讲义》《地理学教科书》《地文学教科书》《世界地理学》《世界物产志》《万国地志》等地理著作在中国传播，世界地理知识被知识界认为需要普及，进而被纳入学校知识体系，得以成为培养新民的基本资源。

从地理上说，既然不知中国之外还有他国，怎么能形成"国家"的观念？所以，近代以前，普通百姓只有"乡土"意识而无国家观念。从组织上说，封建中国是一个以宗法维系的社会和以经营农商为主的国家，血亲宗族的私法和各种行业的规章使人们自然地在出生时和就业后就隶属于不同的宗族和行业组织，所以普通百姓的头脑中根本不会产生"国家"观念，就像陈独秀所说："吾国专制日久，惟官令是从。人民除纳税诉讼外，与政府无交涉。国家何物，政治何事，所不知也。积成今日国家危殆之势。"② 1840 年，鸦片战争爆发，随后西方列强逼迫清政府签订了一系列丧权辱国的条约，大片国土被"租借"、占领，中国进入了半殖民地半封建社会，变成一个领土不完整、主权不独立的国家。而其间西方的"国家"观念也传入我国。此后，建立一个领土完整、主权独立的民族国家成为全体人民奋斗的目标。而实现这个目标首先要在人们头

① 杨光先《不得已》，转引自郭双林《晚清地理学研究与传统天地观念的变异》，《清史研究》，1999 年第 4 期第 86 页。
② 陈独秀《吾人最后之觉悟》，《青年杂志》（《新青年》），1916 年第一卷第六号第 3 页。1923 年 12 月，署名"导之"的人在《从什么地方看出国家主义的教育之需要？》一文中指出，小农经济使得中国人有家族、同乡观念而少国家观念，所以有提倡国家主义教育的必要。他说："我国人向来被人讥为一圈散沙。此种比喻虽极苛刻，然吾人殊无法足以自解。我国最发达者是'家族主义'，其次是大家讲'同乡主义'，至于国家主义，则多数人对之多无明确的认识。因为国人缺乏大规模的共同生活之习惯，所以一乡、一县之事业容或可以办得有成效；进而至于一省之事业，即已不易有协调的步骤；至于全国之事业，更不必论了。"《教育杂志》，1923 年第十五卷第十二号"教育评坛"第 2 页。

脑中确立一个"国家"的观念。《蒙学课本》的编者就试图通过课文予以确立，其上卷第72课写道：

> 中国者，自吾之祖宗以至吾身及吾之子孙皆生于斯，食于斯，老于斯，所谓父母之邦也。其可不敬爱之乎？然亦非大言不惭、藐视外国即谓之敬爱其本国也，唯当思中国而强即吾等之荣，中国而弱即吾等之辱。凡年幼者即以忠义为心，立品勤学，他日能为有益于国之人，使中国成为天下之强国，则吾身与国俱荣矣。

在这里"中国"已不是一个地理概念，而是一个组织概念。在这个组织之中，每个人都是成员，个人与组织休戚相关、荣辱与共。其中提到了"忠"，没有完全明确是帝国的"君"，还是现代的"国"。其第107课中虽然提到古今众多的"忠君爱国"之人，不过其所指仍指向"国"，如称："国者，家之所以成也，故保国即保家。"

为了激发学生的"爱国"之心，编者采取了宣传"国耻"的策略，因为"诉诸民族精神可以激起克服艰难困苦的力量，在失败之后甚至可以激起比成功之后更为坚忍的毅力。对民族精神说来，耻辱可能同胜利一样具有激励作用"[1]。我们看其第109课：

> 我中国自道光以来，受东西各国之侮辱，可谓极矣。琉球、越南，我属国也，而为所灭。即如各处租界，如上海者，名虽为租，实与割地何异？近则日本取我台湾，德据我胶澳，俄据我旅顺。中国之地几何？而东西强国以数十计。呜呼，危矣！夫中国之耻，即我辈之耻，思之能无愤恨！尔等年虽幼，然皆后日为中国报仇雪耻之人也。如既无品行，又无才学，其何以报仇而雪耻？故尔等中，如有好与家人、学友忿争者，则当思国敌在门，岂可与门内人斗气乎？如有早眠晏起、畏寒惮暑者，当思敌兵

---

① 吉尔·德拉诺瓦《民族与民族主义》，郑文彬、洪晖译，北京：生活·读书·新知三联书店，2005年版第25页。

将至，岂贪安之时乎？如有懒惰不好学者，当思愚而无用之人，岂能免他
人之侮辱乎？思之思之，人人能以此为心，则国强矣！

可见，只要常怀勿忘国耻之心，且将此付诸行动，全民团结，一致对外，
不贪图，勤劳作，就可以使国强盛。其抵抗外侮的出发点并非要国人"仇外"，
而是希望其能"自强"。

无论是输入新名词、传播新知识还是阐发新道理，都着上了浓郁的西方色
彩，目的均是希望国人从小树立自强之心、学习西方先进之处。正如其最后一
课(130课)提到的"天演学"(进化论)中所得出的结论：在进化之途上一切遵
循的是"物竞天择，适者生存"的法则。从当今世界形势来看，"黄种居亚洲，
我华亦黄种也，开化最先而进化较迟。然欧洲进化亦近在百年中耳，日本师之
三十年，遂与并兴。黄种善学不让白人，凡我华民，亦可以兴矣"。

我们再看其下卷的内容。① 从编写思路来看，下卷也有将其与传统蒙学高
级用的"四书""五经"相对的意味。读经的目的就如后来学堂章程所说，在
"令圣贤正理深入其心""令圣贤之道时常浸灌于心"② 之外，主要还作儿童日
后参加科举时写作八股文之用。因为八股文的题目出自"四书""五经"，材料
来自"四书""五经"及其历代注疏，写作时要模拟古人的口气，其最终目的
是"代圣人立言"。清末学堂章程颁布后，仍设立"读经""读经讲经"科，教
材仍在"四书""五经"之内，而且要求整本地读，如"姚氏《古文辞类纂》，
上不及于经，意以经固尽人所宜全读者也"。③ 甚至直到1911年8月9日中央
教育会第十四次会议召开，才通过了胡家祺等人提出的"不设读经讲经课，节

---

① 夏晓虹在《〈蒙学课本〉中的旧学新知》一文中分析的那个版本的下卷篇目有《四季及二分二至
说》《地球问答》《地动问答》《说日》《月说》《全体略论》《论消化食物》《论血之运行》《脑气
筋论》《论目》《论耳》《论鼻》《论口》《论手》《制蔗糖法》《制萝卜糖法》《作乳油乳饼法》
《酿葡萄酒法》《论呼吸》《论食》《论饮》等有关天文、生理、饮食卫生等方面的科学知识的课
文。(徐兰君、安德鲁·琼斯主编《儿童的发现：现代中国文学及文化中的儿童问题》，北京：
北京大学出版社，2011年版第9页)
② 课程教材研究所编《20世纪中国中小学课程标准·教学大纲汇编·语文卷》，北京：人民教育
出版社，2001年版第5、8页。
③ 刘法曾、姚汉章评辑《中华中学国文教科书》，上海：中华书局，1912年版第1册"编辑
大意"。

录经训定为修身课之格言案"①。然而早在1897年，《蒙学课本》的下卷就已对"经"的地位、性质和功能进行了调整：就如这部分开头所说，不再只让儒家"经典"处于"一尊"，而是"经史诸子，悉择采入"；不再是整本的形式出现，而是片段节录；不再让儿童接受儒家思想的训诫，而主要是让其获得愉悦。如果说《蒙学课本》上卷的编写宗旨是"开智"（开启智慧）的话，那么其下卷的编写宗旨就是"兴趣"（激发趣味）。下卷60篇课文全是从古代经史子集中节选出来的小故事，虽然这些故事没有题名，不过我们从其内容可推知这些故事的出处②：第1课《刻舟求剑》（《吕氏春秋》），第2课《枭将东徙》（《说苑·谈丛》），第3课《螳蛇蚕蠋》（《韩非子》），第4课《庄周论雁》（《庄子·外篇》），第5课《臧谷亡羊》（《庄子·骈拇》），第6课《墨子染丝》（《墨子》），第7课《不龟之药》（《庄子·逍遥游》），第8课《鲁侯养鸟》（《庄子·至乐》），第9课《方舟济河》（《庄子·外篇》），第10课《鹓雏梧桐》（《庄子·秋水》），第11课《东施效颦》（《庄子·天运》），第12课《歧路亡羊》（《列子·说符》），第13课《杨朱之弟》（《韩非子》），第14课《一狙搏矢》（《庄子·杂篇》），第15篇《堂水负舟》（《庄子·逍遥游》），第16课《齐桓见鬼》（《庄子·达生》），第17课《呆若木鸡》（《庄子·反锷》），第18课《锦狐文豹》（《庄子·山木》），第19课《朝三暮四》（《庄子·齐物论》），第20课《望洋兴叹》（《庄子·秋水》），第21课《解衣盘礴》（《庄子·田子方》），第22课《螳螂扑蝉，黄雀在后》（《庄子·山木》），第23课《海人好鸥》（《列子·黄帝》），第24课《亡铁疑邻》（《列子·说符》），第25课《枯梧不祥》（《列子·说符》），第26课《涸辙之鲋》（《庄子·外物》），第27课《燕雀处室》（《吕氏春秋》），第28课《齐人欲金》（《吕氏春秋》），第29、第30课《梁北奇鬼》（《吕氏春秋》），第31课《楚学齐语》（《吕氏春秋》），第32课《逐臭之夫》（《吕氏春秋》），第33课《运斤成风》（《庄子·徐无鬼》），第34课《自相矛盾》（《韩非子》），第35课《鲁人徙越》（《韩非子》），第36课《智子疑邻》（《韩非子》），第37课

---

① 张树年主编《张元济年谱》，北京：商务印书馆，1991年版第98页。
② 《蒙学读本全书》选择出自《庄子》等典籍中的故事，可能受始编于明朝的《蒙养故事》（后名《龙文鞭影》）等的影响，不过《蒙养故事》等多只是用四言的形式标识这个故事的名称，而不像《蒙学读本全书》这样完整地呈现故事情节。

《毁易栽难》（《战国策》），第 38 课《墨子大巧》（《韩非子》），第 39 课《画鬼最易》（《韩非子》），第 40 课《郑人买履》（《韩非子》），第 41 课《得车轭者》（《韩非子》），第 42 课《齐人好勇》（《吕氏春秋》），第 43 课《曳尾涂中》（《庄子·秋水》），第 44 课《画蛇添足》（《战国策》），第 45 课《疾犬狡兔》（《战国策》），第 46 课《抱琴吹竽》（《战国策》），第 47 课《守株待兔》（《韩非子》），第 48 课《涸泽之蛇》（《韩非子》），第 49 课《三虱争讼》（《韩非子》），第 50 课《狐假虎威》（《战国策》），第 51 课《卞庄刺虎》（《战国策》），第 52 课《滥竽充数》（《韩非子》），第 53 课《楚人两妻》（《战国策》），第 54 课《三告投杼》（《战国策》），第 55 课《腾猿处势》（《庄子·山木》），第 56 课《佝偻承蜩》（《庄子·达生》），第 57 课《伯乐相马》（《战国策》），第 58 课《宋人雕楮》（《列子·说符》），第 59、第 60 课《夜梦为王》（《列子·说符》）。民初袁世凯推行复古教育，恢复读经时曾试图编写国定的教科书，其《中学国文教授要目草案》之"讲读文章"中列出了选材标准："寓言、游戏之作，不必选（如《毛颖传》之类）。谈说玄理之文，不可选（如《庄子》之类）。"[1] 不过，在《蒙学课本》编者的看来，恰恰要选那些"寓言、游戏之作"，这 60 篇课文，没有 1 篇出自"四书""五经"，反而选的是诸子、纵横、杂家典籍里的片段，尤其让人惊叹的是，出自和儒家相对的道家的作品有 26 篇，其中庄子 21 篇、《列子》5 篇，可见庄周不再被视为"无意为文"之辈，《庄子》不再被视为"谈说玄理之文"。可以说，编者通过选文，表达了对传统"四书""五经"等蒙学教材的拒斥。

总之，从教材内容和编写旨趣来看，《蒙学课本》的编者有意将其和传统的"三、百、千"和"四书""五经"拉开距离，所以其内容已和后者迥异。其上编多译自西方，虽然下编均采自古书，但其编写旨趣完全如西方启蒙教科书那样追求激发儿童的"趣味"（理趣）。1906 年，《海城白话演说报》上刊登有《蒙学课本》的课文白话译本。例如将其上卷第 2 课"人能言，禽兽不能言。鹦鹉虽能言，然不能知其意。若读书而不知书之意，与鹦鹉无异矣"演述为："天地生成万物，人性是最灵的。各样的语，人都会说，禽兽就不会说话。

---

[1]《中学国文教授要目草案》，《教育研究》，1915 年第二十四期第 42 页。

可是有一种鸟，名叫鹦鹉，也会说话。他可不知道说话的意思。所以说念书的人，得明白那书的意思。若是不明白，和鹦鹉有什么分别呢？"又如将第 7 课"童子在塾中，如蚕之缚于茧中也，不亦苦乎？然蚕不缚于茧不能成蛾，童子不入塾不能成人"演述为："小孩子们在学堂里，就像蚕在茧里一个样。怎么讲呢？蚕在茧里，后来就变成蛾，可以飞舞。小孩子若是入了学堂，后来就练成许多能耐，可以办成天下的大事。蚕不入茧，就变不成蛾，小孩子若不入学堂，那(哪)儿能变成有用的人呢？"该文的开头称："这是学生念的一种书，用白话编出来，教大伙儿不进学堂的人，也明白些做人的道理，也明白学堂的好处，省得胡猜疑，胡造谣言说念的是洋书，省得你们不敢教子弟上学。"① 显然，他选择几篇文章演述出来就是为了让人明白，《蒙学课本》的内容是有关中国传统的伦理道德等而不是"洋书"。不过，其所选译的课文，都是《蒙学课本》第一编前面一些励志劝学、宣扬人伦道德的课文，而没有选择其后有关介绍现代西学知识的课文。

2. 形式

(1) 标注生字。传统的"三、百、千"等蒙学教材文字少重复，所以其中的文字多可谓生字，也就不必再单列标出生字了。《蒙学课本》主要不作识字教材之用，不过识字仍是蒙学的一项重要任务，所以编者在每一课的课文前标注了生字，如上卷第 1 课列出"禽、兽、燕、雀、鸡、鹅、牛、羊、犬、豕、之、属、曰、善、飞、走、翼、足、有、故"等 20 个生字，采用的是西方教科书的做法。

(2) 单行散文。"三、百、千"等蒙学教材用单字机械连缀、组织成文，而《蒙学课本》从第 1 课就以完整的句子连贯成短文，虽然这里有南洋公学外院最初招收的学生的年龄在十至十七八岁已经接受过私塾教育且粗通文字而不必再从识字开始的缘故，但更主要的目的是有意地模仿欧美和日本的读本编法："见习西文者开卷即读也，又见习东文者开卷即读也。"② 而且，该书抛弃了传

---

① 《蒙学课本》，《海城白话演说报》，1906 年第一、二期第 24—26 页。
② 陈子褒《论训蒙宜用浅白读本》，陈子褒《教育遗议》，台北：文海出版社，1973 年版第 37 页。

统蒙学教材多句式整齐、隔句押韵的做法，采用的句式主要是单行、散句。虽然这两方面的改革使得表达不够简练，也不利于诵读，但这样的行文更符合口头语言的表达习惯(词语、句式)，更有利于说明事物和论证道理。如上述《三字经》中有关勤学的字句十分简洁，如果老师不讲解，那么学生并不太容易懂得其中的道理；如果像上卷前10课中关于勤学的课文那样进行清晰地论说，那么即使没有老师的讲解儿童也易知晓。又如上述关于一些科学原理、实验过程等的解说，是很难以偶句、韵文的形式来表述清楚的，即使勉强用了偶句、韵文，读起来也让人觉得别扭。

(3) 断句分段。在传统蒙学教材中，除"三、百、千"外的故事书也是不断句分段的，因为"知句读"本身就是读写的入门练习，但这也给儿童阅读带来困难。该书虽然正文每句之间不作任何标识，也不划分段落，但已在课后的问答中采用空格的形式来断句分段：课文开头文字顶格，问答另起一行，开头文字退两格，以示和正文的区别。每两个问答之间，空两格；每个问答之内，问与答之间空一格。

(4) 问答演绎。在传统"三、百、千"中多如该书上卷那样平实地叙述或周正地解说，然而该书下卷则相当有趣，除因为故事富有理趣外，还因为其表现形式也很新颖。我们看其第一、第二课：

楚人有涉江者，其剑自舟中坠于水，遽契其舟，曰："是吾剑之所从坠。"舟止，从其所契者入水求之。舟已行矣，而剑不行。求剑若此，不亦惑乎？人之固执不通者，何以异此？

问："楚人何以有剑？"答："剑为古人常配之物。"问："剑何以自舟坠水？"答："因涉江之故。"问："涉江时舟行否？"答："舟行。"问："剑坠于水，当若何求之？"答："当止舟求之。"问："楚人何为遽刻其舟？"答："记剑之所从坠也。"问："从其所刻者入水求之，得乎？"答："舟未行则可得，舟已行而剑不行不能得也。"

枭逢鸠。鸠曰："子将安之？"枭曰："我将东徙。"鸠曰："何故？"鸠曰："乡人皆恶我鸣，以故东徙。"鸠曰："子能更鸣，可矣；不能更鸣，东徙，犹恶子之声。"故为恶则无处可容，为善则所在可居也。

问："枭未徙时居何处？"答："居西乡。"问："枭何以东徙？"答："因西乡人恶之也。"问："人何以恶枭？"答："因枭之鸣声恶也。"问："使枭不鸣，人犹恶之乎？"答："枭虽不鸣，人恐其鸣，犹恶之也。"问："枭如何能不为人所恶？"答："能更恶鸣为善鸣，则人不恶矣。"

每则故事在介绍完情节之后，先点明其寓意，再用问答法演绎一番。这个问答，似乎就发生课堂上、师生之间，虽然我国古代赋体中已采用主客问答之法行文，但那只是出现在文学作品之中，在教学中采用师生问答之法，应该是新近西方的教法。

（5）循环编排。除上述单篇课文的表达形式注意了儿童心理外，整本书的组织形式也很符合儿童心理。从以上所引课文就可以看出，整个上卷大致是按生物学、社会学、历史学、地理学、天文学、物理、化学等学科来将所要介绍

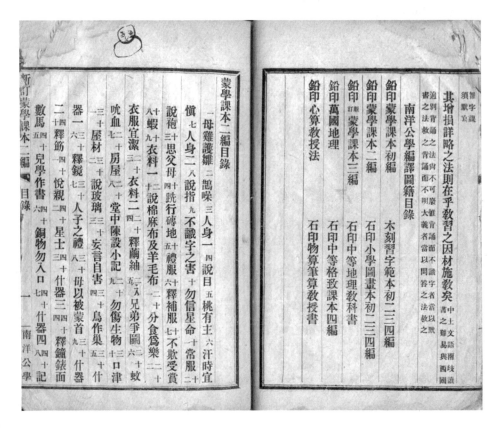

的知识分类，学科排列按学习者熟悉程度由近而远①，按学科依次呈现完之后开始新一轮的依次呈现，课文的篇幅由短到长，课文的内容由浅入深。课文呈现如螺旋之循环上升，学习过程也就如爬山之拾阶而上。总之，形式安排非常符合由易到难的学习心理。

（二）《新订蒙学课本》

因为南洋公学外院最初招收的是十至十七八岁读过私塾的学生，而 1901 年招收的是未曾入学的儿童，这样《蒙学课本》就不适合作这些初入学儿童启蒙之用了。当年 3 月，盛宣怀在呈奏学部的南洋公学附属小学试办章程等文中称，虽然附属小学已经如期开学，"惟是规约未具，无所率循；一切需用课本编译亦未完备，临渴掘井，窒碍尤多。当与同人拟定规则，先行试办。并将课本从速编译，以便施教"②。从中我们可以发现两点：一是当时还没有合适的课本，二是课本的来源是编译。所以，当年出版了朱树人编、商务印书馆等代印的《新订蒙学课本》。全书共分初、二、三编，分别有 150（上 70、下 80）、130、128 课。前述陆费逵在致舒新城的信件中认为该书仿英美体例，此处盛宣怀的呈文也提到编译课本，而 1903 年南洋公学在一则广告《南洋公学译书院译书全目》也将《新订蒙学课本》和其他所译课本一样纳入该院所译之书的范畴——"蒙学课本 初二三编 三本"③。

_____

① 在古代传统观念中，一切顺序一般按天、地、人、物排列，所以《千字文》从天地开始说起，《幼学琼林》也按天、地、人、物的顺序来编排各种知识。不过，就儿童的阅读心理来说，其最感兴趣的是有小动物的书，其次是写植物的书，对那些出现生活中不常见的事物以及抽象难懂的道理的书不太感兴趣。

② 张树年主编《张元济年谱》，北京：商务印书馆，1991 年版第 36 页。

③ 《南洋公学译书院译书全目》见汪家熔辑注《中国出版史料·近代部分（第一卷）》，武汉：湖北教育出版社，2004 年版第 648—649 页。汪在其后注释中称："本书目所列 53 种并非都是南洋公学译书院所译。如'蒙学读本初、二、三编'初版于光绪二十三年（1897），系南洋公学师范院学生所编撰。该书在光绪二十七年八月清廷命令兴办学校后，师范院曾又重编。"（上书第 649—650 页）引文中"蒙学读本"为"蒙学课本"之误。又据汪家熔辑注《中国出版史料·近代部分（第二卷）》之《南洋公学蒙学课本四件》（注释）（湖北教育出版社，2004 年版第 522—528 页）摘录舒新城所录两篇课文及《新订蒙学课本》初、二、三编的编辑大意来看，汪家熔没有见到 1897 年版《蒙学课本》的原书。《蒙学课本》确实初版于 1897 年，但《南洋公学译书院译书全目》中开列的"蒙学课本"实际上是 1901 年出版的《新订蒙学课本》，其与《南洋公学译书院译书全目》广告发布相距仅两年，且是自家出版教科书，难道还会混淆了其"编"与"译"的性质？较为合理的解释是，1897 年出版的《蒙学课本》以"编"为主，而 1901 年出版的《新订蒙学课本》以"译"为主。

所以，就以上诸方面的文献记载来看，虽说该书是"新订"自《蒙学课本》，但极有可能是另起炉灶式地新编，而且多数课本可能译自西方教科书。如果真是这样，那么其从内容到形式都是在模仿西方教科书的做法了。实际情形如何呢？我们仍试从内容和形式两方面来分析。

1. 内容

将《新订蒙学课本》与《蒙学课本》相比照，我们发现，如果说《蒙学课本》的上卷虽然加入了西方的材料但不忘时时联系传统蒙学教材的内容且与之比较，下卷虽然有意与"四书""五经"相区别而取西方的"趣味"观念，从儒家之外的典籍中选择短小的寓言故事，但选择的仍然是中国传统典籍的话，那么《新订蒙学课本》的编写动机就如初编编辑大意所称"墨守故步，天君未安，蒙学方兴，姑承缺乏，比之《花夜记》、《千字文》等书而已"，即摒弃传统的不符合儿童需要的"三、百、千"等传统蒙学教材，而编写出符合新式学堂儿童需要的新式蒙学课本。其内容则是如其二编编辑大意所说，"凡所掇拾，大半译自西书，略加点窜"而成。

初编强调所用皆常用通俗文字。"蒙养之时，识字为先。"（清·王筠《教童子法》）因为文字是儿童接受教育的基本工具，儿童只有识到一定量的字之后，才能进行初步的读、写，才能比较顺利地学习其他知识。该书初编主要就是作识字教学之用的，所以可以称为"字书"。但其所用之字和传统的"三、百、千"明显不同，《三字经》第一句中的"性本善"三字是抽象的，不合儿童思维特点，《千字文》中的"宇宙洪荒"是"高远"的，远离儿童生活，所以这些字是现代儿童不易理解的；这些字是书面语中常见的，而在儿童的口语中是不常用的。鉴于此，该书用字时注意了两点。

（1）常用。初编编辑大意称："陵节躐等，古有明戒，瓶瓮之不知，而语以'钟鼎'；犬马之不识，而语以'麟凤'，非法也。是编专取习见习闻之事物，演以通俗文字，要使童子由已知而达于未知而已。"即选用常以标识儿童生活中事物的文字。

（2）通俗。初编编辑大意又称："我国文字语言，离为二物，识字之所以难也。其文序与语次相歧者，如云'以物与人'，此文语相同者也，若变曰'与

人以物'，则文语不同矣，童子尤难领悟。是编专取文语同次者，凡倒装句法，及文中所有、语中所无之字，概不阑入。"即选用儿童口语中常用的字。

下面，我们先看其前10课所选用的文字：

天地、日月、山水。

花草、树木、梅柳。

鸟兽、牛羊、鸡犬。

父母、兄弟、姊妹。

人身、牛毛、马足、羊角。

桃叶、桑枝、松木、柏树。

河泥、井水、雨水、阶石。

月色、风声、花香、水味，树影、日光。

春风、夏雨，秋柳、冬松，夏日、冬夜。

白雪、黑云，高山、低屋，深山、浅水。

确实，这些文字所代表的都是"习见习闻之事物"而非罕见之物，是儿童"语中所有"而非仅文中所有，所以编者认为其所用都是"通俗文字"而非难僻字。

二、三编在《蒙学课本》上卷后半部分的基础上继续输入新名词，更加强调新知识和新技能的介绍，并直言应学习西方。二编编辑大意称："大半译自西书。"三编编辑大意称："是编节取旧刊蒙学课本，汰旧益新，增删各半。"我们先有选择地看一下二、三编的课题：二编第 1 至 10 课是《母鸡护雏》《鹊噪》《人身一》《说目》《桃有主》《汗时宜慎》《人身二》《说指》《不识字之害》《勿信星命》，第 20 课是《说棉麻布及羊毛布》，第 30 课是《口津》，第 40 课是《释箸》，第 50 课是《鼠啮屦》，第 60 课是《释松菌》，第 70 课是《嗜糖损牙》，第 80 课是《释鹿》，第 90 课是《启告便函》，第 100 课是《启告便函》，第 110

课是《招游便函》，第 120 课是《招饮便函》，第 130 课是《招友便函》。三编第 1 至 10 课是《入塾劝勉语》《作茧成蛾》《物分天生人造说》《世无废物》《述父母之恩》《爱亲说》《祝父生辰》《孝行》《物分三大类》《物分三大类(续)》，第 20 课是《薛包李勋》，第 30 课是《三生论牛马驴》，第 40 课是《羊毛》，第 50 课是《观铁政局记(续)》，第 60 课是《麦穗》，第 70 课是《说空气》，第 80 课是《爱人说》，第 90 课是《寄家第二书》，第 100 课是《国民相爱说》，第 110 课是《纸卷烟》，第 120 课是《述幼孩堕井书》，第 128 课是《谋游学外国书》。对照 1897 年版的《蒙学课本》我们会发现，在《新订蒙学课本》二、三编中，前者初版下卷的 60 课寓言故事已悉数被弃，而上卷后半课文也已鲜见。与前者相比，有三点变化。

(1) 新名词更多。因为课文多是编译自国外读本，所以从西方及日本传入的新名词仍不时出现，如"消化""洋纸""明矾""火柴""香水""安息香""货包布""俄罗斯""礼貌""剧场""巴黎""动物园""面包""博物馆""宽紧布""铁政局""汽船""螺旋轴""公所""警察吏""英国""旧金山""寒暑表""风雨表""远视镜""风轮""防雷针""体操""通商"，等等。

(2) 实用知识的介绍更多。1898 年 2 月颁布的南洋公学高等小学堂章程的"立学总义"指出："矫近代教育偏重文字之弊，设普通完备学科，使学者得受普通之知识为主。"[①]即教育由虚文转向实学。该书内容确实体现了该校的办学宗旨。其二编的编辑大意称，小学就是要学习普通知识——"小学者，学士农工商，尽人当知之学"。为了达到这个目的，二编设置了 130 课，按文体分为故事 60 课，名物实字 30 课，浅说琐记 30 课，通用便函 10 课。作为"多识之助"的主要是物名实字和故事，物名实字内容含"近世新物"，故事的内容含德、智、体三方面知识，"德育者，修身之事也；智育者，致知格物之事也；体育者，卫生之事也，蒙养之道，于斯为备"，所以故事 60 课，属德育者 30 课，属智育者 15 课，属体育者 15 课。作为"学文之式"的主要是浅说琐记和通用便函实用文体，尤其是"尺牍为人生必需之文字"。三编设置了 128 课，

---

① 《交通大学校史》撰写组编《交通大学校史资料选编 第一卷》，西安：西安交通大学出版社，1986 年版第 52 页。

其中属德育者40课，属智育者68课，属体育者10课，复附尺牍10课。这些知识的介绍多数已不再像《蒙学课本》那样为了让国人确立科学观念而使多数课文的内容停留在阐述原理的层面，而更多的是直接交代物体的性质、分类、功用等，如二编中的《释松菌》《释糟烧》《说铁》《释明矾》等；或直接介绍实用方法，如三编中的《种麦略法》《种稻略法》《制蔗糖略法》《酿陈酒略法》等。在介绍知识时除无形中告诉西方文明开化、技术先进外，有时还在中西对比中直言中国的落后，如其二编第92课《火柴》：

> 张慧至亲戚家，见有用铁片击石取火者，异之，归以告父。父曰："此火石也，三十年前，我国尚无火柴，取火者必用火石，虽善击者，必两三击而后得火。火柴则一擦即得，故人皆弃火石而用火柴，今之儿童，几不识火石为何物矣。"
>
> 问：火柴与火石孰费？其用孰便？人何以弃火石而用火柴？古无今有、古有今无之物甚多，当道举一二告之。

（3）崇尚西方的观念更明确。虽然三编中的第98课《爱本国说》、第108课《国耻说》几乎直接引自《蒙学课本》的上卷，其目的也是希望儿童在脑中确立现代"国家"观念，激发其爱国之心，以使日后祖国能够强大，但在此三编中编者已明确将自强建立在学习西方知识的基础上，如其第112课即为《劝学英语卒业》、第128课（最后一课）为《谋游学外国书》，希望统治者不再闭关锁国，国人能放眼于世界。①

正因为该书内容以编译为主，二、三编中有关中国的内容很少，二编编辑

---

① 文元书局印行的普通应用商学课本《文明白话尺牍》（该书出版时间不详，根据封面文字"内附民国书信契约便蒙民国通用称呼各式名片信封"可以判断是民国初年）有《送人游学》范例："某某仁兄先生文几：今某兄来，述及阁下有游学日本之举，闻之羡甚。以彼国文明，灌输祖国。将来学成，担任教育，大有荣施。属在知交，未伸祖饯，菲礼两种，聊请行旌。弟某某免冠 某月某日。"可见，民国初年留学日本成为一种风气，所以要学会写作相应的尺牍。而在编者看来，游学日本的最主要目的在于"以彼国文明，灌输祖国"；当然，从个人来看，显然是开阔视野，此后编者附拟的答谢尺牍中有"自维谫陋，毫无知识，藉此一游，得以稍增阅历"等语。

大意称："中土所固有者，惟德育一门而已。然载籍所传，或高远难行，或简淡乏味，如二十四孝之类，半涉迂诞，尤不足以为教，故概不登录。"很显然，编者认为在传统蒙学教材中，"四书""五经"之类高级教材"高远难行"，"三、百、千"之类的低级教材"简淡乏味"，而"二十四孝"之类的故事"半涉迂诞"。不过令人感到奇怪的是，虽然前述 1897 年版的《蒙学课本》的下卷 60 课均系非出自儒家典籍的短小有趣的寓言故事，但朱树人却弃之不用。个中缘由，难以确知，也有可能是他认为这些充满情趣的文学于现实"无用"吧！甚至可能认为其用处还不如他所不满的传统"德育"教材之"有用"，所以其三编编辑大意又辩称："前编德育一门，不录中土流传故事，限于文体故也。是编间参一二，仍以平正无弊为主。"如其中就有《薛包李勣》《孔子之教》等宣传儒家"孝、弟、谨、信、爱众、亲仁"等教义的课文。

2. 形式

初编虽然是"字书"，但其文字组织形式和传统蒙学教材已有本质区别，所采用的是西方的做法，如该编的编辑大意不停地提到"泰东西教育之学""泰西之读本""泰西文规学家"之类。采用西方教科书的做法主要表现在以下三方面。

（1）文字连缀，由少到多。传统的"三、百、千"采用的多是单字机械连缀的形式，而且因刻意押韵而常牵强用字，所以文字之间往往缺乏意义的关联，如《百家姓》等，这样造成儿童在识字时往往只能"苦认""蛮记"，效果往往不好。所以初编按联字、短句、短文依次递进编排。其编辑大意称："旧法令学生苦认方块字，孤寂无情，断非善法。是编以两名相联开卷，由联字而缀句而成文，七八岁童子稍有知识者，谅无不能。贯串之理，较之蛮记《十三经》不二字者，似稍有益。""其联字缀句之法，则先联并立之两名字（天地、日月），次联不并立之两名字（人身、牛毛）。先两字，次三字、四字，则几乎成句矣。至九字、十字，则接句而成文矣……由十数字至四十字，则皆成片段矣。"以上已引其前 10 课，我们再看其他课文，如第 20 课为"桃花开，梧叶落。山鸟飞，野兔走"；第 30 课为"鱼有鳞，鸟有翼。马无角，蛇无足"；第 40 课为"我爱我父，尔爱尔父，彼爱其父"；第 50 课为"柳花梨花皆白，河水泉水皆清，春季秋季皆温和"；第60课为"骡如驴，又如马。马可骑，又可驾车"；第70课为"饥则思食，渴则思饮，寒则思衣，倦则思卧"。下编第1课是："一儿幼有志，在塾中勤学守规，甚有名。"第20课为："某儿之弟六岁，其弟生时，儿方三岁，问此儿年几何？"第40课为："今布两匹：一长丈二一尺，一长二十尺，问两匹布孰长？"第60课为："或问李童：'天寒何不饮酒？'童曰：'父亲谓年幼之人，不当饮酒，饮则伤身。父命安可违乎？'"第80课为："有物曰留声机，器中能发人笑语声，小儿啼哭声，锣鼓箫笛声，无不毕肖。群儿闻之，皆诧曰：'嘻，异哉！'"

（2）生字呈现，分散随文。传统的"三、百、千"往往文字很少重复，采用的是集中识字的策略，集中识字不顾及单个汉字往往有多种读音、意义和用法的特点及其读音、意义和用法只有在具体的上下文中才容易辨识的事实，所以，实行集中识字，虽然看起来掌握了某个字的读音、意义和用法，但实际上掌握的只是其中一种；虽然似乎识得很多字，却不能在具体的语境中有效地进行读写。"独立教学，便不易融化，不易记忆，不易了解。你看以前旧法学塾里教儿童识字，识了许多字，结果，儿童一出校门，便大半忘却，就是记得几个，也往往不会应用，就是为了这个缘故。"[①] 如果就一个字一次性地讲深讲透会更让儿童难以接受。如学堂成立初期，还有人在教学生识课文中的"易"字时，先告诉学生读什么，然后告诉学生"易"是人名，如"贾易"，再在右上角加圈，即是"容易不容易"的"易"，而"交易、贸易"以及《易经》的"易"，均不要加圈，"学生至是，神色茫然，几并前此人名之义而忘之矣。是即求益反害之"[②]。

---

① 陈聘伊《对于国语科教学的意见（上）》，《中华教育界》，1929年第十七卷第九期第1—2页。1941年陈鹤琴在《我的半生》中回忆自己"换了三个私塾，读了六年死书"，所读的这些书，如《三字经》《百家姓》《神童诗》《千家诗》等，现在买来重读"觉得其中很有许多优点"，但是缺点也不少，如《三字经》："有许多地方不合时代……我当时年纪太小，读了不懂。"《百家姓》："四个一句编起来的，姓字虽然应当认识，可惜编得太无意义了。你要把五百个生字硬记牢，多么困难！"《神童诗》："韵文原是很合儿童的口吻，可惜封建的意味太重，英雄的思想太浓了。"《千家诗》："四十年前，这本书我能从头背到尾。今天把他再仔细看看，只有三首诗能背，四首诗看起来脑筋中还有点影子。其余完全不记得而无印象了。""以上所读的一些书，先生都没有对我讲过，差不多等于白读。六年最宝贵的光阴，除了认识三四千字以外，可说几乎完全付之东流。今日思之，惟有惋惜，感慨，痛恨而已。"（陈鹤琴《我的半生》，泰和：江西省教育用品厂，1941年版第66—70页）

② 庄俞《教育琐谈》，《教育杂志》，第一年（1909）第四期第23页。

所以，西方的随文分散识字教学逐渐引起人们的关注。从以上选文中可以发现，一些文字在前后选文中反复出现，增加文字重现的机会，一方面可以加深学生对某一文字的印象，另一方面学生又可以理解其在不同的语境中的不同用法和意义。如初编编辑大意称："引伸假借字义滋繁，读本非字书之比，课中如遇一字数义者，但随正文解其本义，不必多引他义，转令迷闷难记。"言外之意，就是在他处文字中会再次遇到这个字，在新的前后文中理解它的其他意义。为了保证学生认识常用的字，理解这些字的多种意义或用法，所以"下卷复取上卷所未及之字类，与虽及而未尽者"[①]。

（3）文字安排，先实后虚。我国旧法将文字粗分为实字、虚字。虽然实字易解、虚字难识，但传统的"三、百、千"并非按由实到虚的先后顺序来安排文字，而是实虚夹杂。这显然不符合由形象到抽象、由易到难的学习规律。而该书按《马氏文通》借用的西方分类法将所用字分成"名字""代字""动字""静字""状字""介字""联字""助字"和"叹字"9类，编订了一份"字类略式"。初编编辑大意称："属稿之时，苦无条理，随意掇拾，必伤芜杂。乃取易解之字，以类相从，先名字，次静字，名字先有形而后无形，静字先有象而后无象。"此处所述，稍察上引诸课便知，不再赘述。

对照前文所引陈荣衮的说法——"东西国小学读本所读果何如乎？西文初级读本，猫羊笔帽而已。东文初级读本，树叶国旗而已。是其初读不过眼前物件，且又由一字至二字至三字，递推递增，非开口便读全句也"[②]——可知，该书的初编完全采用了欧美和日本教科书的编辑形式。

二编编辑大意称，从此编开始，均"集泰西读本善法"。和《蒙学课本》相同，该书仍然采用"错综法"。二编编辑大意称："西国读本有错综者，有类别者。是编用错综例，每故事两课，间以杂字一课，浅说琐记一课。最后五十课，则每四课更缀以便函一课，移步换形，令童子不生厌而已。"三编编辑大意称该编课文"错综分类，犹前二编之意也"。所不同的是，该书又采用了西

---

① 其二编的编辑大意又称："是编课首必列零字（上编已见之字是编不列，上课已见之字下课亦不列，异义者则列之）。""零字"大概就是生字，而生字不仅指其形体以前曾未见过的字，而且指形体重现而意义不同的字，所以，其随文分散识字的旨意十分明确。
② 陈子褒《论训蒙宜用浅白读本》，陈子褒《教育遗议》，台北：文海出版社，1973年版第37页。

方教科书的如下其他三点做法。

（1）标注课题。初编主要作字书之用，故可不标课题，二、三编作读写教材之用，标上课题则便于浏览从总体上把握，也便于检索单篇课文。

（2）虚拟对话。其中的"故事"，多是编者通过虚拟的两个人物的对话来呈现课文的内容，这样就比平实地叙述或周正地解说要生动有趣得多。编者在二编编辑大意中称，这种做法远绍我国古代赋体中常见的主客问答之法，近取西方小学教科书的常用的文学表述法，"间有出自臆撰者，远仿凭虚亡是之体，近师西人用稗说体编小学书之例"，其"意主启发，勿疑为私造典故也"。如《新订蒙学课本》的三编第 2 课《作茧成蛾》就是采用这种方法而将《蒙学课本》上卷第 7 课稍作改编而成的[①]：

> 某童性不好学，深以在塾为苦。童蓄数蚕为玩具，一日见其作茧，笑而语之曰："尔辈作茧自缚，何自苦也？"蚕答曰："我辈岂好作无益耶？所以自缚者，求成蛾耳。"未几，蚕生翼出茧，已化为蛾矣。故蚕不自缚，不能成茧；童子不入塾，不能成人。诸生其毋以在塾为苦也。

这则童话故事的主人公是儿童（某童）及其习见之物（蚕），所述在儿童经验范围之内；童蚕之间的对话的形式更是充满了想象，容易让儿童感到新奇；而作茧自缚与化蛹成蛾的过程本身就已形象地将求学的道理说得清楚明白了。这样显然要比前者的直接论说（虽然用了比喻论证）要有趣得多，儿童读完自然容易知晓，也愿意接受随后出现的几句训诫。又如，《蒙学课本》上卷第 15 课称地球是圆形的，只不过因其体积过大人们不觉其圆，而《新订蒙学课本》三编第 61 课《地球》通过一段父子之间的对话将其中的原理解说清楚了：

[①] 也可能结合了上卷第 98、99 课的内容："一儿读书甚勤，父赏以一盒。儿启之曰：'是何虫欤？何黑而丑也？'父曰：'其名为蚕，当善养伺之。'……"接着介绍所用的饲料以及儿观察蚕吐丝、结茧以及人剥茧、抽丝的过程，最后写半月后儿在室内发现"蛾"，视茧而知原是"蚕成蛾"。这两课并没有任何劝学的意味，只是介绍有关蚕的知识。

某儿见室中小地球仪,问曰:"地形之圆若此球乎?"父曰:"然。"为解其理,儿卒不信。

一日父以远视镜,偕儿至海滨眺览,水天一色,辽阔无际,惟远见一物,有若桅顶者。父曰:"船且至矣。"有顷,即见若帆形者,父曰:"有他物蔽汝目者乎?"儿曰:"无之。"曰:"然则何以先见帆顶,次见帆乎?"儿不解。曰:"地之蔽耳。船所在之处,地形已湾,故帆与帆顶不能同时见也。"儿曰:"地何以有湾形?"父曰:"我尝语汝曰,地形圆为球,尔岂忘之乎?"儿恍然悟。父曰:"惟圆,故稍远即湾。见帆顶时,其帆与船身,犹在地下也。"

先是不明其理,再是亲身查验,由问题而引发事件,用对话来解说原理,这样就比单纯的解说要形象、易懂得多。①

---

① 1897年,吴县《蒙学报》第十七期刊登了吴县董瑞椿翻译、日本菊池熊太郎著的《小地文学》,该文在介绍地球时称:"古人皆以地为平坦,不知实为球状。至今日而世人不疑。如经水陆路向一方直行,绕一周而得归原处。船舶离海岸渐远,其下部渐被水遮,以迄不见。殆地理初学者所共知也。"(第29页)虽然在日本这是地理常识,但对当时的中国人来说,则是一项新知。1898年第二十八期《蒙学报》之《儿童画学》中出现了两幅图,以"大海航行"为例证明地球是圆形的。1902年《启蒙画报》第1册登载有《航行望远》:"地是圆的,有什么凭据呢?就如海上望船,船自远来,初见桅尖。渐近来,看见半桅。又渐近来,看见全船。这不是地圆的凭据么?"1904年,上海越社印行的蒙学堂学生用书《最新妇孺歌唱书》(音乐教科书)第四章内有《地球歌》:"南北东西大海边,远望亲去船:去船何所见,船身先下水平线;来船何所见,水面先露桅杆尖。可知大地到处湾湾圆如橙子面,山高水低赤道膨胀两板扁。吾人环地行,宛如橙面蚁盘旋……"用韵语歌谣的形式来解说上述道理。(见胡从经《晚清儿童文学钩沉》,上海:少年儿童出版社,1982年版第123页)1906年,在上海中国公学求学的胡适在9月11日发行的《竞业旬报》创刊号上以"期自胜生"为笔名发表了一篇白话《地理学》,胡适在《四十自述》中特意抄录了其中"地球是圆的"的一段:"譬如一个人立在海边,远远的望这来往的船只。那来的船呢,一定是先看见他的桅杆顶,以后方能够看见他的风帆,他的船身一定在最后方可看见。那去的船呢,却恰恰与来的相反,他的船身一定先看不见,然后看不见他的风帆,直到后来方才看不见他的桅杆顶。这是什么缘故呢?因为那地是圆的,所以来的船在那地的低处慢慢行上来,我们看去自然先看见那桅杆顶了。那去的船也是这个道理,不过同这个相反罢了。……诸君们如再不相信,可捉一只苍蝇摆在一只苹果上,叫他从下面爬到上面来,可不是先看见他的头然后再看见他的脚么?……"(胡适《四十自述》,曹伯言选编《胡适自传》,合肥:黄山书社,1986年版第56页)下文将提到《新订蒙学课本》曾作为澄衷学堂的教材使用,而1905年胡适即从梅溪学堂转入该校求学。也就是说,胡适可能读过《新订蒙学课本》。也正因为该书三编第61课《地球》给他留下了新奇而深刻的印象,所以已是中学生的胡适就用白话将其重新演绎了一番。

（3）设置问题。二编的编辑大意称："课末设问，或问本课大意，或问余义，授课后当令学生掩卷口答。"如果说1897年版《蒙学课本》下卷是有问有答、自问自答，那么这里是问而不答、引而不发。自问自答，只比没有停顿的平铺直述略胜，而问而不答则可将学生对课文的理解引向深入，不仅是作复习课文内容之用，更是引导儿童将课内之所学用于观察、判断、评价文外之现实，其所具现代教学的特征更加明显。[①] 如二卷第91课《勿以细故伤情》之后问道："同学如何相待，如何方能始终和好？"课文中已经呈现了一同学误伤另一同学后经道歉、说明而和好如初的事。所以将课文中具体的人和事去除即可作为该问题的答案。如果要回答上述第92课《火柴》后面的几个问题，得费一番思量，因为文中所述虽对问题有所暗示，但根本没有给予现成的答案。

编者在初编编辑大意的结尾处自谦："编是书者，不明教育之学，于儿童心才发越之序，茫无所得，向壁虚造，力求浅易，然自谓浅易，犹恐童子读之，尚难领悟。"从以上分析可以看出，其对西方传入的教育学术颇为精通，对儿童心理发展顺序也有过研究。

南洋公学外院是新式小学，正如吴研因、翁之达所说，1878年张焕纶在上

---

① 汪家熔在《民族魂——教科书变迁》（北京：商务印书馆，2008年版第41页）中引录完舒新城在其书中摘录的《四季及二分二至说》之后专门就该文之后的提问等进行了阐述，认为这种编写形式带来了教学方法的改变："值得注意的是课文最后'向学生提问'和'给教师辅导'两段，这是改变以往《三字经》等蒙学读本所没有而导致死教书和以背诵为主的教学方法的开始。"此说精当，足见论者慧眼。

海创办的正蒙书院附设的"小班"和 1896 年钟天纬在上海创办的沪南三等学堂的"蒙馆"（相当于后来的初等小学）、"经馆"（相当于后来的高等小学），都是新式学校，只不过都是私立小学[①]，"公立正式小学的呱呱堕地，则正正确确在民国纪元前十五年（清光绪二十三年）即距今三十五年时的秋季始业。这一个始祖的公立小学，就是南洋公学外院……该外院规模粗具，可说是我国惟一的新式小学"[②]。周予同借鉴了吴研因、翁之达的说法，在介绍前述两所私立小学后指出，南洋公学"'外院'就是小学校，这可算是中国公立小学的始祖"[③]。《新订蒙学课本》是在新式小学使用的课本，按年级高低分成内容深浅不同的三编，要求不能越级使用。如初编的编辑大意称："初编为七八岁童子而作，二编、三编以次递进。三书首尾衔接，习二、三编者必从初编入手。如年齿稍长，已能贯串文义可将初编并日习之，习毕接读二、三编，幸勿陵越。"南洋公学已建立了较为完备、相互衔接的小学、中学、高等专门学校三级教育体系。而作为小学用"《蒙学课本》，共 3 册，供层次不同 3 个班 120 名学生用"[④]。其他现代小学，如 1901 年正式开学的上海澄衷学堂就使用该书作为教材，其《按日课程表》载："读本先将南洋公学所编蒙学课本各授一册，分时按课讲授。"[⑤] 其内容和形式均模仿国外现代小学教科书，虽然没有专门的"教授书"，但二编编辑大意最后几节专门指示了教授之法，如教授初编要讲解字义、教授读法，教授二、三编要就课后设问来提问学生，还有背诵与问答法互补等。虽然其内容仍各科不分，但已具有现代小学教科书绝大多数的特征，正因为如此，有人称其为中国人自编教科书之始。现代学制确立之后，商务印书

---

① 黄贵祥《小学国语常识教材编制的演进》："我国小学教育的实施，以光绪四年张焕纶所办的正蒙书院为起点，至于他们的教科书怎样，现在很难考据，我们只知道他们的教材文体是以'俗语译文言'的，到光绪三十一年，钟天纬所办的三等学堂，则以语体文编教本，开我国国语教科书之先河，但是这一种教本现在也难于考据。"《教育杂志》，1948 年第三十三卷第十二期第28 页。

② 吴研因、翁之达《三十五年来中国之小学教育》，商务印书馆编《最近三十五年之中国教育》，上海：商务印书馆，1931 年版第 1 页。

③ 周予同《中国现代教育史》，上海：良友图书公司，1934 年版第 99 页。

④ 梁长洲整理《五十年（1897——1949）小学教科书概览》，汪家熔辑注《中国出版史料·近代部分（第二卷）》，武汉：湖北教育出版社，2004 年版第 576 页。

⑤ 朱有瓛主编《中国近代学制史料（第一辑·下册）》，上海：华东师范大学出版社，1986 年版第847 页。

馆于1904年出版的"最新教科书"也对其多处进行借鉴,还有一些学校将其作"国文"科课本使用。如1909年龙门师范学校学生吴人英就曾用《新订蒙学课本》的三编第65课《自立说》为初等4年级生编写了一份国文课实习教案。① 不过,单从其教学过程按"预备""目的指示""提示"和"应用"等几个步骤来看,已是按照与"最新教科书"配套的"教授书"中从日本引进的赫尔巴特的"五段教授法"之类的新教法来设计教学了。虽然《新订蒙学课本》具有多种现代小学教科书的特征,但其在现代学制颁行前出版而且内容是各科不分,所以仍属于新式蒙学教材。

1986年5月1日第3版《文汇读书周报》发表了吴德铎撰《我国最早小学课本的编写人》,文中提到《新订蒙学课本》编者朱树人的友人潘绅曾回忆过该书的编写思路及其影响:"最近检阅潘绅(书卿)的《补拙随笔》,正好有一条专谈这个问题,摘录如下:'朱君友芝,名树人,上海旧族也。光绪丁酉(1897)第四名举人,南洋公学师范生。予(潘绅)馆公学时,身为学长,相与莫逆。君颇通诗文,慨中国旧法读书,儿童甚觉其苦,毫无趣味,略参西法,撰著一书,名曰《蒙学课本》,共分三编,由浅入深……其文皆明白浅显,颇合儿童心理,此书一出,几欲纸贵。各书店代售,不准翻版,于是有嗜利之徒,改头换面,插以图画。如美华书馆中王亨通《绘图蒙学课本》是也。而后商务印书馆及各书局之仿效者,日出不穷……'"吴文接着说:"潘绅在上海任教多年,与朱友芝本人有过交往,所说当属可信。"②

1901年11月号《万国公报》刊载了《绘图蒙学捷径》一书的广告,落款为:"光绪辛丑仲冬之月 余姚莲溪民 王亨通谨识于淡然寄巢之南窗下。"这则广告被汪家熔收入其辑注《中国出版史料·近代部分(第二卷)》,不过其书名下的署名是"王亨统"而落款中署名为"王亨通",其中之一可能为编者误录或印刷错误③,也可能是同一姓名两种写法,因"通"与"统"音近而致误。

---

① 《龙门师范生国文科试教教授案》,《教育杂志》,1909年第一年第一期"教授管理"第1—2页。
② 韩振刚《清末民初教科书知见概述(上)》,《出版史料》,2010年第3期第31页。引文将"王亨通"误成"王亭通"。
③ 汪家熔辑注《中国出版史料·近代部分(第二卷)》,武汉:湖北教育出版社,2004年版第530页。

汪家熔又称目前只见广告未见其书，其实《绘图蒙学捷径》可能就是后来出版的《绘图蒙学课本》，只不过前者是未出时初拟的名称而后者是出版时的定名而已。1904年，王亨统著的《中国近世地理志》《地理问答》《天文问答》等书的广告称："王亨统先生知名已久，盖其《绘图蒙学课本》数书早风行为教科本。"① 又据胡从经著的《晚清儿童文学钩沉》称："署名王莲溪所撰的《绘图蒙学课本》，光绪甲辰（1904年）兰陵社发行，其第七十四课为寓言——《瞽龟》。"② 此处的"王莲溪"可能就是上述"王亨通"以家乡而为自己取的别号。汪家熔在这则广告后的注释中称："王亨统，字莲溪，浙江余姚人，信仰基督教。他是我国近代最早编写被大家认为是教科书的儿童用书第一人。早在1893年他就编写，并由美华书馆出版发行的《地理问答》。"③ 至此，我们可以大胆地断定，上述王亨通撰的《绘图蒙学捷径》、王莲溪撰的《绘图蒙学课本》及王亨通撰的《绘图蒙学课本》实为同一人撰的同一套书。另外，汪家熔根据广告中说的每课总字数和生字数的统计分析后称："我们可以推测，这个课本利用了《三字经》的形式；遗憾的是没能见到课文，不知道旧瓶中装的酒如何。"④ 这只是推测，如果该书确实如朱树人所说是抄袭《新订蒙学课本》，那么其组织形式则可能与上述《新订蒙学课本》相似。不过，据胡从经所录的《瞽龟》来看，不能断定此书尽然是抄自《新订蒙学课本》，因为在《新订蒙学课本》中根本就没有这一译自西方的散体寓言。

(三)《文学初阶》

1897年，商务印书馆成立。1901年，总经理夏瑞芳见各书局翻译"东文书籍"，销路很大，所以想招募熟悉"东文"的学生，翻译文稿，结果欠佳，印出之后，销路不广，损失巨大。不过，1902年杜亚泉（1873—1933）受张元济（1867—1959）之邀而编写的《文学初阶》却颇有影响。该书初版于1902年，

---

① 《新书快睹》，《中西教会报》，1904年第八卷第一〇七期第15页。
② 胡从经《晚清儿童文学钩沉》，上海：少年儿童出版社，1982年版第74—75页。
③ 汪家熔辑注《中国出版史料·近代部分（第二卷）》，武汉：湖北教育出版社，2004年版第530页。
④ 汪家熔辑注《中国出版史料·近代部分（第二卷）》，武汉：湖北教育出版社，2004年版第530页。

全书共6册。其"叙言"称:"近年以来有识之士见我国训蒙之法未臻妥善,亟思整顿编辑蒙学新书者,已若干家。体段粗具,是编怎藉诸家之蓝本,冀为初学之津逮。"① 其实,该书从内容到形式均主要取法于《蒙学课本》和《新订蒙学课本》。《张元济年谱》载,1902年"春、夏间先生约请杜亚泉编蒙童教科书《文学初阶》。第一、二卷于六月出版"②。大概由于时间仓促,所以就只好东剿西袭了。

1. 内容

该书名虽为"文学",内容实为一般的"教育"。1896年,林乐知编译、上海广学会出版了日本文部大臣森有礼有关教育问题的往来书信和资料辑录——《文学兴国策》一书。森有礼在书中指出:"若与文学相关,而为今所专重者,

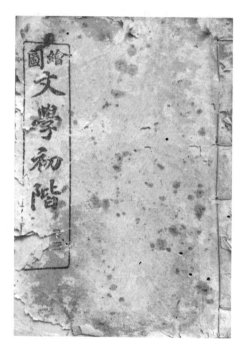

厥有五端:一曰富国策,二曰商务,三曰农务与制造,四曰尽伦常、修德行、赡身家,五曰律例与国政。"③ 可能杜受其影响而将此书冠名"文学",而实际上本书的内容不单有"文学",更有应该"教育"给儿童的各类知识,其基本考量正如《文学初阶》第5册第73课所说:"普通学者,如经学、史学、文学、算学、格致之类。无论将来欲习何业,皆有用处。"该书前两册主要作识字之用,选用代表儿童身边常见事物的字作为课文:"第3册以后,课文内容开始穿插各科浅近知识,如伦理修身、发奋读书学艺、声光电化学、中外史地、历史人物等内容,比较广泛地将科学知识贯穿

---

① 汪家熔辑注《中国出版史料·近代部分(第二卷)》,武汉:湖北教育出版社,2004年版第531页。下引该"叙言"均出自此处。
② 张树年主编《张元济年谱》,北京:商务印书馆,1991年版第43页。
③ 森有礼编《文学兴国策》,上海:上海书店出版社,2002年版第1页。

于蒙学课本之中。"① 这和其他各科内容混沌不分的新式蒙学教材没有多少区别。目前，笔者只见汪家熔辑注《中国出版史料·近代部分（第二卷）》所录该书"叙言"而未见原书。不过，从汪家熔著《民族魂——教科书变迁》一书中列举的该书第6册的课文题目及文句来看②，其课文多数抄袭1897年版的《蒙学课本》和1901年版的《新订蒙学课本》，如其第6课《读书》与《蒙学课本》上卷第51课及《新订蒙学课本》三编第113课《尽人宜读书》，第29课《中国》与《蒙学课本》上卷第72课及《新订蒙学课本》三编第98课《爱本国说》，第35课《华盛顿砍樱桃树》与《蒙学课本》上卷第69课及《新订蒙学课本》三编第73课《华盛顿》，第88课《国耻》与《蒙学课本》上卷第109课及《新订蒙学课本》三编第108课《国耻说》，均一字不差。由此看来，其从其他新式蒙学教材中直接取材，也必然不会少。

2. 形式

其"叙言"称："此书由浅入深，先以二三字联缀成简短之句，逐次增长至数句联属成文，略成片段而止。"该书第1册第1课为"大牛、小羊、大小、牛羊"。第10课为"春风、夏雨、秋云、冬雪"。至第80课开始出现短句，如"马拉车、牛耕田、桃花开、竹生笋"。第3—4册是介绍各类知识的短文。第5—6册课文篇幅稍长。可见，这一点与《新订蒙学课本》颇为一致：联字成句，联句成段，联段成篇，由短而长、由浅入深；先集中识字（注意单字之间的意义关联以及多次呈现以便复习），后随文识字。

《绘图文学初阶》同为杜亚泉所编，商务印书馆出版。未见《文学初阶》有插图的记载，《绘图文学初阶》则配有插图。《文学初阶》有"叙言"，《绘图文学初阶》则为"序"。所以《绘图文学初阶》可能是《文学初阶》的配图本，而且出版时间可能略晚于《文学初阶》。本人所藏《绘图文学初阶》卷三，品相较好，封面封底俱全，内页没有缺失（从"一"连续至"三十四"），但是除每页均印有"商务印书馆印行"外，并未发现有版权页，所以

---

① 王建军《中国近代教科书发展研究》，广州：广东教育出版社，1996年版第107页。
② 汪家熔《民族魂——教科书变迁》，北京：商务印书馆，2008年版第53—55页。

尚不知具体的出版年月和印行版次。全书有课文并标明课数，但无目录页。虽然书中页码连续，但是第92—94课缺失，内容实为第99—101课，第99—101课此后再次出现。可见，该书处在现代出版业草创时期，印行方式并不规范。不过，其前置"上海艾蕙青"所作序之第一句为"今中朝振兴学校，诏废八股，是科举已变于上矣"，可见，应该是1902年禁八股和1905年废科举之前。[1] 其序又称，"进才之路虽由科举，而植才之基必根蒙学也"，"因喜科举之变，而念蒙学之亦当略为变通也"。既然以"四书""五经"为题目、内容的八股文这种科举考试的文体被废止，那么这种文义艰深、童子茫乎未解的经书自然应该被替换，于是执掌亚泉学馆的杜亚泉编写了六卷蒙学交商务印书馆印行。

关于内容，正如其序所言，多为介绍"飞潜动植服饰器用诸类"知识，也有其他人、事、理等各种知识。如《绘图文学初阶》卷三共107课，课题为《花之色》《美人》《兄弟》《官兵》《登高》《学生》《农夫》《同行》《绍兴酒》《饭》《箫》《鸟飞》《玻璃》《木》《草》《牛角》《石》《石（又）》《工》《猫》《业》《度量衡》《鸟》《读书》《太阳》《善恶》《鸡斗》《图》《水》《高》《客来》《亲属》《食物》《大小》《出游》《乐之声》《三人行》《旗》《衣服》《追忆》《梅花》《楼》《人与我》《鬼》《写字》《回家》《讲书》《同学》《帽》《物价》《而已矣》《寒暄语》《寒暄语（续前）》《鸟》《果》《坐与立》《苏州》《杭州》《目所见》《耳所闻》《墨汁》《功课》《文具》《晨起》《蚁》《夜睡》《时刻》《乎》《卫生》《文字》《书信》《父》《游》《猿》《虫》《先生》《恨》《忧》《望》《羞耻》《乐》《居家》《雨》《鸡鸣犬吠》《废物》《书画》《写信》《店》《屋》《镜》《鱼》（此处缺第92—94课，而混入第99—101课《衣》《悔》《鸿雁麋鹿》）《杯》《譬如》《记游》《奖赏》《衣》《悔》《鸿雁麋鹿》《好学》《岁月》《知与能》《取火》《算法》《算法（续）》。其中第1—6课内容如下：

---

[1] 石鸥、张斯妮《不可忽视的语文教科书创新之作——杜亚泉的〈绘图文学初阶〉》（《湖南教育》（语文教师），2008年第9期第7页）称："笔者所藏《绘图文学初阶》卷一的叙言上落款为'光绪二十八年荷月亚泉学馆编辑'，版权页上则为'光绪二十九年岁次癸卯十月第一版'，这就是说该书于1902年6月编辑，但正式出版发行应该是1903年10月（农历）。较商务的'最新教科书'和文明的'蒙学教科书'略早一些，但晚于南洋公学的《蒙学读本》。"引文中的《蒙学读本》应为《蒙学课本》。

花之色

园中有桃，其花之色红。庭中有梅，其花之色白。盆中有菊，其花之色黄。

法问：○○有兰，其花之色○。○○有○，其叶之色青。

美　人

此人之貌，可谓美矣。此人之貌，不亦美乎？此人之貌，岂不美哉？

法问：此花之色，可谓艳矣。仿此以"艳花"为题再造二句。

兄　弟

兄读书，弟习字。兄入塾读书，弟在家习字。兄登山而逐兔，弟入林而捕鸟。

法问：入水捕鱼。

官　兵

官兵困贼于城中，围而攻之。官兵遇贼于山下，截而杀之。官兵讨贼于北方，招而降之。

法问：老猫○鼠于○，○捕而○之。

登　高

登彼高山，以望远方。登彼高楼，以瞻四方。登彼高冈，以望吾家。

法问：登高山以○东海。

学　生

学生今日至何处？到学堂也。学生近来读何书？读《初阶》也。学生归家有何事？温旧书也。

法问："温"字用何字可以代之？

其序称："文学初阶，盖以童子之习文学者，此特初级之阶耳。"除介绍各类知识外，少数课文涉及语言文字运用的学习，如《而已矣》《乎》《写信》等。第51课《而已矣》就是让学生在多个带有"而已矣"三字的例句中理解其"罢了"的含义，并在法问中进一步将此提出：

读书不必贪多，在乎领悟而已矣。习字不求工细，在乎匀整而已矣。

食物不求精美，在乎洁净而已矣。用钱不可吝啬，在乎得当而已矣。

　　法问："而已矣"三字，试以俗语解之。

有时虽然课文名称相同，但是内容各异，如第 23 课《鸟》与第 54 课《鸟》：

鸟

鸟之善飞者，鹰与雕是也。鸟之善鸣者，莺与燕是也。鸟之畜于家者，鸡与鸭是也。鸟之居于水者，凫与雁是也。

　　法问：能再举鸟名若干。

鸟

彼处有一雀。曰：非雀也，鸽也。此鸟名喜鹊乎？曰：是也。但略小耳。尔家有燕子乎？曰：有已生雏燕矣。鸡亦禽鸟之类乎？曰：是也。鸡谓之家禽。

　　法问：试将汝所知之鸟名写出。

　　关于其形式，其序称："凡书六大卷，自浅入深，循循善诱。始以一二字相联缀，导其先路也。继以三四字成句语，掖其进步也。依次递推，由渐而进。"在表述方面，"句尚浅近，词取明晰，务使其显豁而易悟"。此外，书名中标明"绘图"。其序称："镌成精巧图绘数百幅，一一罗列。凡飞潜动植服饰器用诸类，无不栩栩如生，真形毕肖。既可便于讲解，又可增其知识，并可使读者玩索有味，不致易起倦心。是一举而数善备，洵足为蒙学之大助焉。"卷三共附 13 幅图（不计所缺 4 课）。有些如序所言是以标明那些课文所涉及的实物，如第 7 课《农夫》：一水田，有一农夫在犁田，旁边田里一农夫在割稻。有些则用以阐明文中所述抽象的含义，如第 30 课《高》：有水绕山，崇山峻岭，大雁飞过其间，阳光透过山顶的云层。其文曰：

　　水之上有舟，则舟高于水矣。地之上有山，则山高于地矣。山之上有鸟，则鸟高于山矣。鸟之上有云，则云高于鸟矣。云之上有日，则日高于云矣。

　　法问：如能反而言之，以低为题则妙矣。

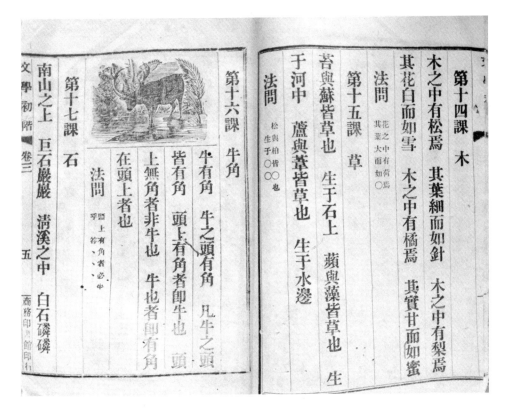

这些图，有些是传统的物象、场景，如第 47 课《读书》所绘：塾中，群儿围坐一桌读书，一儿立于先生桌前背诵。有些则是课文中所涉及的现代事物，因学生多未见过，也用图表出，如第 67 课《时刻》中的时辰钟、第 73 课《游》中的蒸汽机车等。

序言后、课文前为《教授略法》，列七则教授法，涉及教室座位排列（座位分排，学生与教师相向而坐））、教授时间（用两小时）、教学步骤（一小时"温读"，温理已授内容；一小时"授课"，讲授新内容）、教学内容（"温课"包括温读、还讲和默书，"授课"包括讲书、读书和习问）以及教学原则（注重讲解字义，不强求背诵；温和地对待学生、引导学生，"慎用教刑"），多处体现了鲜明的现代学校教育理念。确实，《文学初阶》的"叙言"就称："此书共分六本。计学生每半年读一本，足敷三年之用。读毕此书可以【小学堂用】文学进阶①授之。"②

① 《文学进阶》只是其拟编的一套教材。
② 汪家熔辑注《中国出版史料·近代部分（第二卷）》，武汉：湖北教育出版社，2004 年版第 531 页。

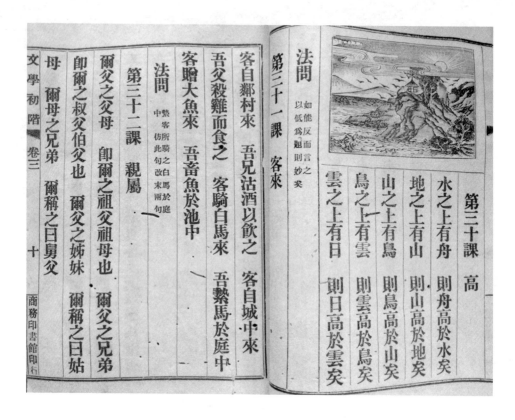

而且，"列教授法于卷首"。《文学初阶》《绘图文学初阶》不仅内容、形式与传统的"三、百、千"不同，其"法问"更具现代教科书的色彩。有研究者称《绘图文学初阶》课后之"法问"和其他蒙学教材相比富有创造性：一、迁移性问题，如第1册第10课后的"法问"要求填字"春□"。第4册第1课之后的"法问"为"若将本课中之马易牛，则何句宜改"。二、想象类问题。如第4册第12课（"有茶壶以瓦为之，内有热茶，人若口渴，可以取饮，若天热时，则人饮茶更多"）后的"法问"为"若壶内之茶冷，此下令学生续之"。三、探究类问题。如第4卷第3课（"一株大树，有红花开于其上，花落之后，能结桃子，吾等可采而食之"）后的"法问"为"汝等知桃子如何结成？有开红花而不结桃子者乎?"①。

---

① 石鸥、张斯妮《不可忽视的语文教科书创新之作——杜亚泉的〈绘图文学初阶〉》，《湖南教育》（语文教师），2008年第9期第8—9页。该文所附《绘图文学初阶》卷一封面图与笔者所藏《绘图文学初阶》卷三封面不同，估计是由不同版本所致。前者封面"绘图文学初级"为相同字体的六字竖排，且左为"初等小学堂用 卷一"，右为"上海商务印书馆印行"，其中"上海"二字较小，横排于"商务印书馆"之上。

且《绘图文学初阶》也特列《教授略法》。鉴于此，有人称《绘图文学初阶》为"当时极有特色的一种教科书"[①]。不过1902年颁布的《钦定学堂章程》规定蒙堂修业年限为4年、小学堂修业年限为6年。《文学初阶》《绘图文学初阶》与《钦定学堂章程》规定的修业年限不同。除此之外，该章程还开列了各科课程内容和新式教法，也强调讲解反对背诵，反对体罚。不过，该章程虽颁布而未实行。从本段开始所引这句话及《绘图文学初阶》中的《教授略法》来看，《文学初阶》《绘图文学初阶》确实都列出了体现现代教育理念的教授法，似乎是供新式学堂使用的教科书。其实不然，因为不仅二者内容各科不分，而且《文学初阶》"叙言"对该书的使用范围交代得很清楚，"此书原拟为蒙学堂中所用"，不过并未正式在新式学堂中使用，所以"此书为教授初次入塾之孩童所用，其业经入塾而识字无多、字义未解者，亦可以此书授之"，只不过"凡各处书馆、家塾用此书课徒者，亦宜仿照学堂规式，则受益较多"[②]。所谓"学堂规式"即新式教法。《绘图文学初阶》的序说得更明白，该书当初就是一本蒙书："本馆志在广植人才，以整顿蒙学为己任。亚泉学馆主人杜君中西淹贯，系当世积学之士，适手辑蒙学一书。本馆见而善之，爰怂恿杜君出而问世。承以全稿见授，乃亟付手民，嘉惠后进。"所以，《文学初阶》和《绘图文学初阶》并非现代小学教科书，更不要说称其为"语文教科书创新之作"了。

二、形式西方、内容传统型蒙学教材

在南洋公学编写《蒙学课本》的影响下，新式蒙学教材纷纷被推出，如吴研因、翁之达称，因为南洋公学外院编辑了《蒙学课本》，于是俞复等的《蒙学读本全书》、陆基等的《启蒙图说》《启蒙问答》也随之而兴。[③] 其中影响最大的是无锡三等学堂俞复、丁宝书等人编辑的、文明书局出版的《蒙学读本全书》，编者之一的俞复在回忆该书时称："计此书前后占我国小学教育上一部份

---

① 王建军《中国近代教科书发展研究》，广州：广东教育出版社，1996年版第107页。
② 汪家熔辑注《中国出版史料·近代部分（第二卷）》，武汉：湖北教育出版社，2004年版第531页。
③ 吴研因、翁之达《三十五年来中国之小学教育》，商务印书馆编《最近三十五年之中国教育》，上海：商务印书馆，1931年版第2页。

（分）势力者，实有五六年也。"①

关于其编写与出版时间，在这里有必要先稍作一番考证，因为有人认为该书的初版时间是1901年②，这种说法不确。陆费逵在《中国教科书史书》一文中称："在《蒙学课本》（《新订蒙学课本》——引者）未出版之前，俞复、丁宝书等在无锡办三等学堂。他们因为无适用的书，就自己编辑起来，且因此创办文明书局。文明书局出版的《蒙学读本七编》，就是他们当时教学生的国文读本。"③说明其编写时间为1901年《新订蒙学课本》出版之前，而又并未明确其具体的出版时间。④周予同在《中国现代教育史》中说："光绪二十四年（公元一八九八年），俞复创办无锡三等公学堂，每日选编课书一首；到二十八年（公元一九〇二年）共成七编，称为《蒙学读本》。"⑤《教科书之发刊概况》称："同年（1898年——引者）吴眺、俞复、杜嗣程等创办无锡三等学堂，由俞复、丁宝书等编国文、修身、算学等课本，称蒙学课本。彼时系每日自编一课，随编随教，令学生抄写，后共成七编。先由文澜局出版，后由文明书局出版。""同年（1902年——引者），无锡三等学堂将所编之《蒙学课本》七编同时请官厅存案，付上海文阑书局用石印发行，载明为寻常小学堂读书科生徒用教科书。""同年（1902年——引者）夏季俞复、廉泉等创文明书局于上海，又将无锡三等学堂蒙学课本重付印刷发行。"⑥可见，《蒙学读本全书》开始编写的时间

---

① 俞复《无锡三等公学堂蒙学读本》，舒新城编《近代中国教育史料（第二册）》，上海：中华书局，1928年版第252页。蒋维乔也称《蒙学读本全书》"在小学教育界占势力者，五六年"。（《编辑小学教科书之回忆》，商务印书馆《出版周刊》，1935年新一百五十六号第9页）

② 石鸥、吴小鸥《最具现代意义的学校自编语文教科书——无锡三等公学堂的〈蒙学读本全书〉（1901年）》，《湖南教育》（语文教师），2008年第3期。

③ 《与舒新城论中国教科书史书》，陆费逵《陆费逵文选》，北京：中华书局，2011年版第353页。

④ 上述陆费逵的话语中暗含《蒙学读本全书》编写的时间早于《新订蒙学课本》，而出版迟于后者的意思，这是否与陆费逵在创办中华书局之前曾供职于出版《蒙学读本全书》的文明书局这个"思想渊源"而产生的某种心理有关呢？很有可能。（陆费逵于1906年冬进入文明书局，担任襄助经理办事、编辑，兼任文明小学校长。1908年冬，进入商务印书馆，担任出版部主任，主编《教育杂志》）

⑤ 周予同《中国现代教育史》，上海：良友图书公司，1934年版第134页。

⑥ 《教科书之发刊概况》，教育部编《第一次中国教育年鉴·戊编》，上海：开明书店，1934年版第116、117页。此处的"《蒙学课本》"应为"《蒙学读本》"。另外，主要编者俞复在《无锡三等公学堂蒙学读本》中介绍此书编写过程："俞氏等锐意编著，随编随教，以实地试验其合用与否。积至二十八年壬寅春，而成此七篇。"（舒新城编《近代中国教育史料（第二册）》，上海：中华书局，1928年版第252—253页）

是 1898 年，后由自办的文明书局出版的时间是 1902 年。① 前述笔者所藏之文明书局出版的《蒙学读本全书三编》版权页标注的版次为"光绪二十八年三月初版 三十四年七月第廿三版"，可见该书初版于 1902 年农历三月，至 1908 年农历七月时已重印至第 23 版。

我们再来考察一下其编者及与《蒙学课本》编者之间的关系。除了我们一般所了解的其主要编者中有俞复、丁宝书外，是否还有其他人也参与了此书的编写呢？蒋维乔在《创办初期之商务印书馆与中华书局》一文中在介绍完南洋公学的《蒙学课本》后说："其次，是无锡俟（竢）实学堂之《蒙学读本》，有八册，前二册是撰著，次四册是选简短古文，末二册选子书，稍具雏形，行销甚广。然其第一册第一课，是'大清皇帝治天下，保我国民万万岁，国民爱国呼皇帝，万岁万岁声若雷。'其陈腐可笑如此。预编此书之陈颂平告我：'此一课

---

① 王云五《王云五全集（五）·商务印书馆与新教育年谱（上册）》，南昌：江西教育出版社，2008年版第 10 页。"同年夏俞复等于上海创办文明书局，将前三等学堂所编之蒙学读本七编印刷出版。"其中的"同年"指 1902 年。

乃吴稚晖得意之笔。'微陈君言，谁敢信之！"① 另外，俞复在《无锡三等公学堂蒙学读本》中说，提议创办学校的有"阳湖吴眺（后易名敬恒）稚晖（吴君自幼居锡）、金匮俞复仲还、无锡丁宝书云轩、杜嗣程孟兼等。吴杜时任南洋公学教务"②。此处标点排版时应该有错误，其中的"吴眺""敬恒""稚晖"应是同一人，就是南洋公学师范生、附属小学校长，后来提倡实行"万国新语"、主持"注音字母"研制的吴稚晖。③ 陈颂平即陈懋治。从上引几段话中可以看出，参与南洋公学 1897 年版《蒙学课本》编写的陈懋治、杜嗣程也参与了无锡三等学堂的开办和教学，参与了《蒙学读本全书》的编写。所以，《蒙学读本全书》的编写应该受到《蒙学课本》的影响，对《蒙学课本》有继承也有所摒弃而最终超越，也就不难理解了。

据俞复回忆，"当此学堂萌芽时代，儿童发蒙用书，先只有南洋公学所编之《蒙学课本》，仅有三四册。又其他零星课本，皆不成军者。自此书出，一时不胫而走，至光绪三十年，已印十余版，而各地翻印冒售者，多至不可胜纪。至光绪三十三四年间，各家渐有国文教科本出版，而是书销售数乃渐衰落"④。之所以有如此影响，甚至取代了《新订蒙学课本》的统治地位，应该与其采用的与《新订蒙学课本》及其他蒙学教材不同的形式和内容有直接的关系。从总体上看，我们可以说，《蒙学读本全书》在形式方面多借鉴了西方，在内容方面则多取自传统。其中可能又与日本元素有关。如果说在《新订蒙学课本》的"编辑大意"中出现最多的外国词语是"泰西"的话，那么在《蒙学读本全书》的"约旨"中则是"日本"。日本自明治维新之后大量借鉴西方，

---

① 蒋维乔《创办初期之商务印书馆与中华书局》，张静庐辑注《中国近现代出版史料·现代丁编（下）》，上海：上海书店出版社，2003 年版第 396 页。此处"无锡竢实学堂"应就是无锡三等学堂。另外，出现了《蒙学读本全书》有八册之说，不知何故。汪家熔著《民族魂——教科书变迁》（北京：商务印书馆，2008 年版第 8—17 页）已指出蒋氏误将二编第一课当成一编第一课了。
② 舒新城编《近代中国教育史料（第二册）》，上海：中华书局，1928 年版第 252 页。
③ 张树年主编《张元济年谱》（北京：商务印书馆，1991 年版第 35 页）载：1901 年"3 月 20 日（二月初一）公学附属小学开学。……1900 年夏，何嗣焜设附属小学。至冬，已招取学生 74 名，拟于次年二月开学。时虽如期开学，但办学计划、经费及课本等尚未就绪。为此，先生（张元济——引者）积极筹措规划，并聘任公学师范生吴敬恒（稚晖）主其事，汪荣宝（衮父）、林祖潜（康侯）、陈懋治（颂平）任教习"。
④ 俞复《无锡三等公学堂蒙学读本》，舒新城编《近代中国教育史料（第二册）》，上海：中华书局，1928 年版第 253 页。

但此前它主要受我国的影响，所以日本的改革仍然保留了不少固有的来自中国的传统，这无疑也为俞复、丁宝书等在《蒙学读本全书》中坚守传统提供了范例。其序也称："本吾中土之资料，合东西教育理而陶冶之，成合格之课书，会有期也。"此语将以西方的形式表达传统的内容的编写旨趣彰显无余。

1. 内容

关于其七编的大致内容，在置于 1902 年版《蒙学读本全书》卷端的序中已有简略介绍，兹录如下①：

前三编多就儿童游戏细事，及眼前浅理指示之；附入启事短笺数首。四编则专重德育，补修身书之缺；五编专重智育，为论理学之引，是二编者，采辑子史故事，均就原文略加删易，使浅显易明，足以发越儿童德性智慧而止。六编仍就儿童心裁所有，前半为修辞，后半为达理，较前三编②为加深矣。七编于史汉通鉴，择其最有兴会者；于国策诸子，则取其理趣名隽者；复附以唐宋迄国朝名家古文，均系短段狭幅，间有节合成篇，以便诵习。

1933 年，编者之一的俞复在《无锡三等公学堂蒙学读本》一文中将其与现代小学教科书相比附时，介绍稍详③④：

① 子冶辑注《〈蒙学读本全书〉卷端》，《出版史料》，2003 年第 2 期 125 页。该文收录全书的"序"1 份、各编的"约旨"共 7 份。我本人藏有《蒙学读本全书》第二、三、四编。书中出自此三编的约旨及课文，均引自原书，其他几编引自汪家熔的《民族魂——教科书变迁》及子冶此文。

② 第一至三编。

③ 俞复《无锡三等公学堂蒙学读本》，舒新城编《近代中国教育史料（第二册）》，上海：中华书局，1928 年版第 253 页。根据本人所藏的第四编来看，该编除约旨外，在目录之后课文之前还有一段类似于序的文字，而在笔者所藏的第二、三编中只有约旨没有序文。根据第四编，俞复在《无锡三等公学堂蒙学读本》中对该书的介绍更多取材于这类"序"。

④ 蒋维乔在《编辑小学教科书之回忆》中对该书内容的介绍依据的可能是俞复的介绍，只是十分简略："前三编，就眼前浅近事物，引起儿童之兴趣。四编，专重德育。五编，专重智育，采辑子部喻言。六编，注重作文修辞。七编，选史汉诸子及唐宋名家论说。"（商务印书馆《出版周刊》，1935 年新一百五十六号第 9 页）

前三编，就眼前浅理引起儿童读书之兴，间及地理、历史、物理各科之大端，附入启事便函，逐课配置图画，为今初等小学国文教科之具体。第四编，专重德育；用《论语》弟子章，分纲提目，系以历史故事，每课示以指归，仿新安《小学》、涑水《家范》而加以兴趣，并译东西前哲懿行，示良知良能，为中外古今所同具，盖完全为今修身教科之具体。第五编，专重智育；采辑"子部"喻言，每课系以答问，剖理精晰，引儿童渐入思想阶级。第六编，前半为修辞，以奥衍富丽之文，写游戏习惯之事，为儿童读《史》《汉》巨篇之引；后半为达理，即以游戏之事命题，演为议论之文，为学作论断文之引导。第七编，选《史》《汉》《通鉴》最有兴会之文，暨《左》《国》、周秦诸子隽美之篇，以及唐宋迄近代名家论说。此后三编为今高等小学国文教科之具体也。

下面，我们将联系各编约旨、结合课文对其基本内容作一简述。因为目前笔者所见该书的实物，只有自藏的第二、三、四编，所以下文所述其他各编的课文将参考其他论著中的引录。[①]

一编，习浅近文言之字。其约旨称日本教科书一、二编都采"名物可用"的"假名"。假名相当于我国的"白话"，按理说也应该仿而效之，但我国所谓"白话"不过是在句子中出现"这个、那个"及"我们、他们"之类"助成句语"，其主要词语仍是文言，所以对于那些"儿童素未习官音者，与解浅近文言，亦未见有难易之别"。（一编约旨）更何况，如果一开始就教授白话，那么日后写作文言，反而会半文半白。所以一编采用浅近文言中的用字。其第 1 课是"我生大清国，我为大清民"[②]。第 2 课是"我拜孔子像，我从孔子教"。第 3 课是"父母生我，父母养我"。第 4 课是"哥哥比我大，弟弟比我小"。第 5 课是"上有天，下有地，人居地之上"。第 6 课是"日既出，入学堂。日将入，

---

① 主要参考汪家熔《民族魂——教科书变迁》（北京：商务印书馆，2008 年版第 37—77 页）和王建军《中国近代教科书发展研究》（广州：广东教育出版社，1996 年版第 99—101 页）中的课例。

② 陆费逵在《与舒新城论中国教科书史书》中称，该书"第一课……是'天在上，地在下，人在地之上'"。（陆费逵《陆费逵文选》，北京：中华书局，2011 年版第 353 页）不知其所本，此处选择汪家熔说，因为其著中课文从原书摘录而得，应该可信。

出学堂"。第7课是"先生教我学，先生教我字。先生坐于上，学生坐于下"。第8课是"读书一时，游散一时。读书之时，不可游散。游散之时，弗用读书"。第10课是"我见一犬，见犬之足，见犬之尾。见犬有四足，见犬（有）一尾"。第38课是"天欲雨，先有云。云聚则成雨，云散则雨止"。第49课是"灯下读书，适来一猫。跃上书桌，四顾而见鼠。鼠骇而逃，猫逐之。鼠逃于前，猫逐于后"。第53课是"瓦砾之中，有蟋蟀焉。儿童捉之，养于瓦盆中，以饭粒食之，以清水饮之"。从内容可以看出，书中既有诸如爱国、尊师、孝亲、勤学之道理及云与雨等之"眼前"之物理，又有"儿童游戏细事"。和《蒙学课本》的上卷及《新订蒙学课本》的初编相比，该书明显地减少了现代科学知识的介绍，降低了内容的难度，却多了传统蒙学教材中常见的思想教化的内容。

二编，习本土之事理。第1课《爱君歌》为"大清皇帝治天下，保我国民万万岁。国民爱国呼皇帝，万岁万岁声若雷"。第2课《崇圣歌》为"先师孔子倡宗教，巍巍高大如山斗。终身服教誓弗违。叩首叩首九叩首"。第3课《入学歌》为"春风生，杏花红。母命儿，去发蒙。儿勤读书母自喜。弟弟妹妹花下戏。花下不可戏，伤花失母意"。第4课《上课》为"学生至学堂，先生曰：尔读毕第一编书，能尽解乎？能尽解，我今教尔读第二编书矣"。第5—60课的题目依次为《休沐日》《拜孔子》《下雪》《浮冰》《掷马》《放纸鸢》《清明》《新晴》《竹笋》《借衣》《养蚕》《教孝歌》《搭凉棚》《时雨》《端阳》《体操》《堕井（上）》《堕井（下）》《早起》《扫地》《猴戏》《蝇虎》《击球》《纸球》《蚁语》《友爱歌》《蜂窝》《种竹》《猴煨栗》《蚁国》《雨雪霜露》《四季》《闰月》《方向》《尺》《升斗》《秤（上）》《秤（下）》《镜》《钱》《新闻纸》《扑蝶（上）》《扑蝶（下）》《钓鱼》《野豕》《蜂王之约》《励学歌》《鼠斗

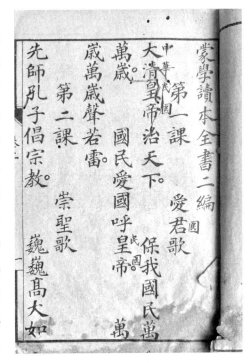

猫》《犬猫之言》《鸡鸭之争》《蜈蚣》《蛇斗蝦蟆》《鼠蒙猫皮》《二丐》《蝗虫（上）》和《蝗虫（下）》。其约旨称："事理文句，与初编一律，惟每课篇幅，较初编为长。"可见，只是因学生所在年级不一而所学课文篇幅不同，二编的基本内容与上述所分析的一编区别不大，与《新订蒙学课本》二编"不列中土"材料而"大半译自西书"的做法迥异。约旨称："日本读本书初、二编，如载桃太郎等事，皆演日用小说，复述家庭之教育。吾国儿童习闻之事，既不同于日本，乃呆译日本书者，并此而译之，是何异嗜蟹而误食蠑蜈。是编学级则务合日本，而所演游戏故实，则尽属吾国惯习之事。"和《蒙学课本》的上卷及《新订蒙学课本》的初编相比，该书的课文内容多为中国儿童熟知的事物，而且多含文学趣味。多数课文采用了文学笔调。如第 8 课《浮冰》：

> 昨日之夜，天净无云，月明如昼，微风吹树，夜气加寒。故今晨见水面浮冰。日光初照，冰尚未融焉。

虽然主旨可能是说明浮冰形成的原因，但更多的词句用在了对昨夜与今晨的景色的描写上。又如第 12 课《新晴》：

> 连日阴雨，气象闷塞，人心不乐。一日略放晴光，竹林之中，小鸟时鸣；短篱之根，野花吐艳。人心顿为之喜悦焉。

寥寥数句，写出了天气的变化和心情的变化，写事跌宕有致，写景生机盎然。其他还有不少歌谣更是朗朗上口，便于诵读。如第 30 课《友爱歌》：

> 我闻紫荆树，同根同荣枯。一花零落百花坏，东枝憔悴西枝败。无心之物尚如此，兄弟义原同生死。

以物喻理，形象生动；连续换韵，节奏鲜明。还有一些寓言故事，如《猴煨栗》《蜂窝》《鼠斗猫》《犬猫之言》《鸡鸭之争》《鼠蒙猫皮》《二丐》等。我们看第 57 课《鼠蒙猫皮》：

有小猫之皮，置于架上，为一大鼠窃去。披于其身，以骇其伴。众鼠见而避之。一日，鼠披皮于身，为猫所见。猫以为己伴也，近而呼之。鼠狂骇而窜，皮脱于地，伏匿穴中，不敢复出。于是众鼠皆笑之。

鼠蒙猫皮，鼠假猫威，不涉道德，只有情趣，没有说教，只有叙述，成人读之让人忍俊不禁，儿童读之亦必兴趣盎然。编者根据儿童的心理选择合适的材料，采用儿童文学方式的表述，会让儿童更容易也更乐意接受。

当然，和《蒙学课本》的上卷及《新订蒙学课本》的初编相比，该书有些课文直接灌输那些忠君、爱国、尊孔、尊师、孝亲等的纲常伦理，尤其是忠君、尊孔之类的说教，则显得有些落后，其希望培养的显然是所谓以"中学为体"维护帝国道统之名士，而非《蒙学课本》等编者希望培养的具有"世界大势"观念的有用之才。①

---

① 当时，儿童读物对"西学"的引入是极为慎重的，而且编者时时会想到固有的"中学"的内容与形式，以免落下"用夷变夏"的口实。如1897年第二期吴县《蒙学报》中《汪君颂虞论改报例》在谈该报编写体例改革时就说道："各门宜以中学为主，渐次引之入于西学算、地两门，自是以西为精，而一用中国文法编辑，即无西学痕迹，可免为人口实。至故事及一切图画，只可先中后西，引人入胜，不使人目为用夷变夏，否则一片苦心，而受人指摘，仍于教学未必有济，此不能不徇俗者也。"如吴县《蒙学报》从亚洲开始介绍"世界地理"知识，其1897年第一期"世界地理问答目录"第一篇"旧世界"的第一章即为"亚细亚洲"，而不是欧美诸洲，而且从总体上介绍亚洲的地形、物产、气候之后，接着分朝鲜、中国蒙古、印度支那等。如果说这还有可能是从日本翻译而来所导致的以亚洲为本位的话，那么由叶瀚创作的从1897年第七期开始陆续刊登的《中国直省府厅州县方名歌》则明显是国人有意以中国为中心，其开头写道："讲求地志学，本国最为先；直省能记明，边界再详言。十八省府县，方名逾百千；今作五言歌，用为启蒙编。先详直隶省，古时名幽燕；前明与大清，皇都建北边。京畿称首善，府名曰顺天；明朝定制时，正统之六年……"然后以"京畿为最先"开始介绍其他省府州县。1897年第二期中的《亚洲全图简明说略》的第一句就是"由中国北京而东北，至西北游牧各边，为王朝朔方之屏翰者，有内外蒙古焉……"，然后是"由内外蒙古而东北，则满洲一地，实我大清之发祥之地也……"。

三编，**扬帝国之雄威**。虽然该编还介绍了事物说明、启事便函的写法等，但其更强调爱国精神的培育。首先是从历史的角度宣扬国威。其约旨起首便称："日本以神武纪元，暨丰臣征韩事，编入读本，歌颂功德，极情尽美，无非欲以爱国之思想，印识于儿童脑髓。是编窃仿其例，述开国盛业，平逆中兴。展读之下，感戴皇庥。当无不踔厉奋扬，爱情勃发。"如第1课《大清国》：

大清者，我朝之国号也。立国在亚洲之东南。南北相距九千里，东西一万三千里。其国界东南皆至于海。西北与俄国分界，西南与安南、缅甸、印度分界，人民之众多，物产之殷阜，为五洲所艳称者也。

还有多数论者常引的第2课《祝国歌》：

祝我国，巩金汤，长欧美，雄东洋，陆军海军炽而昌，全球翻映龙旗光。帝国主义新膨胀，毋谓老大徒悲伤！印度灭，波兰亡，请看我帝国，睡狮奋吼剧烈场。

同样是为了激发儿童的爱国之心，和前述《蒙学课本》及《新订蒙学课本》不讳言国耻不同，本编采取的是大扬国威的策略。《蒙学课本》的上卷第32课在介绍完我国古代印刷术发展时并没有以此为荣，反而在结尾处写道："自冯道创为雕板印书，于是一板之成可印数万部。得书之易如此，而读书识字者尚不及他国之多，是可耻也。"其第122课根据文明程度将世界各国分成野番、游牧、半化、全化四类，课文的结尾写道："我中国开化之早，甲于各国，而至今西人犹目我为半化国，此固不必深辨，亦唯自勉而已。"二文均明言已不如人。《新订蒙学课本》的三编第108课《国耻说》、第109课《鸦片说》更是直书国之痛史。而《蒙学读本全书》的本编约旨却竭力宣扬本朝（大清）的光荣史，上引两文更是高言中国地大物博、人口众多，被外国艳羡。大概《蒙学课本》编写于甲午战败不久，而《蒙学读本全书》始编时正处于戊戌新政时期，政治环境影响了编者的心境，造成对实现国家强盛的途径的判断有理性客观与盲目乐观之别。① 其次是从地理的角度恢复中国为地球之中心的地位。《蒙学读本全书》三编约旨称："地理之于教育，亦占要科。盖知我国地理，可发其宝爱土地之思。知我国与全球相关之形势，而后有强国保种之志气。是编学级颇浅，故仅列员舆大势，为寻常高等学校植普通地理之基础。"我们在前文分析过《蒙学课本》编者的地理观②，即介绍地理知识的顺序是由宇宙到地球再到中国，从空间上对"中国"为地球之正中之国自大狂想进行颠覆、对历年的蒙昧进行祛蔽，而指出中国不过是地球之某一国而已，与他国及他国之人是平等的，这样做的目的是重新建构国民的地理观。不过，《蒙学课本》编者

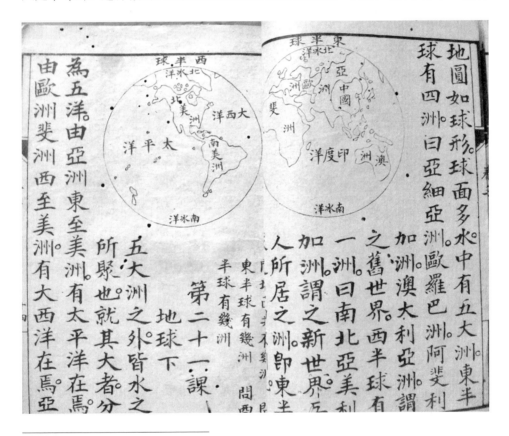

_____

① 其实，二者的词句表达也不同。如上引《蒙学课本》中两篇课文文末所出现的"而"字表逆转，顿挫之中以表沉郁之情；然而，上引《蒙学读本全书》此课，文句节奏短促，句尾用韵上扬，以表达激越、高亢之情。

② 《新订蒙学课本》三编第62课《说地球之大》一文也写道，比上海一县大的地方在中国有数千，而"中国仅居全地球四十三四分之一耳"，"然天下之物，尚有大于地球千万倍者"。意在重构国民的"中国"观。

的地理观和其历史观一样，均是试图恢复传统的"中国"观念，重温帝国旧梦。我们看《蒙学读本全书》三编有关介绍地理知识的课文的编排顺序：第1课《大清国》，第7课《北京》，第14课《中国之本部》，第20课《地球（上）》，第21课《地球（下）》，第28课《亚洲》，第33课《欧洲》，第38课《美洲》，第43课《斐洲 澳洲》。如果逆推，则是亚洲是地球之首要地区，中国为亚洲之中心①，北京为中国之首善。虽然如此，但在介绍这些地理知识时，并非像《名物蒙求》等传统蒙学教材那样将科学的舆地与哲学玄虚混为一谈，而完全是根据现代地理学知识加以介绍。我们看第20、第21课《地球（上）》和《地球（下）》：

地圆如球形。球面多水，中有五大洲。东半球有四洲。曰亚细亚洲，欧罗巴洲，阿斐利加洲②，澳大利亚洲。谓之旧世界。西半球有一洲，曰南北亚美利加州。谓之新世界。吾人所居之洲，即东半球之亚细亚洲也。

问：地面共有几洲？ 问：东半球有几洲？ 问：西半球有几洲？

五大洲之外，皆水之所聚也。就其大者，分为五洋。由亚洲东至美洲，有太平洋在焉。由欧洲斐洲西至美洲，有大西洋在焉。亚洲之南，澳洲之西，斐洲之东，有印度洋在焉。极南者曰南冰洋，极北者曰北冰洋，皆气候殊冷，终岁积冰者也。

问：地面共有几洋？ 问：以何洋为最冷？ 问：五大洲之外若何？

课文对五大洲与五大洋的介绍，采用了"世界地理"学的说法，不仅如此，还配附了标有各洲与洋形状、位置的东西半球插图予以补充说明。

四编，养高善伦理之志。如果说前三编取传统蒙学教材和西方小学低年级教科书常采用各科内容混合的编法，那么从四编开始就有了明确的分科意识，如其约旨明言参照"日本修身书"而编。其目的就是向儿童灌输各种伦理道

---

① 第28课《亚洲》一文中集中体现亚洲中心的思想："亚细亚洲在五洲中为最大，东南环海，北附冰洋，西接欧罗巴。开辟最早，素以文化甲五洲。近百年来，俄雄于北，英竞于南，德法诸国，亦觊觎荐食。白种人之权，渐伸长于东亚大陆。岌岌乎危哉！"
② 该书又称之为"斐洲"，即今之非洲。

德，正如其约旨所称："俾古人嘉言懿行，日现状于儿童脑筋中，而后连贯记念，能养成其高尚伦理之志。"此编"循《论语·弟子章》次第，因目分类，赘以事实"。可见从根本教育宗旨来看，其与传统蒙学教材中的"四书""五经"的区别不大，不过又指出一些如《二十四孝》中违背常理和《太上感应篇》《文昌帝君阴骘文》等蒙学读物中宣扬因果报应的故事应该摒除在外："世传卧冰哭竹，其事半涉荒唐。至于郭巨埋儿，尤为绝伦理之大者。是编所征故实，专取平易近

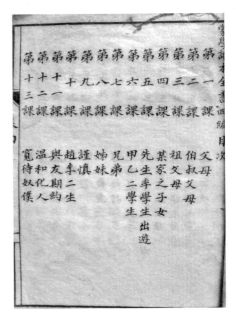

人，无奇异难行之弊。""自《感应》《阴骘》等书，流播宇内，爱亲敬长，视为当富贵福泽之因果。一或不效，遂至横决而不可收拾。苟求侥幸，亏陷大伦，有伤德育不少。是编凡语涉因果者，一概屏除。"全编82课，第1—70课的题目依次为《父母》《伯叔父母》《祖父母》《某家之子女》《先生率学生出游》《甲乙二学生》《兄弟》《姊妹》《谨慎》《赵李二生》《与友期约》《温和化人》《宽待奴仆》《蚁有群》《群学》《虎无群》《亲师》《结友》《文行兼美》《有文无行》《文王之事王季》《武王率行文王之事》《闵子泣止出母》《伯愈悲母之力衰》《晏敦复事母至孝》《曾子受杖》《乐羊子之妻谏姑》《原縠谲谏其父母》《李密孝养祖母》《阴嵩孝事叔父母》《房景先恭谨事兄》《杨津年老敬兄》《王览善护其兄》《庾衮冒疫侍兄疾》《唐英公为姊煮粥》《孔融与兄褒争死》《赵孝请代其弟》《陈世恩诚感其弟》《牛弘不问其妻之诉》《吐谷浑阿豺之诒谋》《薛包与弟子分财》《霍光止进有常》《金日磾不敢窃视》《石庆以策数马》《茅容危坐恭谨》《杜审权解簾自障》《魏文侯犯风罢虞人》《范式践二年之约》《朱晖践信于心》《司马光不敢谩语》《朱邑施惠桐乡》《范文正父子轻财好施》《李士谦贷粟活人》《郭元振罄资助葬》《华歆精于辨义》《刘宽能容侍婢》《杨城宽待奴仆》《娄师德勉弟之言》《富彦国闻诟不问》《直不疑买金偿同舍郎》《卓茂解马偿失者》《公明宣学于曾子》《服虔与崔烈友善》《魏昭敬事郭泰》《杨时侍立程

门》《匡衡家贫勤学》《承宫执苦勤学》《任末勉学之言》《祖莹好学耽书》和《寇准折节读书》。看到这些课文的题名，我们似乎又看到了《三字经》《弟子规》的影子，只不过这里已不是韵文歌谣而是散行故事而已，这些故事宣扬的就是要维护传统君臣、父子、兄弟、夫妇、朋友之人伦关系，恪守温、良、恭、俭、让、仁、义、礼、智、信之行为准则。其目录之后、正文之前有一未题名但性质近似小"序"的一段文字，其中提到本书如新安《小学》、涑水《家范》一样，可"以为读经之阶引者也"。也就是说，要为读"四书""五经"打下坚实的基础。在编者看来，当时似乎正处于一个礼崩乐坏的时期，所以有必要将传统的伦理道德作为立国之基、存身之本，有必要从儿童开始灌输儒家道德观念，以恢复礼乐，维护国体。如其小"序"又言："如农之有畔，无侵越之思；如水之有防，无溃决之虞。他日学成致用，庶不贻文人无行之诮乎？"另外，编者视西方的一些如民主、平等先进的思想等为歪理邪说、洪水猛兽。其约旨称："少年轻薄，略涉旁行文字，辄挟其无父无君之概，鞍轹老成。岂知员舆之大。苟为人类，禀性皆良。矧东西各国，礼俗文化，渐被尤深。兹译登东西懿行数则，用以间执轻薄者之口。"其第71—82课分别为《龟田穷乐爱敬其母》《路衣慈孝养盲父》《英女王善继前王之志》《罢赖茵友爱其兄》《贝原笃信恭谨纯笃》《怕赖图恭谨不伐》《华盛顿不欺其父》《奥贯五平次救饿者》《赖衣讬与资本金于赦罪人》《塙保己一盲目成学》《物茂卿无书苦学》和《奈端力学发明真理》。可见，其编译外国故事并非宣传西方先进的文明，而是将其与中国传统相比附，认为博大精深之"孝弟""谨信""爱众""亲仁""学文"等理念不仅中外皆然，而且在我国古已有之。这样就可以此堵住那些接触外国文化之皮毛的"轻薄者"之口了。

五编，习取古代寓言之意。其约旨称："泰西读本每多喻言，趣博而旨显有。然以彼国习闻之故事，吾国强译之，已属无味。更或译笔粗陋，事趣而文不趣，转令读者生厌。是编亦用喻言，而尽取之周秦诸子，上者得其寓意之所在，次亦可记其故实，以为益智之资。"王建军在《中国近代教科书发展研究》中所录该编第一课是《楚人之坠剑》，第2课是《枭逢鸠》[①]，汪家熔在《民族

––––––––––––––––––––
① 王建军《中国近代教科书发展研究》，广州：广东教育出版社，1996年版第100—101页。

魂——教科书变迁》中称该编第 12 课题名为《歧路亡羊》，第 22 课题名为《庄周游雕陵之樊》。① 如果我们将这 4 课与前述 1897 年版《蒙学课本》的相同课次的课文(第 1 课《刻舟求剑》、第 2 课《枭将东徙》、第 12 课《歧路亡羊》、第 22 课《螳螂扑蝉，黄雀在后》)相比，便可以大胆地断定，《蒙学读本全书》的编者直接将《蒙学课本》下卷课文全部照录为本编课文。因为不仅二书对应的篇目完全相同，而且形式十分相似，这一点下文我们将作分析。其实，这并不令人感到奇怪。前文说过，1897 年版《蒙学课本》的编者陈懋治、杜嗣程参与了《蒙学读本全书》的编写，而 1901 年版朱树人编的《新订蒙学课本》尽量不录中土材料而将他俩参编的《蒙学课本》的下卷完全弃之不用，可能他俩觉得弃之可惜，更何况《蒙学读本全书》的宗旨就是选用中土资料，于是直接将《蒙学课本》的下卷稍加改编作为《蒙学读本全书》的第五编。因为二者篇目一致，所以关于其内容可参看前文对 1897 年版《蒙学课本》下卷的分析。

六、七编，读文辞深奥之游戏、最有兴会之史籍。六编约旨称，一至三编系"草虫花鸟，鼠斗蚁争，游戏精神，而出以浅语"，"是编事类则仍写游戏，问辞则务求奥衍"，如第 3 课《猫捕燕》、第 7 课《斗蟋蟀》、第 32 课《论猫捕燕》、第 34 课《论斗蟋蟀(上)》、第 35 课《论斗蟋蟀(下)》、第 45 课《说云》，等等。② 可见，七编是在三编基础上所作的深化。其约旨称："是编皆节取历史中最有兴会之文。"节取的是什么样的历史之文呢？前述俞复的《无锡三等公学堂蒙学读本》称："第七编，选《史》《汉》《通鉴》最有兴会之文，暨《左》《国》、周秦诸子隽美之篇，以及唐宋迄近代名家论说。"约旨又写道："咸阳送戍，哭震云霄，由怯弱之素积也。立五洲竞争之场，正宜露我头角。是编将吾国二千年战史，豪杰俊雄之方略，节取而汇录之。"尤其因为"吾国智识之活动，以战国赢秦为最盛"，所以选择反映此时情状的《战国策》及诸子散文 20 多篇，其目的是希望"儿童读此，庶热血溢涌，共有爱国敌忾气象，以成完全之国民"。

---

① 汪家熔《民族魂——教科书变迁》，北京：商务印书馆，2008 年版第 48 页。
② 汪家熔《民族魂——教科书变迁》，北京：商务印书馆，2008 年版第 48—49 页。

2. 形式

一编。（1）文字组织，间杂歌谣。多数课文用的是单行散句，也出现了上引课例中句用对仗的课文，还有课文兼用韵文，如第 45 课中有"天上有虹，其弯如弓"之句。这看起来和传统蒙学教材在形式上区别不大，但与之相比，对仗押韵都非刻意而很自然。用散句表述是西方教科书的特点，兼采用对仗、押韵表述的歌谣虽在我国古已有之则又是近代日本教科书的做法。如其约旨称："坊间蒙书，多用短句散语，殊少意趣。小儿诵而思倦。是编所辑，间杂歌谣，便小儿口诵。盖古者小学，本有音乐歌词，以陶冶其性灵，和畅其血气。故《曲礼》不删韵语。泰东小学读本，亦入各歌词，非创例也。"显然是对《蒙学课本》等模仿"泰西"（西洋）的坊间蒙学不满，而主张参照"泰东"（日本）的小学读本。（2）文字呈现，重复、归类。从上引课例可以看出，即便是采用对仗、韵语等形式，也没有像传统蒙学教材那样单字呈现而少重复，在这里单字的重现率很高。根据汪家熔的统计，其第 1 册 60 课总字数为 1 367，生字 410 个，每课字数为 22.8，每课生字 6.8 个。[①] 可见，每个生字在全册中至少复见 3.3 次。除了在每课之前列出单字之外，还在"篇末总汇诸字，分隶七类"，即编了一个生字类表（"字类备温"）。其目的有二：一是便于复习、巩固识字；二是便于儿童形成词类的观念，"为后日讲华洋文法之一助"。这显然也是西方教科书的做法。（3）图文相配。《蒙学课本》和《新订蒙学课本》只有文字，未见插图。该书一编 60 课中有图 51 幅。其约旨称："书有图画，最易醒目。矧在儿童，尤性所喜，是编遇有情景可图者，罔不尽情点缀。务使儿童一展卷时，未解字义，已了然于画意所及。浏览循诵，断不至再有畏读之虑。"我国传统蒙学教材中虽然也有绘图者，但不多见，呈现形式往往是"上图下文"；西方教科书则常见图文相配，且文图混排。该书的图文就采用了西方的编排方式。其目的正如约旨所说，一是醒目，以引起儿童的注意，一是形象，以弥补文字表述的不足，二者都充分注意了儿童心理、思维之特点，符合西方

---

① 汪家熔《民族魂——教科书变迁》，北京：商务印书馆，2008 年版第 52 页。另外，汪家熔在书中称该书具有"标注生字等开创性"，其实 1897 年版的《蒙学课本》已在课文之前标注生字了，所以此说不确。

教育学所阐发的原理。

二编。（1）文中虚拟问答。其约旨称："初编无语言，是编间列及之。先为一人语，进之以互为问答。欲令儿童思想结合，且使娴习应对，不致有问甲答乙之病。"这种问答法在前述《新订蒙学课本》中已经出现，不过编者认为此法的功用除了借此说明事物、阐述道理而使儿童容易接受外，还可训练儿童的语言表达技能。（2）文后设置问题。该编每课之后设列两个问题。关于其功用我们在分析《新订蒙学课本》课后设问时已作过交代，该编约旨对此解说得也很清楚："泰西读本书，后必撮其大纲，设为问辞。期使儿童玩索书中意味，速其智识之发表。初编简短，不着问辞，是编仿泰西例，每课列问辞两条。"该编从第4课开始每课之后均列两个与课文内容相关（与形式无涉）的问题。如第4课《上课》课后问辞为："问：先生所问者何语？问：先生今教者何书？"又如上述第8课《浮冰》课后问辞为："问：夜何以如昼？问：今晨水面何故浮冰？"第12课《新晴》课后问辞为："问：人心何以不乐？问：人心何以喜悦？"第57课《鼠蒙猫皮》课后问辞为："问：众鼠见大鼠避，何故？问：猫见大鼠而呼，何故？"

三编。此编文章组织形式，和前两编差异不大，根据其约旨的陈说，又可能有两点不同：（1）"说物文辞"，分段详注。其约旨称："日本儿童作文，往往令叙述眼前事物，因其体会真切，能发达自己之经验也。是编略登说牛说犬等十数首，品察物情，状写形模，略示作文之程度，兼为物理学一科，示之先导。说物文辞，别为一体。逐段解释，文势断续。非若记事议论，联属一气。故特分段详注，使读者易以醒目。后日作文，构造意匠，更无凌越失次之虞。"三编中"叙述眼前事物"的课文，共有《说牛》《说犬》《说鸡》《说猫》《说羊》《说豕》《说蟹》《说竹》《说宫室》《说笔》《说石》《说冰》《说风》《说火（上）》和《说火（下）》15篇。我们看第6课《说牛》：

牛者，异于马，有二角。（牛之形）食蒿而成长。（牛之食料）有牡有牝。牝者有乳。牛乳为人之食品。（牛乳有大用）性虽长厚，怒则突以角。（牛之性）然能为人负物行于道。（牛能代人力）诚良兽也。（总赞一句）

问：牛何食而成长？问：牛皆有乳乎？问：性既长厚，有时突以角，何也？

从上文可见，约旨所称"叙述"，实为"说明"，就是解说"事物"。如《说牛》分别从形状、性别、食料、习性、功用等方面对牛进行了说明。"分段详注"是以括号注释的形式点明其写作的内容或方法。其目的就是让学生明白，写好说明文，首先要善于观察，因为只有这样才有物可写；其次要知道说明方法，因为只有这样才能写好。

(2) 启事便函，揭示技法。其约旨称："坊间所刻书牍，半多芜秽，不适于用。是编列入启事便函十首。务取通俗，不涉鄙俚。书函编入读本，例仿于东西洋。惟彼则分列，此则并列，取其便也。"三编的第 61—70 课共附的 10 课信函，分别讲述老师、父母、祖父母、伯父母、兄弟、姑父母、舅父母、姨母姨丈、表兄弟、同学 10 种亲友关系的写法。每课先讲对特定亲友的书面称呼及相应的自称。如第 61 课："弟子称师曰夫子，自称受业。"第 62 课："子称父母曰父亲母亲，自称曰男。"第 63 课："父之父母为王父王母，时俗称之为祖父祖母，自称孙男。"然后说明应用时机，再呈现信函范文，最后附上相应的信封格式。我们在介绍《新订蒙学课本》时就分析过，该书二编、三编已开始收入尺牍便函，不过其呈现形式和此书有两点不同：一是分开间隔呈现而非集中单次呈现；二是介绍其写作要求和方法（如称呼），然后虚拟一个具体的情境，再呈现完整的便函。这种集中呈现、分类解说称呼、应用时机并呈现信函、信封实例的编法和《新订蒙学课本》间隔呈现信函实例相比，更易于让儿童模仿，教学效果也会更好。

四编。(1) 分类编目。上文提到，其约旨称："循《论语·弟子章》次第，因目分类，赘以事实。"即按《论语·学而》之"弟子入则孝，出则悌，谨而信，泛爱众，而亲仁，行有余力，则以学文"等五个主题将课文分为五组。这一点结合前文所引的课文题目即可察见，不必赘述。(2) 循环呈现。第 1 课《父母》至第 20 课《有文无行》按这 5 个主题依次呈现一遍；接着第 21 课《文王之事王季》至第 70 课《寇准折节读书》再呈现一遍；第 71《龟田穷乐爱敬其母》至第 82 课《奈端力学发明真理》又呈现一遍。第一轮中的课文较后两轮的课文篇幅短、词义浅，第一、二轮课文是中国故事而第三轮课文采用的是外国故事，这样做到了三轮循环，由浅入深，由中而外。(3) 点明文旨。其约旨称："古人事实，见知（智）见仁，随学者之寻求。惟见儿童识量有限，裁判决择，茫无畔岸。是编每课加以结尾，发明书中目的，举一反三，即为后日论事之助。"我们看其第 1 课《父母》：

> 为人子者，必有父母。年少之时，父母养之。年长之后，子养父母。子无父母不能成人，父母无子无以养老。故父母之与子，如同一身，痛痒相关也。

即用最后一句来点明课文的旨意。又如在第 22 课《武王率行文王之事》的结尾处写道："文事王季[①]，武率而行。寝门之内，天子与庶人同之者也。"这样既方便师生的教与学，又可限制他们随意发挥；既表示对经义的尊重，又可防生异端邪说。1904 年年初颁布的《奏定学堂章程》就规定，在"讲经读经"科的教学中，对那些与现实相关的内容不可阐发过多，更不能引申过度而离经叛道（"尤不可务新好奇，创为异说"）。[②]

五编。上文说过，本编篇目和 1897 年版《蒙学课本》下卷完全相同，所以其形式基本相同，而且约旨指出这不同表现形式的用意所在。我们先看其第 1、第 2 课：

楚人之坠剑

> 楚人有涉江者，其剑自舟中坠于水，遽契其舟，曰："是吾剑之所从坠。"舟止，从其所契者入水求之。舟已行矣，而剑不行。求剑若此，不亦惑乎？人之固执不通者，何以异此？
>
> 问："楚人何以有剑？"答："剑为古人常配之物。"问："未涉，剑在何处？方涉，剑在何处？已涉，剑在何处？"答："未涉，剑在身。方涉，剑在舟。已涉，剑在水。"问："剑，何以在水？"答："自舟中坠下也。"问："剑坠于水，当如何求之？"答："当止舟求之。"问："楚人若何求之？"答："契舟为记以求之。"

---

① 第 21 课为《文王之事王季》。
② 课程教材研究所《20 世纪中国中小学课程标准·教学大纲汇编·语文卷》，北京：人民教育出版社，2001 年版第 5 页。

枭逢鸠

枭逢鸠。鸠曰："子将安之？"枭曰："我将东徙。"鸠曰："何故？"鸠曰："乡人皆恶我鸣，以故东徙。"鸠曰："子能更鸣，可矣；不能更鸣，东徙，犹恶子之声。"故为恶则无处可容，为善则所在可居也。

问："枭未徙时居何处？"答："居西乡。"问："枭何以东徙？"答："因西乡人恶之也。"问："人何以恶枭？"答："因枭鸣声恶之故。"问："使枭不鸣，则人犹恶之乎？"答："枭虽不鸣，人恐其鸣，犹恶之也。"问："枭如何能不为人恶？"答："更恶鸣为善鸣，则人不恶矣。"

对比这里所录的第1、2课和前文所录的《蒙学课本》下卷的第1、2课，我们发现二者有同有异。相同之处有二：一是点明寓意。在每篇故事之后，均用一两句话揭示其寓意。《蒙学读本全书》中该编的约旨称："子部寓言，意多深窅，非儿童所骤能领会。是编每课加以结尾，略示标准。"二是设为问答。其约旨又称："泰西读本书仅著问辞，二三编师其例也。是编因问设答，由答设问，相生一气。皆心思斗凑，构造书中理想，与二三编之设问不同。故并列答辞。小学校无论理学，以是专为刺激神经之用。"《蒙学课本》和《蒙学读本全书》相比相异之处有三：一是后者增加了前者所没有的每课的题名。二是可能后者的正文也有断句分段的标识。如其约旨称："教育宜知分际，浅入授以深文，反衰其研究之心。是编字句之间，就原文略加点窜，务使合儿童之分际而后已。"三是后者对前者课后的问题进行了简化。如我们发现二者的第2课中的问题完全相同，但第1课中的问题，后者明显要比前者设置的问题数量少而呈现的答案简单。之所以作如此改动，如前所述，大概是因为前者是给年龄较大的学生使用的，而后者是给入学才几年的学生使用的。

六、七编。（1）双重循环。汪家熔认为，通过观察第六编中相同题材的课文，以及第二编与第六编相同题材的课文发现，各编内部以及各编之间从前至后均存在循环，所以他称之为"双重循环教育法"[①]。其实，这种循环并非简单的题材重复，或仅是篇幅加长，其在文体选择等方面也有所变化，而显示出循

---

① 汪家熔《民族魂——教科书变迁》，北京：商务印书馆，2008年版第46—49页。

环且上升之势。如第二编多"叙述语言",第三编多"说物文辞",第六编同是写游戏,前半用记叙,如《斗蟋蟀》,后半用议论,如《论斗蟋蟀》;第七编前半节录史事,后有 10 篇"出入申韩"之"论辩"。(2)用语绮锐。六、七编约旨称,儿童学习至此,知识基础、想象能力都有所变化,为了契合其汪洋恣肆之性情,所用记叙注意为文辞"设色敷华",论辩注意选"颖锋精锐"之文。

以上逐一对各编的内容和形式作了一番分析。总而言之,从内容来看,《蒙学读本全书》所用材料绝大部分是本土材料且多可归入"虚文"一类,这和《新订蒙学课本》课文多译自西书且多注重"实学"截然不同。二者的编写理念迥然不同。从《蒙学读本全书》的第 1 课就可以看出其目的和《新订蒙学课本》不同,即使儿童重新建立一个空间位置处世界之中、组织形式为大清的"中国"概念,希望他们从此出发而观察一切;而且将"三、百、千"及"四书""五经"等蒙学教材中常见的封建纲常视为"国粹",希望以此成为立身之基、立国之本。而《新订蒙学课本》则从星际说到地球、从地球说到中国,希望儿童用世界的眼光看待一切;其第 1 课就在介绍知识,而视纲常伦理之类为"国渣"。当然,从形式来看,无论是《蒙学读本全书》还是《新订蒙学课本》,都采用了不同于"三、百、千"及"四书""五经"的编法,而采取了国外的编法,《蒙学读本全书》更多地参照了日本教科书的编法[①],而《新订蒙学课本》更多地采用了英美等国教科书的编法。

《蒙学读本全书》集中体现了"中学为体,西学为用"的思想,纠了《新订蒙学课本》培养华脸洋魂之偏,满足了国人培养"华魂洋才"的心理需求,从而大受国人欢迎,不久就取代了《新订蒙学课本》的地位,而成为新式学堂广泛采用的教材。1907 年陈子褒在《论初等小学读本》一文中称:"仆尝遍阅各局小学读本,其差强人意者,一为会文社女子小学读本,一为无锡三等学堂读本之第一第二册,余则未敢下断语焉。"[②] 中华书局的创始人陆费逵认为此书

---

① 另外,在形式方面《蒙学读本全书》也表现出了对我国传统的尊崇,如《新订蒙学课本》注意语言的通俗(白话),而《蒙学读本全书》明言使用文言,且注重文辞奥衍等。《新订蒙学课本》排列课文并不注意其尊卑内外等,但《蒙学读本全书》排列人物时却按封建人伦关系由父母而至朋友,排列国家时按夏尊夷卑的次序由中国而至外国。
② 陈子褒《论初等小学读本》,陈子褒《教育遗议》,台北:文海出版社,1973 年版第 67 页。

和其他蒙学课本相比，"书写、画都好，文字简洁而有趣"，在当时实在难得，他还曾以此为教科书教过学生。[1]

有人说："光绪二十八年，无锡三等学堂编辑蒙学读本七编，交由上海文澜书局石印发行，这是我国最早编印的小学教科书。"[2] 此说不确。该书具有现代小学教科书的某些特征，如分级而编、供新式学堂使用，而且其课文的内容及体裁、文字等有明显的偏向"文"的色彩，甚至有人后来称其为"国文"教科书，如俞复在《无锡三等公学堂蒙学读本》中称，该书"逐课配置图画，为今初等小学国文教科之具体"[3]。1925年陆费逵在复舒新城的信中称："在《蒙学课本》未出版之前，俞复、丁宝书等在无锡办三等学堂。他们因为无适用的书，就自己编辑起来，且因此创办文明书局。文明书局出版的《蒙学读本七编》，就是他们当时教学生的国文读本。"[4] 前文也说过，胡适1904年进上海梅溪学堂时，学堂开设了国文、算学和英文三门课，其中国文教材采用的就是文明书局印行的《蒙学读本全书》。[5] 不过，该书毕竟编成于学堂章程颁布、现代学制确立之前，而且存在各科混编的特征，所以尚不能称其为"教科书"，只能算是新式蒙学教材，不过可以确定的是其对真正意义上的教科书——《最新国文教科书》等的编写也产生过影响。

该书甚至一直沿用至民国初年。

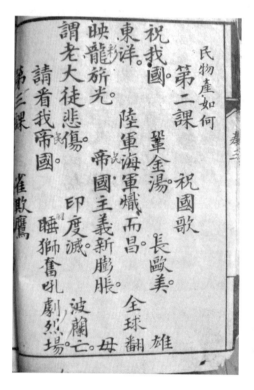

① 陆费逵《陆费逵文选》，北京：中华书局，2011年版第353—354页。
② 魏冰心《国定教科书之编辑经过》，《教育通讯》，1946年5月15日复刊第一卷第六期第14页。
③ 俞复《无锡三等公学堂蒙学读本》，舒新城编《近代中国教育史料(第二册)》，上海：中华书局，1928年版第253页。
④ 陆费逵《陆费逵文选》，北京：中华书局，2011年版第353页。
⑤ 胡适《四十自述》，曹伯言选编《胡适自传》，合肥：黄山书社，1986年版第42页。

1912 年 3 月，民国教育部通令禁用前清各书，认为"前清各书，有碍民国精神，暨非各学校应授之科，自宜一律废止。此外关于前清御批等书，一律禁止滥用"①。5 月，教育部又公布了《审定教科图书暂行章程》。该章程要求新编教科书应加入"共和"的内容，并规定在新的教科书未出版之前，教师在用旧教科书时要删除涉及前清的内容，尤其是要删除那些直接歌颂前清或者带有"忠"一类有忠君嫌疑字眼的课文。商务印书馆曾以"编辑所同人"的名义对这种荒唐的要求提出商榷："新道德必宜提倡，以刷新国

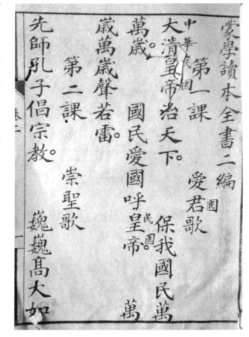

民之耳目，旧道德仍不可尽废，以保存固有之国粹，即如忠之一事，或以国体变更，应归淘汰，实则所谓忠者，不专指忠君也，对于职业，对于国家，亦至重要。"② 前述笔者所藏的《蒙学读本全书二编》的第一课《爱君歌》被人（可能是老师或学生）用毛笔添改了数字以代原文：在"君"旁添"国"字，在"大清皇帝"旁添"中华民国"四字，在"皇帝"旁添"民国"二字，这样一来，就由原来的忠君变成了爱国：

爱国歌

中华民国治天下，保我国民万万岁，国民爱国呼民国，万岁万岁声若雷。

三编第 1 课将题目《大清国》用红笔改成《中华民国》，将正文中的"大清

① 《中华民国元年教育大事记》，《中华教育界》，民国二年(1913)一月号"特别记事"第 1 页。
② 商务印书馆编辑所同人《编辑小学教科书商榷书》，《教育杂志》，1913 年第五卷第五号第 43 页。

者，我朝之国号也"中"大清者"和"朝"字圈去；将问辞中的"大清立国在何处"之"大清"改为"中华"。将第2课《祝国歌》中的"龙旗"改为"彩旗"，"帝国"改为"民国"，"睡狮"改为"醒狮"：

> 祝我国，巩金汤，长欧美，雄东洋，陆军海军炽而昌，全球翻映彩旗光。民国主义新膨胀，毋谓老大徒悲伤！印度灭，波兰亡，请看我民国，醒狮奋吼剧烈场。

三、形式传统、内容现代型蒙学教材

南洋公学的《蒙学课本》等完全照搬西方的做法而对传统的"三、百、千"进行"革命"，但陈荣衮编写的"妇孺字书"系列(约1898)和"七级字课"(1907)及其他学者编撰的"韵语""歌略"系列，还有刘树屏编写的《澄衷蒙学堂字课图说》(1901)等字片、字包以及徽州刻坊所出《书信要言》等，是采用传统形式的新式蒙学教材。编者们试图对"三、百、千"进行"改良"，因

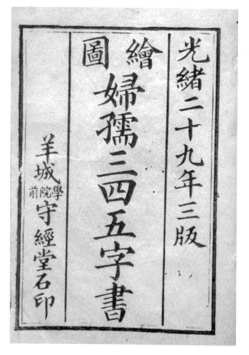

为他们虽然意识到"三、百、千"之类的传统蒙学教材编写方式已不可"墨守"，但是认为其也有可"承"之处，所以出现了一些借鉴传统蒙学教材韵语连缀、单字集中分类的用字形式的改良教材。这类教材形式是传统中国的，内容主要是现代中国的。

（一）陈荣衮之"妇孺字书"系列

谭彼岸说："一八九八年他东渡日本考察小学教育，留心小学读本，返国后即编印白话小学读本，维新失败后，梁启超赴日本宣传维新思想，陈荣衮在澳门创办蒙学书塾，编白话书

刊三十六种，他首先实行废止小学读经，采用日常生活题材编写白话'妇孺三字书'，四字书，五字书代替'三字经'，'千字文'，'神童诗'。"① 陈荣衮编写的《妇孺三字书》《妇孺四字书》《妇孺五字书》等主要为学塾儿童、家庭妇女识字之用，兼习得一些知识，接受一点训育。其中《妇孺三字书》又分为《修身三字书》《趣味三字书》《妇孺名物三字书》《女子三字书》《爱国三字书》五种。虽然陈荣衮认为"中国若仿日本小学新读本，只

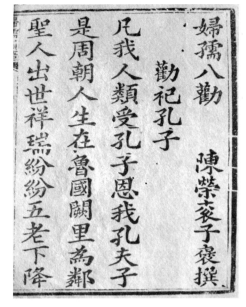

仿其大纲而已，至于物理制度，则又当变通为之"②，即只仿其编写形式，但他编的教材并没有这样做，而是采用了中国传统"三、百、千"等蒙学教材的形式，以表达现代的内容；如果从识字教材的角度来看，又近于前述张志公所说的明清时期流行的"分类韵语""杂字韵文"等杂字教材。陈荣衮编的这些教材均可归为"字书"范畴。如其弟子陈德芸在其遗作中《无意得之之教授法》一文后加的按语就明确揭示了其书的性质："先生所编字课，经多次改良。初时只有《妇孺须知》，其次为《妇孺浅解》，再次为《妇孺通解》，又为《妇孺骈解》。后来又嫌《浅解》混杂，分编为甲解乙解。将《通解》分编为丙解丁解，以许氏《说文》之字，编入戊解。后来将《妇孺须知》改订，上册为《七级字课》第一级，下册为《七级字课》第二级，甲解为第三级，乙解为第四级，丙解为第五级，戊解改为第六级，以《通解》《骈解》之一部份（分）加入词章僻字为第七级，《须知》《浅解》甲解乙解及《七级字课》第一至第五种均经刊印，余未印。"③ 下面，我们先看"妇孺字书"系列的内容和形式。

---

① 谭彼岸《晚清的白话文运动》，武汉：湖北人民出版社，1956年版第17—18页。
② 陈子褒《论训蒙宜用浅白读本》，陈子褒《教育遗议》，台北：文海出版社，1973年版第39页。
③ 陈子褒《无意得之之教授法》，陈子褒《教育遗议》，台北：文海出版社，1973年版第99页。

1. 内容

"三、百、千"及"四书""五经"等传统蒙学教材的内容多为深奥的道理、古板的说教，而"妇孺字书"中写的是儿童生活中常见的事、物，以及应遵从的日常礼节。正如《妇孺须知》序言所称："以征实为体，以便俗为用"；《妇孺三四五字书》序言称妇孺系列的编写宗旨是"通今"，而"通今者，致用之实效也"；传统蒙学教材中所用文字有些非妇孺常见、常用，句式均为文言，"妇孺字书"所用文字字形常见、字义浅显，用语接近口语、通俗易懂。陈荣衮认为，教育小孩如果想提高他们学习的兴趣，那么"教小孩之读本应亦代小孩立言。代之立言则心灵畅舒、欢欣鼓舞。无有以为苦者"。[①] 读本中所用的字也都是儿童口语中出现的字，甚至不避方言俗字。如陈荣衮在1899年就指出："若因他已晓之话，教以已晓之话之字，童子必大有乐趣。且所解之字，触目

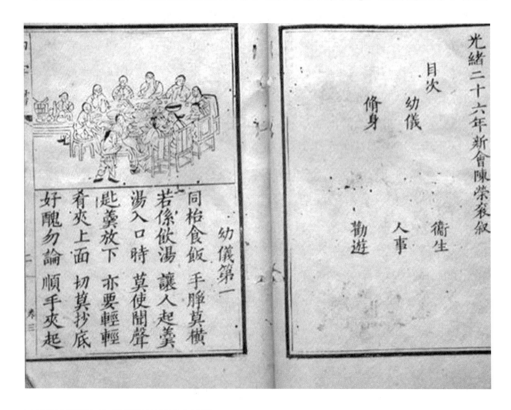

---

① 陈子褒《三字书序》，陈子褒《教育遗议》，台北：文海出版社，1973年版第21页。

即是，开口即有，分外易记，此于数年前试验而得者也。"[1] 例如《妇孺四字书》按幼仪、修身、卫生、人事和劝游分类。其"幼仪第一"为："同台食饭，手肘莫横。若系饮汤，让人起羹。汤入口时，莫使闻声；匙羹放下，亦要轻轻。看夹上面，切莫抄底；好丑勿论，顺手夹起。扒饭一唞，夹餸一箸；连夹几次，就系失仪。饮酒之时，要揸酒壶；酒壶在左，快（筷）子在右。""修身第三"为："尔等父兄，皆爱子弟；既无苛刻，亦无压制。不惜心力，不惜钱财；教尔读书，望尔成才。钱只养身，学乃明理；有钱无学，蠢愚可鄙。""卫生第二"为："凡人呼吸，全靠空气；呼浊吸清，终日如是。窗户常闭，空气常浊；多开窗门，空气乃足。""人事第一"为："凡系做人，都要有用；无论读书，无论耕种。或做工作，或做生意；人生在世，各执一艺。"又如《妇孺五字书》按儿童乐、读书、劝孝、治身、劝洁、沐浴、体操、戒烟和戒赌等分类。其第1课《儿童乐》写道："记得细时好，跟娘去饮茶。门前磨蚬壳，巷口拨泥沙。只脚骑狮狗，屈针钓鱼虾。而今成长大，心事乱如麻。"第2课《读书》写道："饮茶能解渴，食饭能止饥。若欲晓道理，如何不读书。"正如陈荣衮在该书的序中所说，该书"语意浅显，内容充实而有益世道人心"。我所藏1898年芹香阁板石印《妇孺韵语》中收有陈荣衮所撰的《妇孺八劝》包含《劝祀孔子》《劝相亲爱》《劝事父母》《劝睦兄弟》《劝孝翁姑》《劝和妯娌》《劝待奴婢》和《劝妇读书》等8篇。其基本内容和排列方式和上述1902年版的《蒙学读本全书》的第四编一样，均取自《论语·学而》之"弟子章"。不过，在宣扬传统伦理道德的同时，也颇显示出几分"现代"的精神。如《劝妇读书》：

　　人与兽别，只在知识；知识何来？读书始得。忠孝节义，由书得力；记数写信，亦须笔墨。世言妇人，无才是德；遂使中华，半教立国。妇不读书，心孔窒塞；孔子是谁，亦未晓得。如何能知，五伦欵式；为人媳妇，必不称职。为人妻妾，那知四德？处家之法，其黑墨墨；将何道理，教训子息？道理不明，是非曲折；穷其弊端，百千万亿。既能读书，须知法则；法则如何？先求字识。随认随解，后虚先实；日认多少，量其资

① 陈子褒《论训蒙先宜解字》，陈子褒《教育遗议》，台北：文海出版社，1973年版第23页。

质。然后读经，自无疑惑；会解之后，写信亦得。妇孺丛书，皆宜读毕；家家明理，人人有德。风俗人心，转移可必；妇人妇人，读书亟亟！

前半讲妇人读书的重要，后半讲读书的方法。他对女子无才便是德的传统观念提出了批评，认为正是由于只有男人才有读书的机会，在我国才出现了"半教立国"的反常现象。让女子读书，一方面可以更好地使其恪守孝道、妇道，但另一方面更能使其明一般处世之理，处日常生活之事。陈荣衮在 1898 年就发出了"妇人妇人，读书亟亟"的呐喊，实属难能可贵。

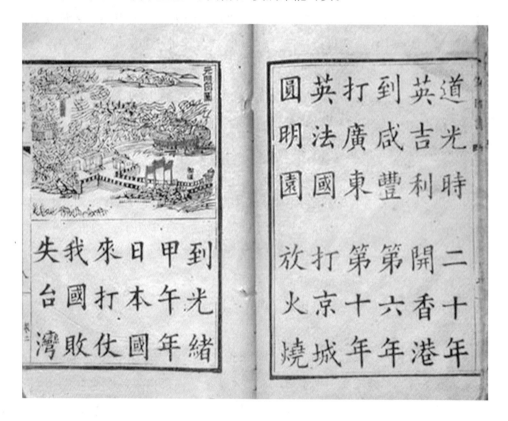

总之，陈荣衮的"妇孺字书"均非翻译照搬西方课本，而选择的是本土、现代生活中常见的事物、应遵的道理。

2. 形式

"三字书""四字书"等从形式上看，明显是继承了"三、百、千"等三字或四字一句及其所采用的韵语连缀的用字形式，这样显得节奏明快，声韵和谐，如《爱国三字书》开头写道："我所在，系中国；地方阔，人又多。计人数，四万万；计地里，四千万。在古时，称大国；到而今，弱到极。"《修身三字书》中有"下床去，先洒水，后扫地，开窗门，抹台椅"之句。又如《趣味三字书》中有"打秋千，踢皮球，打锣鼓，骑匹马，唱支歌，打更斗"之句。

我们再来比较一下《蒙学读本全书》的第四编第13课《宽待奴仆》和《妇孺八劝》之七《劝待奴婢》这同一题材（劝善）不同形式的两篇课文：

宽待奴仆

某儿生于世家，性骄纵。奴仆逆其意，则扑之。一日为父所知，戒之曰："彼奴仆亦人子也，因贫贱无依，出而事人，正应爱之怜之，岂可常扑之乎？且富贵无常，设我家他日贫贱，汝等出而依人，人常扑汝，汝甘心受之乎？"儿闻父言，自此宽待奴仆，不复加责焉。

劝待奴婢

奴婢奴婢，人女人儿；我儿我女，如何爱之？彼何不幸，迫于寒饥；儿女而卖，情殊可悲。奔走服役，既贱且卑；夜眠早起，又劳而疲。我独非人，如此便宜？可怜可怜，何忍鞭笞？事事顺汝，岂无偶违？日日做作，岂无嫩（懒）时？样样苛求，谁能堪之？试问自己，何曾若斯？但能管束，莫使为非；其余小过，不必瑕疵。世间恶妇，皮气怪奇；戒杀放生，爱物如兹。同为人类，独无仁慈？救苦救难，大慈大悲。千声万声，南无阿弥；奴婢苦难，汝不救之。常常鞭打，总系难期；汝若死后，

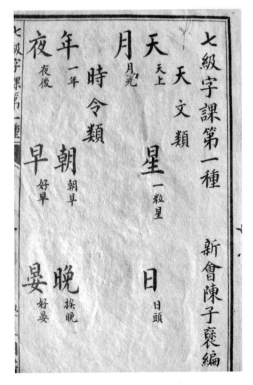

例得凌迟。屎尿地狱，理无可辞；果能改悔，自有生机！①

前者行文系单行散句，后者行文则对仗押韵。前者用文言修饰，后者用浅语出之。前者在单纯地说教，后者接连反问且娓娓道来。前者只可读，后者兼可诵。所以，学习起来，前者易让人生厌，后者定会让人觉得有趣。

（二）陈荣衮之"七级字课"系列

民国元年(1912)8月，陈荣衮编成的《七级字课》由蒙学书局印行。不过，早在1907年他就有了据汉字分级编写此书的创意，如他在《论初等小学读本》一文中批评当时的一些教材用字深浅、繁简不当时指出："一言以蔽之曰：编者不能将极通行略通行之五千字分为数级了然胸中，不必担任此事矣。"正确的做法是将常用字进行分级，分成"极通行"和"略通行"两种。如果能做到这

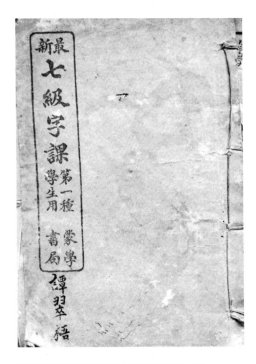

样，那么"编者混而一之，以教授蒙童，有是理乎？尚哓哓然曰此读本可施之实用乎"②？他认为汉字在发展过程中数量逐渐增多，到汉代已有九千，"今日所通行者不过二千余字，已足供人事之用"。《字课》所选"七级之字，咸属通用"，通用之中，"字分七级，循序而进。一二三级毕业，可为工人；四级可为商人；五级可为学人；六七级可为通人"③。"解字之多少深浅，以年龄分"，其中"一二级为白话字，不须解释。三四级为普通应用字，中学生识四级字已足用。五级纯是文学字汇。六级则经史字之罕见者。七级

---

① 此处有因果报应思想，但其目的是劝人行善改过。
② 陈子褒《论初等小学读本》，陈子褒《教育遗议》，台北：文海出版社，1973年版第68页。
③ 陈子褒《七级字课说略》，陈子褒《教育遗议》，台北：文海出版社，1973年版第78—79页。

纯是《说文解字》之摘出，而即为一二级求其本义者也"①。

我国古代有字片、字包识字的做法，即将要求儿童识的字写在一定长宽的纸片上(或单面，或双面书写)，然后分类装入多个类似于方盒的器具(字包)内，识字时从字包内抽出字片，展示给学生让其辨识；或随意从中抽出一张，作考问复习之用。清代文字学家王筠(1784—1854)在《文字蒙求》中分析了儿童识字困难的关键原因在于不会分字。要学会分字，就要掌握"六书""四体"("六书"中的前四种是造字方法，后两种是用字方法，"四体"指前四种造字方法)的基本原理，让儿童先明白象形字、指事字是什么，进而知道会意字是合象形字、指事字而成，而形声字又是合象形字、指事字、会意字而成，这样"分一字为数字，则点画不可以增减，且易记而难忘矣"②。他按此原理选出2 000多个文字，分别归入象形、指事、会意、形声四类，每类又按正例、变例分为不同的种。他在《教童子法》中又指出可将这些字制成字片字包：可"裁方寸纸，依正体书之，背面写篆；独体字非篆不可识"，以供反复练习，每"积至五十字，作一包"，以便温习。③ 这样，将字归类，便于识记；字片字包，便于使用。从笔者所藏《最新七级字课学生用第一种》和《教员用七级字课第三种》来看，陈荣衮汲取了我国古代字包和杂字教材的编法。

1. 内容

从文字内容来看，通俗、常用是其特点。一至四级是口语中常用的字，五至七级是书面语中常用的字，虽然前者常用、后者次常用，但均属常用范围之内，这和古代杂字书的内容"通俗"和"注重日常应用"④ 的用字理念相同。《最新七级字课学生用第一种》将一级字分为天文、时令、地理、建造、人、身体、服物、食物、矿产、用物、文事、武备、音乐、植物、动物、颜色、方

---

① 璩鑫圭、童富勇编《中国近代教育史资料汇编·教育思想》，上海：上海教育出版社，2007 版第 583 页。

② 王筠《文字蒙求》，上海：大东书局，1933 年版第 1 页。

③ 王筠《教童子法》，璩鑫圭编《中国近代教育史资料汇编·鸦片战争时期教育》，上海：上海教育出版社，2007 年版第 398、397、400 页。

④ 张志公《传统语文教育初探(附蒙学书目稿)》，上海：上海教育出版社，1962 年版第 31 页。

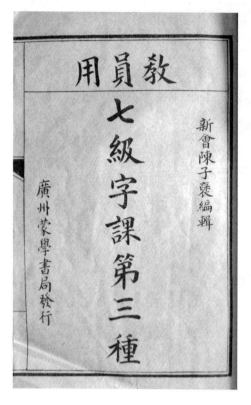

位、数目、动字、静字和情状字等21类，每类的文字常见、常用。如天文类含"天、星、日、月"4字，地理类含"风、雨、云、雷、地、山、水、海、石、泥、沙、尘、路"13字，人类含"人、男、女、爹、爸、妈、姐、公、婆、姑、伯、叔、哥、姊、妹、婶、姆、仔、佢、你、我、学生、先生"。如在人类中就用了"爸""妈"等口语中的常用字而非"父""母""亲"等书面语中常见的字，选用了"你""我"等口语中的字而没选"尔""吾"等文言中常用的字，甚至选择了一个粤语中常用的"佢"字（普通话读qú，粤语读若keois）。

2. 形式

《教员用七级字课第三种》中的文字仍为分类编排，将三级字分为天文、时令、地理、建造、人、身体、衣服、饮食、器用、草木、鸟兽、方位、颜色、数目、动字、静字和情状字等17类。但和《最新七级字课学生用第一种》相比，《教员用七级字课第三种》中每类的字数一般已由少到多，字形已由常见到不常见。如天文类中出现了"辰""宿""阳"等3字，地理类中出现了"岳""津""径"等18字，人类中出现了"父""母""考""妣"等65字。其形式和古代杂字书不同，虽然也是将字分类，但只以单字呈现而不采用三言、四言韵语等形式；和字片、字包不同，虽然也是以单字呈现，但并非只呈现单字而采用字下组词或"解字"（标注字义）的形式。如《最新七级字课学生用第一种》在"天"字下附"天上"，在"星"字下附"一粒星"等词语。如《教员用七级字课第三种》在"辰"下标"星也。北辰、星辰"，在"阳"字下标"日也。斜阳、朝阳"，等等。

从以上分析可以看出，"七级字课"虽然汲取了古代识字教材的编法，但非照搬而是进行改造，其所呈现的现代特征最为明显的是将汉字分级，因为这种做法开启了后世常用字、次常用字、非常用字的研究统计，确立了教科书用字应由常用至非常用的基本原则。1915年1月22日北洋政府颁发的《特定教育纲要》规定，"由部编辑小学中学教科书，以确定全国教育之基础"，"中小学教科书，于一定期限内，编定颁发，国定制与审定制并行"①。随后设教科书编纂处，选熊崇煦、毛邦伟为编审正副主任。教育部还颁布了各科教科书编纂、审查草案，因为"修身国文两科尤关重要"②，特聘请李步青等担任编纂员负责部编教科书的编写。涉及国文教科书的，有《初等小学校国文教科书编纂纲要草案》《高等小学校国文教科书编纂纲要草案》及《初等小学国文教科书用字表》。草案后附用字表共选字4 145个，"就各字需要之缓急列"为两表，表1有2 200字，表2有1 945字。编纂处按"各字需要之缓急"分列两表，和上述陈荣衮的设想何其一致。

因为陈荣衮在新式蒙学教材编写方面着手较早而且颇有建树，而且其后来确实也编写过小学教科书，以至于近代以来，冼玉清、谭彼岸、陈学恂等人均认为陈荣衮所编教材为"教科书"，而且称其为编写现代教科书的第一人。在对其以上所编教材进行分析之后，这里有必要再对此问题作一考辨。1941年，跟随陈荣衮学习过6年的弟子冼玉清在《改良教育前驱者——陈子褒先生》中称："先生萃毕生之精力于教育，尤在于小学教育。其创作教本，在光绪乙未（1895年）为创作教科书之第一人。《妇孺须知》一书，为行世最早之教本。"③1956年，谭彼岸在《晚清的白话文运动》中称其为"近代中国小学教科书的创始人"④。1986年，陈学恂主编的《中国近代教育史教学参考资料》称："他是近代编写通俗小学教科书的创始人。"⑤

① 专件《国务卿公函请按照大总统特定教育纲要宗旨妥订细目呈明次第办理》，《教育公报》，1915年第9册第7页。
② 《呈具报编纂初等小学教科书开办情形请训示文并批令》，《教育公报》，1915年第二年第一期第2页。
③ 璩鑫圭、童富勇编《中国近代教育史资料汇编·教育思想》，上海：上海教育出版社，2007版第584页。
④ 谭彼岸《晚清的白话文运动》，武汉：湖北人民出版社，1956年版第17页。
⑤ 陈学恂主编《中国近代教育史教学参考资料（上册）》，北京：人民教育出版社，1986年版第657页"注释"。

冼玉清认为陈荣衮因于 1895 年编《妇孺须知》而可称为"创作教科书之第一人"，这与她是陈荣衮的弟子身份有直接关系。据《教科书之发刊概况》记载，1897 年，"陈荣衮编《幼雅》十五卷"。① 但不知《幼雅》是否指"妇孺"系列，另外《教科书之发刊概况》将其列在《蒙学课本》之后。陈荣衮编"教科书"是在考察日本之后，他在 1900 年说："余曩游日本，得阅其明治十七年小学新读本、二十年小学新读本、二十七年小学新读本，已觉日新月异。"② 1907 年，陈荣衮在《论初等小学读本》中介绍了自己编书的开始时间及过程："仆自戊戌东渡，恍然于小学读本之格式。归国后，即编辑小学读本，用胶印本以授蒙童，是时固谓此乃合式之读本也。阅一年而知为不合式者十之九；再阅一年而知为不合式者十之七八；再阅一年而知为不合式者十之五六。是时有怂恿以出版者，而仆徘徊有待也。"③ 前引谭彼岸的记载也已明确其 1898 年才东渡日本考察其课本并回国自编教材。1898 年，他回国后编写的《妇孺三字书》《妇孺四字书》《妇孺五字书》等识字教材，最初是在澳门、广东一带的私塾、家庭中以供学塾儿童、家庭妇女识字之用④，而且没有学业年限的限制，所以显然不符合我

---

① 《教科书之发刊概况》，教育部编《第一次中国教育年鉴·戊编》，上海：开明书店，1934 年版第 116 页。

② 陈子褒《论训蒙宜用浅白读本》，陈子褒《教育遗议》，台北：文海出版社，1973 年版第 39 页。

③ 陈子褒《论初等小学读本》，陈子褒《教育遗议》，台北：文海出版社，1973 年版第 67 页。

④ 冼玉清《改良教育前驱者——陈子褒先生》，璩鑫圭、童富勇编《中国近代教育史资料汇编·教育思想》，上海：上海教育出版社，2007 版第 571 页。冼玉清在文中说陈荣衮曾"刊印《妇孺新读本》、《妇孺须知》、《妇孺浅解》、《妇孺释词》、《妇孺译文》、《幼稚》、《七级字课》、《妇孺词料》、《妇孺历史》、《地理》等书"。上述《教科书之发刊概况》中提及的"《幼雅》"可能系印刷之误，即冼玉清所说的"《幼稚》"。

们在绪论部分所确立的现代教科书的前两个基本条件，所以其非现代意义上的教科书；虽然他是从1898年开始编写的，不过是随用随改，形式也只是胶印讲义而已。从时间上看，也晚于1897年编写的《蒙学课本》。就第三个条件来说，则其部分编法类似于现代意义上的教科书，但带有明显的传统蒙学教材的痕迹：仅从书名就可以发现，除了其用字是取妇孺日常用字和传统"三、百、千"稍有不同外，所采用的仍然是"三、百、千"一类的韵语形式以及明清中下层社会识字所用的"杂字"书的分类方法，如前述《妇孺三字书》又分为《修身三字书》《趣味三字书》《妇孺名物三字书》《女子三字书》《爱国三字书》五种。所以，只能说陈荣衮编的教材是在日本教科书编写思想的影响下，对传统蒙学的"正式"教材（"三、百、千"）和"非正式"教材（"杂字"书)进行了综合和改造后形成的，处于传统蒙学教材与现代小学教科书之间的带有过渡性质的教材。这类教材即便冠以"教科书"的名称，也往往和当时其他"字书"一样，是一种对传统识字教材进行改良而成的新式蒙学教材。

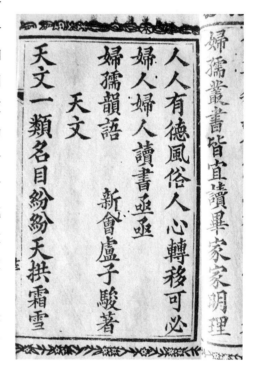

（三）新会"韵语""歌略"系列

陈荣衮的"妇孺字书"系列在广东、澳门、香港地区影响很大，仿效者甚众。陈是广东新会人，仅我就藏有标明"新会卢子骏著"的《妇孺韵语》和"新会黄用端式如甫著"的《改良妇孺浅史歌》，其影响于此可见一斑。

1.《妇孺韵语》

1898年，芹香阁石印《妇孺韵语》时将卢子骏的《妇孺韵语》和陈荣衮的

《妇孺八劝》合订成一本。可见编者认为二书的性质相同，更何况陈荣衮在1903年版的《妇孺三四五字书》的序言中提到卢子骏参与过其中"四字书"的编写："仆编妇孺五字书毕，再编四字书，数月以来甫成幼仪一种。卢君湘父欣然足成之，修身、卫生、人事、劝游四种，即其箸撰。修身首末节，则仆所孱入也。"卢子骏即卢湘父（1868—1970），与陈子褒为亲戚关系，又同为康有为在万木草堂时的弟子，同致力于平民与儿童教育。所以，卢子骏的《妇孺韵语》与陈荣衮的"妇孺字书"系列的内容和形式均不会相差较大。

（1）内容。该书分为天文、地理、宫室、时令、器用、服饰、珍宝、音乐、文事、武备、饮食、身体、人伦、植物、动物、性情、人事和活字（动词）等18类，介绍了各种日用知识。这些知识，有传统的，如人伦之类写道："五伦之道，万古纲常；孔子所立，圣人主张。夫妇父子，兄弟情长；君臣朋友，义合为良……"也有现代的，如地理类写道："地之为物，圆转如球；通天之下，分五大洲。我中华国，地广人稠；二十一省，厅县府州……"编者已不再如古人那样认为天圆地方，认为中国居世界之中了。又如武备类在介绍完中国古代的刀枪剑戟等之后写道："外国枪炮，德法英俄；火药弹子，精妙不

过。战船铁甲，雄长欧罗；弓箭刀石，当得甚么？"不像前述《蒙学课本》那样盲目自大，而是承认技不如人。

（2）形式。用字用语浅显、通俗，读之易懂。四言一句，隔句押韵，读之朗朗上口；两两相连，四句一转，读起来顿挫自如。

2.《改良妇孺浅史歌》

《改良妇孺浅史歌》于1903年由时敏书局印行。其序言称"庚子夏，草浅史"且"梓以行世"，即写作、初版于1900年。作者生平等不详，其序言落款为"光绪癸卯黄用端式如甫志

于时敏学堂",可见作者可能是时敏学堂的教员。

（1）内容。该书按时代发展顺序将中国历史分成远古、唐虞、夏、商、西周、东周、秦楚、西汉、东汉、三国、西晋、南朝东晋、宋齐梁陈、北朝、隋、唐、五代、北宋、南宋、元、明和本朝（大清）22 个大的阶段，每阶段一篇，将国君重臣、丰功伟绩、生产用兵、治乱兴亡等一一叙出，成为一篇简明的中国通史。只是比《三字经》中有关历史的叙述要翔实一点，或者说将前者细化一番而已。如开篇写道："天地初开日，乃生盘古皇；天皇地皇氏，世界尽洪荒。其后有人皇，三皇皆万岁；此说未必真，或由书附会。其时人极愚，食毛而饮血；树叶作衣穿，所居惟土穴。后来有巢氏，架木以为巢；燧人初取火，饮食乃烹调。伏羲画八卦，教人成夫妇；结网往取鱼，其时乃中古。炎帝神农氏，耕田教造锄；尝药医百病，立市通有无。黄帝造衣服，又造车与舟；用兵制甲胄，一战胜蚩尤……"就这样从远古神话传说一直写道"本朝"："本朝顺治皇，入关定四海；代明诛群凶，在位十七载。至今凡九代，二百六十年；耕凿称盛世，当在道光前。自遭发匪乱，东南元气伤；乱平白人至，后患更难防。传教及通商，借端将地割；

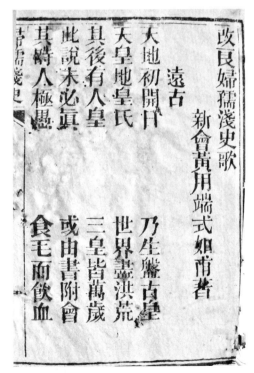

最狡是英俄，其次德与法。近因团匪乱，各国愈相陵（凌）；攘外先安内，诸事赖经营。"和写其他朝代不同的是，写"本朝"时作者并没有按帝王依次叙述，而是略古详今，重点总结了国力衰弱的原因——内（天平天国运动、义和团运动）外（欧美诸国传教、割地等）交逼，还指出了解决的办法——攘外先安内。最后为"总论"，概述历史兴替大致过程，总结其内在规律，并告诫读书人应知史明鉴："几（凡）我读书人，当知古今事；借观兴与亡，然后国可治。"

（2）形式。其形式和《妇孺韵

语》近似，不过，所用不是四言而是五言，而且用字有时更常用文言，其序言称初版印行后，"间有病其俗者，且有嫌其略者"，于是"爰将原书去其俗而用文言，增其略以求详析"，这样一来就显得"较原作程度略高"。即便如此，如今读之，仍不觉其难解。只能说其原作比这更通俗。

(四)"韵语""歌略"系列

据《教科书之发刊概况》载，1897年叶瀚编有《植物学歌略》《动物学歌略》各一本。1898年，黄焱秋著《群经蒙求歌略》《诸史蒙求歌略》各一本。1901年，叶澜等编《天文歌略》《地学歌略》《植物学歌诀》《动物学歌诀》各一卷，张一鹏编《普通学歌诀》、张士瀛撰《地球韵言》一本。除此之外，林纾于1897年编印的《闽中新乐府》也颇有影响。不过，如果说同样是借鉴了传统蒙学教材的形式，那么《闽中新乐府》的内容主要是现代先进观念而非像其他此类新式蒙学教材的内容主要是现代科学知识。

目前我所见，全本有自藏的《天文歌略》《地学歌略》《地球韵言》和《普通学歌诀》，部分有《闽中新乐府》，片段有张志公先生在《传统语文教育教材论》中节录的《算学歌略》（"凡习数学，列位为先。自右至左，个十百千。若有零位，必用一圈。几数并陈，上下齐肩"）。下面，就所见全本与部分的三部书略作介绍。

1.《闽中新乐府》

1897，林纾(字琴南，号畏庐，1852—1924)的《闽中新乐府》由其好友魏瀚在福州刻印，该书又名《训蒙歌诀》，作"家塾读本"。该书取名"新乐府"显然是有意将其内容与形式与白居易的《新乐府》相比附。他在"自序"中称，"儿童初学，骤语以六经之旨，茫然当不一觉。其默诵经文，力图强记，则悟性转窒"，而虽然"欧西之兴，亦多以歌诀感人者"，但自己编写此书实因为"闲中读白香山讽谕诗，课少子"而发现效果很好，于是"日仿其体作乐府一篇"，一月共得32首。[①] 可见，该书显然主要是受传统乐府诗的启发而非当

---

① 薛绥之、张俊才编《中国文学史资料全编28：林纾研究资料》，北京：知识产权出版社，2010年版第89页。

时从日本传入我国的学堂乐歌的影响而写成的。学堂乐歌是现代音乐科，乐歌教材可归入单科教科书，所以本研究将《闽中新乐府》视为新式蒙学教材略作分析，而对晚清众多的学堂乐歌不予考虑。

白居易认为，诗歌的内容应反映民众的现实生活、讽喻官府的不良政治，不作无病之呻吟——"文章合为时而著，歌诗合为事而作"（白居易《与元九书》）；诗歌的语言应质朴浅易，不事雕琢、力避晦涩——"其辞质而径，欲见之者易谕也"（白居易《新乐府·序》）。那么林纾的《闽中新乐府》的内容与形式如何呢？

（1）内容。林纾早年是一位著名的爱国者。1895年《马关条约》签订时，他与其他士子联名上书朝廷表示反对。后来他广译西方小说，其中一个目的就是开拓国人的视野，接受西方的观念。他在自己所译的《云中燕》的"叙言"中写道："回首故国，荆棘铜驼，瓜分之危，为奴之惨，近在眉睫，社会腐败，已达极度，欲施针砭，着手无从，尚有一线之希望者，惟吾辈少年同胞之兴起耳。"[1] 他撰写"达旨"置于所翻译的《爱国二童子传》的卷端，并以问答的形式阐明自己的强国主张："强国者何恃？曰：恃学、恃学生，恃学生有志于国，尤恃学生人人之精实业。"该书的原序主张将"本国之利病，一一明召童子"。高凤谦在《闽中新乐府书后》说："畏庐先生以为转移风气莫如蒙养。"可见，作者林纾希望从儿童启蒙教育就开始灌输现代观念。而灌输现代观念的落脚点就是讽刺落后的现实，所以针砭时弊是其主要策略。如其序称本章开头所引《村先生》系"讥蒙养失也"。有人将书中诗歌分成"奋念国仇"和"忧闵败俗"两类，《国仇》《渴睡汉》《哀长官》《郭老兵》《獭驱鱼》《五石弓》《破蓝衫》《村先生》《知名士》《谋生难》《关上虎》《番客来》《灯草翁》《杀人不见血》等属纠弹时政，内容涉及内政、外交、兵制、税收、教育和卫生等领域；《小脚妇》《水无情》《灶下叹》《检历日》《郁罗台》《棠梨花》《生髑髅》《非命》《跳神》等抨击陋俗，内容涉及缠足、溺女、虐婢、跳神、做醮、看相、择日、看风水以及鸦片流毒、家庭纷争等事项。[2] 1924年郑振铎在《林琴南先

① 胡从经《晚清儿童文学钩沉》，上海：少年儿童出版社，1982年版第168、82页。
② 曾宪辉《论〈闽中新乐府〉——兼谈其梓行及其它》，《福建师范大学学报》（哲学社会科学版），1994年第1期第57—62页。

生》一文中选录了《村先生》《兴女学》《破蓝衫》三篇并赞道:"在康有为未上书之前,他却能有这种见解,可算是当时的一个先进的维新党。"①

(2)形式。全书各诗采用的均是乐府歌行体裁,和当时采用典雅雕琢的文言、严格遵从格律规定的"同光体"诗的形式迥异。如开篇《国仇》:

> 国仇国仇在何方,英俄法德偕东洋,东洋发难仁川口,舟师全覆东洋手。高升船破英不仇,英人已与日人厚,沙俄袖手看亚洲,旅顺烽火连金州。俄人柄亚得关键,执言仗义排日本,法德联兵同比俄,英人始悔着棋晚。东洋仅仅得台湾,俄已回旋山海关,铁路纵横西伯利,攫取朝鲜指顾间。法人粤西增图版,德人旁觑张诿眼,二国有分我独无,胶州吹角声呜呜。闹教哄兵逐官吏,安民黄榜张通衢,华山亦有教民案,杀盗相偿狱遂断。蹂田夺牛古所讥,德已有心分震旦,虎视眈眈剧可哀,吾华梦梦真奇善。欧洲克日兵皆动,我华犹把文章重。廷旨教将时事陈,发策试官无一人。波兰印度皆前事,为奴为虏须史至。俄人远志岂金辽,德国无端衅屡挑。英人持重迟措手,措手神州皆动摇,剖心哭告诸元老,老谋无若练兵好。须求洋将练陆兵,三十万人堪背城,我念国仇泣成血,敢有妄言天地灭。诸君目笑听我言,言如不验刳吾舌。

全诗用语浅白,把甲午战败、列强分化之过程、诸事实一一道出,通俗易懂。句末押韵,四句一转,读起来朗朗上口,跌宕婉转。虽然后来林纾反对全盘废文言、行白话而遭到抨击,而其早年的这部《闽中新乐府》却是用地道的古白话写成的。林纾去世之后,胡适在《林琴南先生的白话诗》中说:"五六年前的反动领袖在三十年前也曾做过社会改革的事业。我们这一辈的少年人只认得守旧的林琴南,而不知道当日的维新党林琴南;只听得林琴南老年反对白话文学,而不知道林琴南壮年时曾做很通俗的白话诗,——这算不得公平的舆论。"②他还在文后附录了高梦旦抄录给他的林纾的《村先

---

① 郑振铎《林琴南先生》,《小说月报》,1924年第十五卷第十一期第7页。
② 胡适《林琴南先生的白话诗》,《晨报六周年增刊》,1925年12月第268页。

生》（"讥蒙养失也"）、《小脚妇》（"伤缠足之害也"）、《百忍堂》（"全骨肉也"）、《棠梨花》（"刺人子惑风水之说，不葬其亲也"）和《破蓝衫》（"叹腐也"）等几首新乐府。

2.《蒙学报》中的韵语歌谣

1897 年 9 月，蒙学公会创办于上海，主持人有曾广铨、汪康年、叶瀚、汪锺霖等，该会宗旨中提到，便于童蒙之讲习，"端师范，正蒙养，造成才"。同年 11 月，其机关报《蒙学报》创刊。其上编供 5—8 岁儿童阅读，下编供 9—13 岁儿童阅读，均分为文学、算学、修身、舆地、历史、物理、教育学、植物学、动物学、格致之类，下编内容较上编深。1897 年第二期中《汪君颂虞论改报例》一文就提到，《蒙学报》中"各类如能编成歌最好"。① 第六期"蒙学公会"在《来信总复》中称："中国于课蒙之法，苦无善本。东西各国新书极为便益，又苦于文字各殊，译人自有神吻，一时难以强合。本馆亦竭力广求同志，互相商订，终觉未尽妥善。后当改择数种，演为白话歌诀，以便童孺易于诵读。"② 其中就有多处是在用韵语歌谣的形式来介绍各种知识，如 1897 年第五期中的《补学加法歌一首》："两数相加总曰和，不计余分只计全。逢十向左带上前，此消彼长和相等。"又，据胡从经《〈蒙学报〉琐记》一文的介绍，《蒙学报》中还有一组歌咏各科的诗③：

---

① 《汪君颂虞论改报例》，《蒙学报》，1897 年第二期第 36 页。
② 《来信总复》，《蒙学报》，1897 年第六期第 38 页。
③ 胡从经《晚清儿童文学钩沉》，上海：少年儿童出版社，1982 年版第 60—61 页。

行星绕日，改九重天；前疏后密，诸轮椭圆。——天文学第一

欧亚非美，澳最后得；雄心未已，探南北极。——地舆学第二

地球层累，沧海桑田；畜媪孕质，不知何年。——矿物学第三

五带所生，品类繁滋；一花一叶，研究之资。——植物学第四

人类进化，初实猿狄；鸟兽同群，孰云悠谬。——动物学第五

畴人家言，六艺流亚；纲纪事物，助文明者。——策算学第六

术士炼金，化学之始；曲尽人能，妙得物理。——化学第七

重学之用，制器测天；亚奇默得，左法流传。——重学第八①

化学摩电，神奇莫测；斯学精深，十未得一。——电学第九

火日外景，金水内量；发光受光，耀我日镜。——光学第十

一声一浪，回荡成章；脑筋感发，入耳能详。——声学第十一

借涨缩力，蒸汽鼓机；功用斯博，小大咸宜。——汽学第十二

用四言对仗、押韵的形式，介绍了 12 门自然科学研究的对象及其功用，等等。

《蒙学报》还刊登了叶瀚创作、"七岁至十岁用"的《中国直省府厅州县方名歌》，如《中国湖北府厅州县方名歌》（1898 年第十九期，开头写道："湖北古荆州，为京西南部。里距有三千，一百五十五"）、《中国湖南府厅州县方名歌》（1898 年第二十期，最后写道："北极高出地，计二十八度，又一十三分，测量无差误"）、《中国四川府厅州县方名歌》（1898 年第二十一期）、《中国广东府厅州县方名歌》（1898 年第二十二期），等等。又如有关北京的前半部分写道②：

讲求地志学，本国为最先，直省能记明，边界再详言。

十八省府县，方名逾百千，今作五言歌，用为启蒙编。

先详直隶省，古时名幽燕，前明与大清，皇都建北边。

京畿称首善，府名曰顺天，明朝定制时，正统之六年。

---

① "重学"即机械学。
② 《中国直省府厅州县方名歌》，《蒙学报》，1898 年第七期第 26—27 页。

国朝入关后，因仍不改迁，城门分内外，永乐朝旧制。

内城一方圆，共有四十里，辟门有九个，规模称宏丽。

正南正阳门，俗称前门是，南左又一门，崇文为名字，

又名海岱门，切勿误为二，南右宣武门，旧名为顺治。

由北偏向东，安定门在此，西边又一门，德胜名堪记，

由东偏向北，东直在其地，其南又一门，名称曰朝阳，

又称齐化门，二名同一方，由西偏向北，西直名可详，

其南阜成门，平侧重名飔。外城系重城，二十八里方，

一共开七门，永定正南乡，由南偏向东，左安名城厢。

······

可见，是用五言诗的形式介绍各地理区划的位置、沿革、构成、方位、名称，等等。"用作启蒙"之用，即让儿童在歌唱时记牢，以便日后所用。

除了上述用歌谣的形式介绍应接受的各种现代知识外，《蒙学报》还刊载了一组《劝蒙歌》以灌输应遵循的传统道德。其"小引"称，孔子"兴于诗""诗可以兴"的诗教思想一直影响着后世教育，不过这些诗歌艰深难解，小孩喜欢那些"俚俗山歌"，然而其"语多不经，畔（叛）道日甚"，所以仿陈文恭的《训蒙仪规》而作"明显"蒙歌数首，并绘图画、附解说，"俾髫龄诵之，陶然自得，怡然理顺"①。《蒙学报》还以歌谣的形式宣扬"忠

① 《劝蒙歌》，《蒙学报》，1898 年第三十一期第 16 页。

孝"。1898年第三十一期刊载有《劝孝歌》（"劝蒙童，孝你翁，爷娘养你身子出，原要望你成人接祖宗。十月在肚里，三年提抱中，要报爷娘的恩德，如天高大大无穷"），第三十二期刊载有《劝悌歌》（"劝蒙童，敬哥哥。先有兄来慢有我。同胞那得不相和？譬如庭前一株树，一根分出枝许多。枝叶斩伤根亦死，劝君同室莫操戈"），第三十三期刊载有《劝忠歌》（"劝蒙童，要忠心。少年竭力为人谋，心口相同利断金，何况居官上事君？森严国法戮奸臣"），第三十四期刊载有《劝信歌》（"劝儿童，讲话要谨慎。开口不欺人，他人自然相信。你看翻来覆去，说坏好多人，这辈都叫做谗佞"），此后还有《戒嫖歌》（第三十五期）、《戒赌歌》（第三十六期）、《戒吃歌》（第三十七期）、《戒着歌》（第三十八期，着者，穿着也）、《戒烟歌》（第三十九期，烟者，鸦片也），等等。

3."天地歌略"

关于《天文歌略》和《地学歌略》，笔者所藏为通学斋校印二书合订本，前冠《天地歌略凡例》，前者署"仁和叶澜撰"，后者署"仁和叶瀚叶澜同撰"。可见，编者视二者为性质相同的蒙学读本。

（1）内容。其凡例称，天文、地理同属格物致理之学，故作此歌，"欲令童蒙知天地万物皆有至理存乎其间，非敢以西学相标榜也"。其实二者内容皆为西学而非本土之学，传统蒙学教材有关本土天文、地理的知识差异较大。如宋代方逢辰在《名物蒙求》中介绍的天文知识：

　　天尊地卑，乾坤定住。轻清为天，重浊为地。丽乎天者，日月星辰。

润以雨露，鼓以风霆。云维何兴？以水之升。雨维何降？以云之烝。阳为阴系，风旋飚回。阳为阴蓄，迸裂而雷。惟霁斯虹，惟震斯电，散为烟霞，凝为雷霰。日中则昃，月满则亏。往来进退，消息盈虚。时乎阳明，宇宙轩豁。白日青天，光风霁月。时乎阴浊，霾雾混茫。曦娥受曀，彗孛生芒。是以圣人，抑阴崇阳。《诗》防霰雪，《易》戒冰霜。

然而，《天文歌略》的开头便写道："万球回旧，对地曰天。日体发光，遥摄大千。地与行星，绕日而迁。地体扁圆，亦一行星。绕日轨道，椭圆之形。同绕日者，测有八星。各行轨道，分列逐层。"接着写我们所居住的地球自转、公转所用的时间，再是经维度、南北极、二分二至、面积、"黑斑"（黑子）等。然后对水、金、地球、火、木、土、天王、海王八大行星逐一介绍，如写地球及其卫星月球：

> 第三行星，即此地球。上论已详，辞无赘存。绕地球者，是名曰月。绕地而转，二十七日。又七小时，更为圆缺。月行白道，斜交黄道。有五度奇，交点是考。月受日光，只有半面。与日同度，即不能见。是为合朔，在内交点。自此而南，行一象限。明面在旁，是曰上弦。复行半周，明面向地。恰见光满，名曰望是。自此而北，行一象限，明面在旁，是曰下弦。有时月行，过内交点。日月与地，同一直线。日为月掩，日蚀是见。有时月行，过外交点。内居中央，日为地掩。是为月蚀，大地皆见。

以上依次介绍了月绕地行的不同阶段及其间所显现象。说完行星，再说恒星、星团、星气，最后写道："天空之中，广大如此。诵此好歌，益童蒙智。"

再看地理。《名物蒙求》中所介绍的地理知识如下：

> 丽乎地者，山川岳渎。高平为原，窈深为谷。山脊曰冈，山足曰麓。邱言其高，阿言其曲。土山为阜，大阜为陵。岩崖岛屿，巉嶂岫岑。孤峰峭壁，绝峤平峦。凡此之类，皆名为山。滔滔者水，涓涓者泉。激为滩濑，深为潭渊。有涯有涘，有源有流。渡口为津，沙碛为洲。地泽陂塘，渚汀浦溆。坎井波涛，皆隶乎水。小路为径，通道为衢。闹则市井，静则郊墟。林圃苑囿，皆谓为园。畦畴垅亩，皆谓之田。高原下隰，西陌东阡。一耒之土，万民之天。尊为京都，卑为郡邑。高城深池，重关叠壁。洞蠡灭苗，崤函亡秦。险不如德，地不如人。

然而，《地学歌略》起首便为"地球何形？橘子仿佛；两极微凹，赤道微凸。地学之家，分为二则；一讲地面，一讲地质。"接着介绍地面之学：先说纬线，从赤道依次说到极圈，从热带依次说到寒带；再说经线。又说地球表面水陆分布及洲际、国家分界。按先东半球后西半球的顺序，从亚洲的中国说到美洲的巴拉圭。然后介绍地质之学。从内到外，内部结构如何，外部地形是怎样形成的，不厌其详。最后以"我作好歌，智益童蒙；学之加精，利济无穷"作结。

从以上简介可知，其所述均为现代天文、地理学知识，与中土知识相距甚远，正如其凡例所称："中国格物之学久已失传，是歌不得不就各西书采择而成。"其实"失传"是托辞，不采是事实。

（2）形式。该书借鉴了传统"蒙求"体所用的四言韵语的形式，其凡例称："是歌编成四字一句，以便童蒙易于上口。"不过，一些西方地名、现代术语很难以此种形式表述，很难做到不以辞害意。一句四字，用字虽精炼，但也不如一般叙述、论说类课文那样容易解释清楚。正如其凡例所说，"繁琐之理，不能编歌"。鉴于此，对一些术语以小字加注的形式来补充说明，如在上述引文的"月行白道，斜交黄道"之后加注"即地轨平面"，在"与日同度，即不能见"后加注"因暗面向地故也"。只用文字，没有插图，儿童也不易理解这些高深的道理，其凡例称：大人在讲解之余，应购买天文图说、平面地球图、百鸟图、百兽图等随文而呈现。

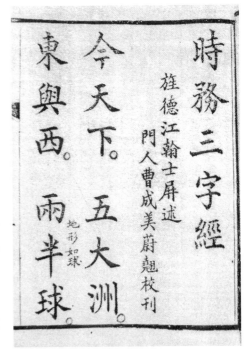

4."普通学"系列

普通学之"普通"即公共的意思。普通学也即人人所应接受之学，与专门之学相对，或者说是接受专门之学的基础。清末以"普通学"为书名的主要有以下两种。

（1）张一鹏之《普通学歌诀》（1901年初版）

从内容来看，该书主要介绍各科基础知识。张一鹏的弟子在该书序言中用现代西方学科（知识）分类理论对其内容作介绍时，区分了普通之学和专门之学的区别及地位："泰西学校之制，有专门之学，有公共之学。专门之学择一术而极深研，几无所限量，发古人所未发，能今人所不能，以自成一家者也。公共之学则所读有定业，所课有定程，所学有定期，尽人所当知者也。"而这本"塾中课本"就是遵照京师大学堂所列的普通学门径而分为经学、理学、诸子学、舆地学、格致学、史学、掌故学七种，若以此书求各学门径，则可得大概。张一鹏在"自叙"中介绍了该书的知识来源："于经学则本诸注疏，于理学则本诸宗传，于诸子则本诸《四库》目，于史学掌故则本诸正史、《圣武记》、《中西纪事》诸书，于格致、地理则本诸近译西书《瀛寰志略》诸书。"可见，既选本土旧知，如"经学第一"中写道："三代以前，经名未立。礼乐诗书，但称四术。孔子读易，韦编三绝。又作春秋，以惧乱贼。删订既成，箸（著）之竹帛。名曰六经，万世之则。得其传者，游夏为极。子游具吴，行道尚狭（侠）。""理学第二"中写道："精一危微，理学之祖。尧以传舜，舜以传禹。孔子至圣，集其大成。素王之统，与天地长。董子仲舒，为汉儒者。道出于天，渊源所受。儒林一传，俱为经师。识大识小，为圣之支。"又采西洋新学，如"初级地理学第六"写道："地体浑圆，南北曰极。极点微凹，旋转不息。两极平分，是为赤道。轨道虽移，日光永照。赤道南北，厥有二圈。昼长昼短，随乎日躔。绕日一周，是为一年。自转一周，是为一天。""初级格致学第七"写道："西国古事，文明未盛。水火风土，称四原行。近百年间，考求益精。六十四质，分别性情。地球之上，天气无穷。太阳光热，藉以布空。天气尽处，二百里外。由地上升，渐高渐散。"

从其形式来看，该书每类数句，每句四言，一般会隔句押韵。采用四言韵

语的形式介绍普通知识，是为了便于儿童记诵。张一鹏在"自叙"中称：考虑到"童子之性易记难悟"的特点，不必让其死背难记难悟的"四书""五经"，"欲善用其记性，莫若取各学门径，编次整齐"，使之口诵心记，而后近窥堂奥，收效甚速。

（2）王昭三之《溥通学》（1902年版）

《溥（普）通学》系列新式蒙学教材，由安徽徽州绩溪人王昭三（字子乾，号抱吟馆主人，1870—1940）始编于1894年，出版于1902年。该丛书目前有徽城本和云南本两个版本。有人称其是介绍现代自然科学知识的

蒙学课本，自然应属新式蒙学教材。本人所藏的云南务本堂藏版《普通学前编》（目录）一册，内含王韬、朱有年的序言及作者的自序、例言、目录。

从内容来看，徽州发现的有 6 册，包括"力学""电学""矿学""重学""地学"和"气学"①。云南本分前、后两编，共计 22 册。其前编包括《普通学前编》（目录）、《普通算学》《普通重学》《普通力学》《普通光学》《普通声学》《普通化学》《普通气学》《普通地学》《普通矿学》《普通电学》11 册。显然其内容按现代学科分类。每门学科一册，用以介绍这门学科的常识。按学科特征及功能等排序，其"例言"称："名物象数自古通称，有物斯有象，有象斯有数，故筭（算）为格致各学之本，居于第一。重与力为各种机器之本，故重列第二，力列第三。光与声二种互相发明，故光列第四，声列第五。化学为格物求原之法，格致中一大专门，故列第六。气学、地学、矿学习列于化学之中而各具妙理，故宜次第并列。电学利用甚广，故以为殿。"王韬在序言中指出该书编纂的背景和目的："方今朝廷重西学，尚实行，不惜破格以收奇士，将见殊尤拔萃之姿，足以破浪乘风，慨然抱宗悫终军之志，驰驱异域，探求绝艺者。"意即学习西方现代科学知识以图他日征服西方诸国，与魏源所说的"师夷长技以制夷"辞异而旨同。梁启超在为 1897 年设立的湖南时务学堂所拟《功课详细章程》中就将所学课程分为"普通学"和"专门学"，前者为所有人必修课程，后者为部分人选修课程。王昭三编纂的这套书统一冠名为"普通学"，是因为其认为这些学科才是现代儿童的必修课程，其地

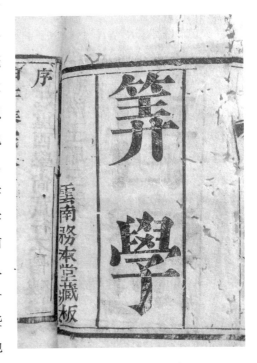

---

① 郑示言《光绪末年屯溪木版蒙学课本》，《屯溪文史》，1993 年第 4 集第 64—68 页。刘伯山编著《徽州文书（第七辑）》（南宁：广西师范大学出版社，2020 年版第 117—201 页）中影印有"重学"之外的其他 5 册。

位如同传统蒙学中的识字、写字、属对、作诗、写八股文一样。他认为既可以也应该用这些教材取代传统的"三、百、千、千"。据《普通学前编》（目录）载："各种专门以至高等必需之本，现已博采成书，容俟次第梓行。"不过，目前尚未见到"普通学"后编以及《普通学前编》（目录）中提及的"专门"和"高等"学之书。

从形式上看，全书采用了对仗和押韵等传统蒙学教材的编纂形式。王昭三结合自己教育经历从形式方面总结了传统蒙学教材的优点和现代西学教材的缺点。他在自序中说："《溥通》二十种何为而作也？予入方言馆时甫十三岁，肄业算学馆。课余间见格致诸书辄欣然好之，而苦其不便于诵读，因忆九岁诸经毕业，忝选博士弟子员时，庭授文选，津津成诵，今反不能于以知新译各种均不便于启蒙，为之抚然者久之。爰荟萃群书，繁中取简，由博返约，屡易寒暑，乃成是编。"很显然，是否便于诵读易于记忆，是童蒙之书好坏的一个重要标准。在这方面，现代西学教材反不如传统蒙学教材。而便于诵读易于记忆的主要方式就是采用整言对仗和适当押韵。

丛书每册有 14 至 16 课不等，在介绍各科知识时用的是传统的对仗形式，"不用长短句，所以便于诵读"（例言），每课正文四言八句或十句；不过又不严格押韵，"不用韵脚，一扫浮言陋习"（例言）。如《算学》第 1 课为四言十句：

> 天下之物，莫不有数。
>
> 有数可纪，乃有算学。
>
> 算学权舆，加减乘除。
>
> 屡加生乘，屡减生除。
>
> 或筹或笔，莫便于珠。

如介绍分子、分母的其第 2 课课文为四言八句：

> 除之不尽，乃命分母。
>
> 母法子实，是为分数。

命分之法，便于还原。

加减乘除，各有定法。

又如《重学》第1课也为四言十句：

天下之物，莫不有重。

曷为生重？地心吸力。

体大质密，吸力皆重。

体小质松，吸力亦轻。

吸力不同，轻重以生。

其讲解杠杆原理之一的第5课的课文为四言八句：

第一种杆，倚点在中。

一端为力，一端为重。

斜与天平，剪刀夹钳。

此杆之益，人所易知。

课文之后附有二至五道策题，半页课文，半页策题。策题就是用来让儿童思考的问题和练习的题目，以发挥其巩固和检查的功效："策题所以便于塾师命题，诸生按题策对，一以观其目前之进境，一以验其异日之成材。"（例言）如上述《算学》第1课后的策题有五道："数与各物有何相关？算学之名何义？算学始基何种？乘除二法何由而生？筹、笔、珠三种何者最便？"第2课后的策题有四道："分母之名何故？法实若何名称？命分之法若何用途？分数之加减乘除有定法否？"又如上述《重学》第1课后的策题有五道："物结重否？重何由生？体大体小孰重？质松质密孰重？轻重何由而分？"

除上述以课文加策题的形式呈现内容，采用了现代教科书的呈现方式外，在教学方法上已不再是传统教育中的让学生诵读、熟记（其"例言"称"是编列课甚少，使人乐于从事且能熟记"），还强调教师（塾师）根据课文内容提问和准确、详细地讲授(其"例言"称"讲解必须精详，则诸生自能融会")。此外，在课程安排上已有现代学制中分年编排、定时授课的意识(其"例言"称"列课之法乃便塾师讲解，或日授一课，或每夜一课，庶有定程")。

总之，如果从总体上将其与传统蒙学教材进行比较，我们会发现，其所采用的这种只用对仗而不求押韵的形式，正是以介绍各种知识为主的传统蒙学教材《幼学琼林》的做法，只不过一个介绍的是现代西学知识，一个是传统蒙求知识。另外，课文呈现采用我国传统蒙学教材的形式，是因为整句便于实施传统的诵、记教学法，而策题以散句设题，便于实施现代西方常用的讲、问教学法。

5.《地球韵言》

目前所见的《地球韵言》前有题签："光绪元默摄提格孟陬之吉，新安文林堂开镌，龙山鲍鸿署。"说明这是光绪壬寅(1902年)的徽州翻刻本。其"叙"结尾写道："光绪二十三年丁酉孟夏，江陵张士瀛公复自识于蕲水学舍。"说明该书由张士瀛撰于1897年。该书"叙"的开头便提出其编写的目的是应对敌

强我弱、列强如虎狼环伺中国的危急形势："今世变迫矣。英虔刘于西，法偪处于南，俄包举于北，倭狡启于东。其商富兵强，其工器械，其农物土，艳之骇之，而不知其本原皆由于无人不学也。"既然西方列强强在重视教育，那么我国也应该遵"先王之道"而重学，审时度势，开启民智，兴学育才，适逢"京师请开时务科，沪渎允建达成馆，各省创设储材学堂，府县议改书院程课，振兴实学，陶溶鼓舞"，时局急要人才，人才出于蒙童，故采辑见闻，"撮各国疆域政俗，约举大凡，编成韵言四卷"，作为小学堂的

教材。《地球韵言》和上述歌略二书的性质相同，也是用四言韵语来介绍科学知识。全书共分4卷，第1卷综述地球大势并概述亚洲，第2、3卷为欧洲、非洲，第4卷为澳洲、美洲。关于每个洲，按照国别依次陈说，如亚洲就按中国、缅越、暹罗、朝鲜、印度、印西回部、南洋岛来介绍；我们看第1卷中的《中国》：

中华立国，亚洲之东；廿二行省，一道同风。盛京黑吉，是为东三；燕齐豫晋，西域陕甘。溯江而上，三江楚蜀；闽浙两粤，滇黔南服。内外蒙古，百三五旗；斿裘毳幕，拱卫北畿。东起图们，西暨伊犁；卡伦鄂博，关吏盘稽。准回各城，至帕米尔；唇齿俄国，二万余里。西藏剌嘛，活佛坐床；班禅达赖，教别红黄。藏南属藩，存廓尔喀；五年一贡，修职恭恪。哲孟雄部，割大吉岭；英人市茶，岁畀租赉。

西南典属，荐食毗连；火车电掣，直达藏滇。龙州铁轨，抵镇南关；法商承揽，转运谅山。澳门香港，葡英懋迁；舟山英驻，厦门荷屋，口岸租界，廿一马头；约国十六，利孔争牟。三路款关，俄通陆市；英法争先，龙州蒙自。洋药岁耗，四千万两；鸩毒流贻，莫追既往。出入货价，我绌彼赢；岁三千万，卮漏已成。商务益我，惟美与俄；其余牵抵，迁赇英多。利源外溢，整顿茶丝；商局社会，广集公司。日用之需，我能自造；彼所仰给，揣其所好。税则入约，受彼劫愚；值百抽五，地球所无。出有进免，岂为公平；照则科税，据理力争。子口半税，通行无阻；多挂洋旗，何责黠贾。江海榷关，客卿管理；非族异心，势非得已。建堂传教，订有明约；经正民兴，毋庸骇愕。不悉外情，疏于应付；利益均沾，何堪再误。纷至沓来，我不能往；和众试行，折阅无算。释嫌缔好，谊重怀柔；玺书通问，盟约屡修。廿六万种，富甲垓埏；四百兆众，莫让先鞭。

其实，对每个国家的介绍多涉及其位置、人口、地形、人种、民族、物产、风俗、制度、历史等方方面面，并非上述《地学歌略》只言一般性的地象、地质。而且歌下添注，如《地球第一》的第一段的歌诀："大地椭圆，旋转如球。东半西半，分五大洲。曰亚细亚，曰欧罗巴，曰澳大利，阿非利加。是为东半，瀛海环之。邹衍箸论，不尽诡奇。"其注解为："邹衍谓中国乃天下八十一分之一。中国外如赤县神州者九，裨海环之。人民禽兽莫能相通者，各为一区，乃为一洲。如此者九，乃有大瀛海环其外。所谓裨海者，如亚欧之红海地中海，吾国东隅之黄海渤海皆是。所谓大瀛海者□□东之太平洋、欧西之大西洋也。此说固切□□。"该段文字解释了"邹衍箸论"的详细内容与"瀛海环之"的具体所指。又如对歌诀"摄引地球，专赖吸力。绕日而行，八星居一"的注释为"西人天文家谓：行星绕日者有八，如金、木、水、火、土及天王、海王。其一即地球也。"这样就弥补了歌诀因有文字求简略而相对散体来说不易解的缺憾。

（五）西学、时务三字经系列

1.《西学三字经》

郑振铎先生在写于 1935 年的《中国儿童读物的分析》一文中提到该书，没提到作者，但提到了刊出的时间为光绪二十七年，也就是 1901 年。《教科书之发刊概况》称其为汪恩绶编。该编者还编有《增续浅说时务三字经》《时务蒙求及问答》《西学蒙求及问答》等。郑文节录了该书部分字句：

测坤舆，名地球。南北极，分五洲。……欧之君，多雄武，拿破仑，称霸主。……道咸间，五口通，惟彼族，狡思启。延海疆，伊胡底！圣天子，治维新。策富强，励兆民。尔童蒙，宜努力。学大成，报君国。

可见，其形式如传统的《三字经》，而内容则为"西学"："上半部是东西

洋地理常识；自'欧之君'以下都是述西洋近代史的常识的。而以努力'策富强'为结束，正足以反映光绪维新期的一般人士的望治心理。"①

2.《时务三字经》

安徽徽州旌德人江翰编的《时务三字经》初刊于1902年。后重刊于1913年，更名为《新时务编便蒙三字经》（或《新三字经》）。目前所见文字与上述各书相同的《正蒙时务三字经》序言的拟定者署名为"浙报馆"，且序言中提到该书为"本省孝廉所著"。安徽与浙江毗邻，所以刻印此书的浙报馆误将作者当成浙江人了。《正蒙时务三字经》的序言提到该书是根据光绪二十七年（1901）农历八月初二光绪帝谕旨中提到的"多设蒙养学堂，务使博通时务，讲求实学"而编写的，早前因其"明白易晓"已"刊印十万本"。顾名思义，该书也是采用《三字经》的形式来表现当下的事物。遵从古制，第一页是《至圣

① 郑振铎《中国儿童读物的分析》，《文学》，1936年第七卷第一期第54页。

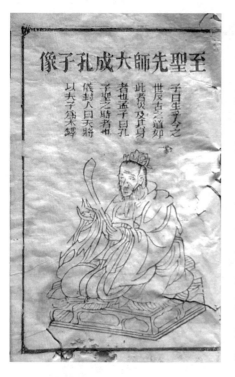

先师大成孔子像》，第二页是《通明时务今上大皇帝》（光绪像）。正文开头写道："今天下，五大洲。东与西，两半球。亚细亚，欧罗巴。澳大利，阿非加。"除介绍了世界地理外，还分省介绍了中国地理，如："闽浙东，云贵西。曰江苏，曰安徽。称三江，合江西。藏卫西，蒙古北。归化久，皆藩服。青海外，新疆辟。福建外，台湾失。"介绍完地理知识后，接着写道："泰西人，来京师。始传教，继通商。至本朝，愈鸱张。"然后列举列强国名，指斥其侵略行径，称："宗徒逃，教蔓延。开兵端，数百年。迄于今，祸中国。惟愚民，受其惑。"不过，又认

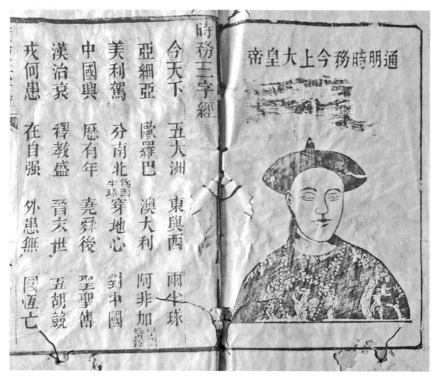

为要识时务，不必急于排外，因为西方列强外强中干，而本朝在文天祥似的重臣恭亲王的辅佐下，一面学习西方，一面固守国本，最终必然能使国富民强："客一二，主千百。众欺寡，勇犹怯。我劝人，莫仇教，忍小忿，免烦恼。朝廷上，图自强。谋之久，听我详。林文忠，魏默深①，海国志，苦用心。识时者，恭亲王。贤满相，文公祥。""报馆开，耳目明。电线设，信息灵。轮船使，海浪平。铁路修，车载轻。矿务盛，五金生。机器备，人力并。农务本，树艺精。工制器，

出货增。兵卫商，商通货。国既强，民亦富。"中间还提到"不仇教，明大义。通西学，近周礼"。全书结尾处写道："西法善，我宜采。鸦片毒，我宜改。言之浅，理则公。愿持此，告蒙童。"张志公先生称，该书所写"看来是在宣传变法维新，以及所谓'中学为体，西学为用'的一套"②。比照课文的内容，的确如此。

1940年，常镜海在《中国私塾蒙童所用课本之研究（上）》中提到了这种"三字经"，他说："坊间有《小学时务三字经》一种，系光绪三十二年，上海越社出版，有'私塾改良社重辑，江都丁瘦鹤抄校'字样，其书前有云：'是编遵奏定章程，分门别类，均用三字浅近句读，使儿童易于知晓。外附图注，于初等小学生最为合宜，于掌故不无小补'。云云。观其书内所载，亦不过系各国名称，本国省名，以及清末事实耳！"他还提到了其他"仿《三字经》而作"的《释教三字经》《卫生三字经》和《医学三字经》等。③

---

① 林则徐、魏源。
② 张志公《传统语文教育教材论——暨蒙学书目和书影》，上海：上海教育出版社，1992年版第25页。
③ 常镜海《中国私塾蒙童所用课本之研究（上）》，《新东方》，1940年第一卷第八期第114页。

(六) 字包、杂字系列

1.《澄衷蒙学堂字课图说》

《澄衷蒙学堂字课图说》简称《字课图说》，系 1901 年上海澄衷学堂教员刘树屏(1857—1917)所编，作该校蒙学堂初级学生识字之用。全书可能共有 8 册，我藏有第 1 卷以"天"字开头的 1 册，第 3 卷以"数"字开头的 1 册和以"沈"字开头的 1 册。

(1) 内容。编者认为传统的蒙学教材"其施也悖，其求也佛。不责以日用行习之常，而反语以性与天道高远难行之旨"①。为了生活实用而且易于掌握，

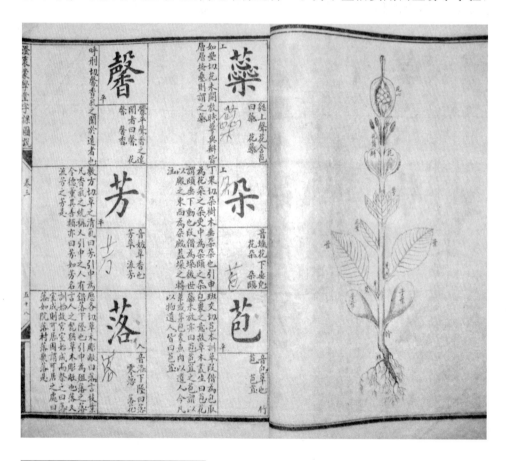

① 朱有瓛主编《中国近代学制史料·第一辑(下册)》，上海：华东师范大学出版社，1986 年版第 830 页。

该书共收世俗所通行、书牍所习见之常用字 3 000 多个，并按名字、动字、静字、状字、介字、连字、助字分类，每类之下再按天文、地理、人事和物性来分成小类。如第 1 卷天文类中前 25 字为"天、气、日、月、蚀、星、彗、孛、斗、魁、雨、露、宿、云、霞、雾、霜、雪、霰、晕、电、雷、庭、震、风"，地理类中前 25 字为"上、下、前、后、左、右、中、央、正、侧、内、外、表、里、纵、横、高、低、宇、宙、东、西、南、北、地"。又如第 3 卷以"沈"字开头表物性的字又分成不同的小类，如"沈、溺、淹、没、浑、涵、浚、注、灌、滋、润、火、焚、烧、灾、烝、炙、烹、爨、炊、烘、熏、煎、煮、熟、焦、热、燥、炽、烬、烽、炷、烈、蔬、芥、姜、菜、葱、蒜、韭、茄、苋、薇、菌、茹、茶、茗、花、瓣、萼、芽、叶、茎、蕊、朵、苞、馨、芳、落……果、樱、桃、核、杏、李、梨、榴、柿、杷、榄、荔、萄、橙、柑、橘……"这些字，分别与水、火、草、木等相关。其第 2 卷将近代才出现但学习中已常见的如"锌""锰""铂""钾"等表示化学元素的字录入。不但罗列这些常用的字，而且在解释这些字时还灌输现代科学知识和爱国观念等。如第 1 卷对"地球"的解释是："地体如球，故谓之地球。浑圆而稍扁，赤道径为长径，两极径为短径。人物附其外膜，赖地心之吸力以不坠地。地之外壳，皆为坚石，分十二层，最外则为土与水。地壳之内，烈火蕴焉，故入地愈深则愈热，而火山时有喷裂之患。"如第 1 卷对"大清"的解释是："大清者，我朝有天下之号也。土地之广，亚于俄英。人民之众，冠于列国。统属之地，中为二十二省，北为内外蒙古，西为青海西藏，物产殷阜，尤全球所艳称。"

（2）形式。1940 年，常镜海在《中国私塾蒙童所用课本之研究》一文中认为，其创意来源于古代字片、字包识字："盖私塾旧法，往往将《三字经》《百家姓》《千字文》等篇，裁剪成为字块，使儿童易记。其后上海叶澄衷于光绪年间，立有澄衷蒙学堂，该校为学生便于识字起见，连缀字块，著成《澄衷蒙学堂字课图说》一书，光绪年间出版，此二书或有渊源耶！"[①] 可见，其形式与我们在上文提到的字片、字包识字教材的性质相同，只不过《澄衷蒙学堂字课

---

① 常镜海《中国私塾蒙童所用课本之研究（下）》，《新东方》，1940 年第一卷第九期第 78—79 页。

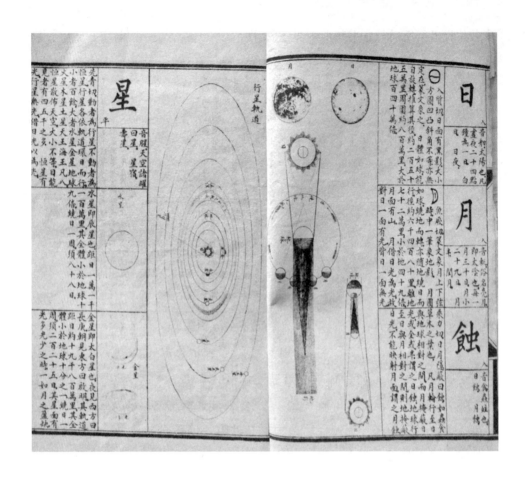

图说》是装订成册的书，而其他字片、字包等是单张盒装而已。《澄衷蒙学堂按日课程表》载："讲字之法，凡十岁以下学童，选本学堂所纂字课图说中习用之字，一依划数为次。另印理字本一种，但备四声，不详音义，各童各给一本。……令各童亦一一仿录，然后口授指划，反复详说，以各童心解洞彻为度。"[①] 为了使儿童易于识字，该书在形式上又采取了与传统字片字包不同的表现形式。一是分为二级避杂乱。3 000 多字根据字义分成初级和二级，初级字1 000多个，加圈标记；其余为次级字，概不加圈。这样识字时就可由浅入深、由易到难。二是单字组合而不机械。如上述第 1 卷地理类文字就是两两相对或相关地出现；尤其因为汉字主形，所以同一偏旁的字常呈现在一起，如上述表

---

① 朱有瓛主编《中国近代学制史料·第一辑(下册)》，上海：华东师范大学出版社，1986 年版第 847 页。

物性类的字；甚至有时以词语的形式出现，如上述"地"后即为"球"，介绍我国区域时以"大清"两字开头。这样一来，因为字之间存在意义的联系，所以辨识后记忆保持起来更持久。三是多配插图以求形象。这样就将一些含义抽象的词变得形象。这些图，或描摹于我国旧图，或取自译本西图。四是多重解说以求全面。一般先呈现不同字形，再注音、组词、释义。释义时先说本义，再释其引申、假借义，且释义时，一边解释，一边举例。如第 1 卷第 1 课中对"氣"的解释：

> 氣（气）。
>
> 音器。陰陽、呼吸为氣。天氣、氣数。
>
> 邱既切。氣乃"餼"之古字也。"雲氣"之"氣"本作"气"，今以"氣"字代"气"。
>
> 生物在天地中，如鱼在水，其所呼吸皆空氣也。静则曰"氣"，动则曰"風"。
>
> 氣无质而有质。今化学家有"养氣""淡氣""水氣""炭氣"等名。

这样一来，就可以规避传统蒙学教材往往造成儿童认识一字只知道其一形、一音、一义、一用的弊端。

这四点均充分考虑了儿童的识字心理。现在有研究者认为该书恰恰没有顾及学生的心理，尤其对释义方式提出批评，如称："《字课图说》根据我国文字语言的特点，按照学生的认识顺序，配以图画，确实不同于古代蒙养教材。缺点在于对教材的顺序及学生的年龄特征缺少顾及，且难度太大，超过学生的接受能力，难于掌握。《字课图说》的注解以《尔雅》、《说文段注》等为准。如'椅'字，告诉学生：'树之梓实而桐皮者曰椅'，取的是陆机《毛诗草木鸟兽鱼虫疏》的注。以远解近，把儿童身边的浅近事物解释得深远，不择对象，使学生如坠入云里雾中，不合教学心理。"[①] 我们认为这是对古人的苛求。虽然其

---

① 吴洪成《历史的轨迹——中国小学教育发展史》，重庆：西南师范大学出版社，2003 年版第 247 页。

释义中用了这些古书，但更多的是根据现代知识来释义的，况且其释义中还常用比喻、举例之法。如对第 1 卷"彗"的解释就和古代字书中的解释明显不同："音慧。彗俗名扫帚星。帚星，彗孛。祥岁切。帚也。又彗星为梐枪，亦称'长星'，亦谓之'孛'。彗星轨道有短长，绕日而行亦有迟速。其质轻浮如白云，其状有首有尾，多者或数尾。首常向日，尾常背日。其隐见无定时，中国指为妖星，西人则否。"如此解说其形状、原理，再配以插图，学生断不会觉得坠入云里雾中。

2.《蒙学镜》

1896 年，钟天纬在上海创办三等学堂，分为蒙馆和经馆。学堂课程有"识字""读书""讲书"和"写字"等。他编写的《蒙学镜》（又称《字义教科书》①）就是供蒙馆"识字"课所用的教科书。《蒙学镜》全套 12 册，分为字义、歌谣、寓言、故事、智慧、格言、女鉴、经余、格致、史略、文粹和词章 12个专题。该书借鉴了传统蒙学教材集中归类的观念，按现代西方语法学中的词类分法，将所选择的 3 000 字按"字"（词）性分成"实字""形容字""称谓（谓）字""动作字""发语字""帮助字""接连字""语助字"和"呼声字"九类，编成 9 章。每一章再按我国传统"蒙求"类教材的分类形式，将内容分成不同的"课"，如第一章"实字"分成"天文""时令""地理""山水""国姓""宫室""人伦"等 31 课；每课再按意义相同、相近或相对、相反呈现，如第 1课"天文"内容为："天⁻地 穹⁻苍⁻天也……乾⁻天也 坤⁻地也……日⁻太阳 月⁻亮……"第 7 课"人伦"内容为："父⁻子 母⁻父⁻……高⁻低 曾⁻祖……爹⁻谓父曰⁻ 妣⁻母死曰⁻。"② 可见，其基本内容与传统蒙学读本单调、深澳不同，因选入了一些新的事物而显得丰富、新颖。另外，其分类的方式与《百家姓》等的单一也不同，而是借鉴了西方的词类概念，显得更细致、多样；而且，并不像传统蒙学教材只呈现单字，而是对这些字进行了组词、释义。钟天纬曾在其所拟的《小学堂功课章程》中指

---

① 朱有瓛主编《中国近代学制史料·第一辑（下册）》，上海：华东师范大学出版社，1986 年版第591 页。

② 《钟天纬编〈字义教科书〉序、目录、课文举例》，朱有瓛主编《中国近代学制史料·第一辑（下册）》，上海：华东师范大学出版社，1986 年版第 591—594 页。

出："蒙馆学生已识一千余字，即可讲解文义浅近之书。已识二千余字，即可学做句子。"① 可见，其功效甚佳。

3. 绘图白话解字系列

浙江钱塘人施崇恩于1903年在杭州创办了彪蒙书室，于1905年将其迁往上海。该书室出版了一系列白话教材，其中多有新式蒙学教材，影响很大。据谭彼岸介绍，其所编新式识字蒙学教材有以下几种。一是《识字实在易全编》（又名《白话解说》）。该书初版于1904年。其特点，首先是用白话解字，如"谷：五谷的谷。稻、黍、稷、麦、菽五样叫五谷；又谷子"。又如"麦：大麦小麦的麦"。其次是配画切当。为文字配的图均"最浅最显，遇有难画的物事，这在他的用处上画出，因为画他的来历，反不容易懂了"。二是《绘图速通虚字法》。该书初版于1905年。其特点，首先是分类。把"之乎者也"等虚字归类，然后用白话解说并将其放置在句子中让学生进一步理解其用法。编者施崇恩在该书"缘起"中称："哪知道虚字里面，有实在道理呢？如今仔细想想，都均有门类可分的。我现在且立出几种名目，将一切虚字，集拢在一处，每一类先用白话做几句解说，随即举例作练习的法子，把虚字嵌在俗语里面，要小孩子练习得熟，练习熟了，遇着文法中的虚字，也自然而然能领会了，我做这种书的主义，要想十年八载，三年五载难通的虚字，并在一年半载，居然尽通……"其次是配图。"这部书把虚字分为二十五类，最珍贵的地方是他能把'虚'字用图画表示出来，使人从直观中领会虚字的使用法，真是煞费苦心之作，至于顶虚的字不能画图'只得从实字中衬托出来'。"② 茅盾在《我走过的道路》中回忆幼年求学经历时也对该书的插图大家赞赏，他说，"尤其是《速通虚字法》的插图，大大使我爱好"，"《速通虚字法》的编者和画者，实在是了不起的儿童心理学家；它的例句都能形象化，并且有鲜明的色彩。例如用'虎猛于马'这一句来说明'于'字的一种用法，同时那插图就是一只咆哮的老虎和一匹正在逃避的马；又如解释'更'字，用'此山高，彼山更高'这么一句，插图便

---

① 上海三等学堂《小学堂功课章程》，陈学恂主编《中国近代教育史教学参考资料（上册）》，北京：人民教育出版社，1986年版第299页。
② 谭彼岸《晚清的白话文运动》，武汉：湖北人民出版社，1956年版第19—20页。

是两座山头，一高一低，中间有两人在那里指手画脚，仰头赞叹"①。这两种教材都在一定程度上吸收了古代杂字书的编写方式，又采用了现代白话释义、配图示义等手法。

根据谭彼岸、茅盾等人对施崇恩所编系列新式蒙学教材的介绍、评析，我们推测张志公先生在《传统语文教育教材论——暨蒙学书目和书影》中介绍的《识字贯通法》和《文话便读》可能也是施崇恩编的且与上述教材同属一个系列，因为二者体例十分近似。张先生称《识字贯通法》把字分成"名字""活字"和"虚字"三类。每一课先列单字，次讲意义，又拼句。如"名字"类第1课②：

单字：天 地 子 西 工
　　　夫 南 瓜 片 冬

大义：积气为天，上下四旁包于地球之外。地形圆，东西通，南北皆有冰洋阻之。所生者为子。东之对面为西。造各种器物之人为工。女所嫁之人为夫。北之对面为南。或圆或扁圆或长圆，中有子，而外肉可吃者为瓜。凡物薄者谓之一片。十月十一月十二月为冬。

拼句：冬天。南瓜。工夫。
　　　片子。西瓜子。天地。

《文话便读》每课也是先列单字，次列句子，如其第1课：

---

① 中国现代文学馆编《茅盾文集（下）》，北京：华夏出版社，2000年版第201页。
② 张志公《传统语文教育教材论——暨蒙学书目和书影》，上海：上海教育出版社，1992年版第44—45页。

鸟　狗　儿　飞　叫　追　逃　小

小鸟飞。小狗叫。小儿追。小狗逃。

4.《五彩精图方字》

《教育杂志》第一年(1909)第一号刊登有商务印书馆发售的盒装《五彩精图方字》(长乐高凤谦校订、钱塘戴克敦编辑)和册订《五彩绘画看图识字》(1906)的广告，宣称此"可为家庭教育及幼稚园之用，小学校奖品用此，亦最相宜"[①]。对前者的介绍是："儿童初入塾，教以方块字，法本善也。惟无图画，儿童既苦其难；随手缮写，次序亦多不合。本馆特制方字一千装入盒中，其先后以笔画之繁简、意义之浅深、音调之难易为准，最合儿童之心理。"对后者的介绍是："此书与方字用意略同，第一册专列单字，第二册专列双字。左方图画，右方写字。其图皆取事物之习见者，其字皆取与语言相合者。虽字数无多，亦足以为儿童认字入门之用也。"其实它们就是一套活页的、一套装订的"集中识字"教材，而且因为商务印书馆曾以此为教科书呈学部审定，学部的批文是"据呈书悉查，五彩精图方字，极便初学，惟附图尚未详备，宜即补绘，作为初等小学之用"[②]。在商务印书馆创办的《教育杂志》第一年(1909)第四期插页广告"初等小学堂用书"中，《五彩精图方字》已被明确列为教科书："五彩精图方字　一盒　共一千字　附教授法　每盒八角。"可见，它不仅是教科书，还配有教法用书。从这两点可以看出，该书又曾作学校教科书。不过，其作为教科书使用的时间不长，如第五期虽改《五彩精图方字》为《学部审定五彩精图方字》，但广告用语中又将其功用改为"家庭教育及幼稚园、五六岁儿童必须之用品"。甚至在一些"暑期奖品"的广告中也将这两种教材列入。虽然民初商务印书馆仍然在出版《五彩精图方字》《五彩绘画看图识字》，但从其广告用语来看，其性质又回复成了"家庭教育之利器"[③]。我所藏《方字教授法》凡

[①]《教育杂志》第一年第三期此书广告，实物画封面有"一面有图，一面有字，儿童看图，自然识字"语。

[②] 光绪三十四年九月二十二日《商务印书馆经理候选道夏瑞芳呈书请审定禀批》，《教育杂志》，第一年(1909)第二期"附录"第17页。

[③]《教育杂志》1914年第五卷第十号广告。

例称："本编专为五六岁童子而设，专备家庭教育之用。"① 所以从总体上看，该书还是借鉴了传统字片、字包识字教材的编写方式而编成的一套新式蒙学教材。

高凤谦在《五彩精图方字教授法绪言》中称"童子识字之书，《急就篇》而后，以周兴嗣《千字文》为盛行，书虽古雅，实不适于用"，为了适用，"近年新编字书，无虑数十种，分门别类，用意比周氏为善"，不过他用此类分类字书教授五六岁的儿童仍觉不便，约有四端：

一、同类之字，一时并教，取其易记。惟义既相近，反多讹转。如"江""河""霜""露"等字，愈近愈易混。

二、字虽同类，而讲解既分难易，教授须别先后。若令初学之童，入塾数日，即苛以所难，殊觉不便。如天文门"日""月""风""云"最为易解，"虹""霓"则稍难解，"雾""霭"则更难。如身体门"耳""目""手""足"最为易解，"肺""腑"则稍难，"脉""络"则更难。

三、一字不止一义，转注、假借，因而益滋。其一字而兼数义者，若但就本义归类，而本义有非近日所习用者。如"理"之本义为"治玉"，近则习用为"道理"之"理"；"字"之本义为"乳"，近则习用为"文字"之"字"。若就本义归类，则"理""字"二字不能解为"道理""文字"矣。若互见各类，又觉太繁，其势亦不能尽。

四、童子初用脑力，骤授以繁画之字，往往见难，既为分类字书，则画之繁简，自无从分别。

所以，要对所选文字及其组织方式进行改革。那么《五彩精图方字》内容和形式到底怎样？下面，根据笔者所藏的将其全部文字收录其中的《方字教授法》来对其作一初步分析。

---

① 该书版权页出版年月被人用刀刮去只剩"初版""十八版"字样，旁一方框内文字为"前清宣统三年二月二十八日禀部注四册四月十四日领到著字第三十一号执照"，可见笔者所藏应该是民初的重印本，而该书初版准印执照是 1911 年，对照上述广告称 1909 年就有教授法，可以推测该教授法可能在送审前已私自出版，因为教授法的绪言落款为"光绪三十二年丙午九月"，即写于 1906 年。

（1）内容。其凡例称"本编所选各字，均甚浅明"，"本编所选之字，皆就通用习用者录之，其次序以浅深为先后"。"第一包第二包所选各字，皆言文一致，儿童一习其音，即知其义，不烦讲解而明者。第三包第四包，虽非言文一致之字，然其意义，皆儿童目所常见、耳所常闻、口所常道，一讲即明，不必曲折譬喻。第五包以下之字，虽非儿童所常见常闻常道者，然必求其可以讲解而明，以次列入，其不能讲解之字，虽甚习用，概不录入（语助辞等字，不能单字讲解，故从省）。"如第一包所选文字是"天、地、人、井、山、水、田、池、门、皮、手、毛、米、瓜、豆、花、风、雨、烟、火、泥、瓦、床、叉、布、刀、字、光、我、你、他、姊、妹、狗、牛、羊、青、大、小、多、少、方、尖、走、坐、吐、抱、打、来、去"，第三包所选文字是"日、月、雷、雪、江、石、沙、岸、骨、肉、舌、牙、男、女、松、李、杏、荷、木、叶、板、衣、袍、袖、袋、粥、糕、丸、珠、玉、针、升、弓、纸、砚、杯、冰、老、穿、见、吹、抬、跪、立、用、一、二、上、下、黄"，第五包所选文字为"兄、目、足、肩、嘴、胸、壶、包、几、糖、碗、斧、毯、墨、竿、旗、灯、箭、鞋、衫、刷、树、柴、波、巷、坟、金、土、庙、楼、席、兵、猫、虾、葱、柏、拿、洗、加、怕、说、行、写、甜、酸、苦、六、七、八、九"。确实如其凡例所言，兹不赘述。

（2）形式。高凤谦在上述绪言中称，1906 年之前曾"日书数字"教授儿童，"颇觉简便易行"，在戴克敦的建议下，二人始"商榷体例，选择文字"，编辑而成。凡例称"本编一千字，分二十包，包各五十字"，"用纸制方盒收藏方字，以免散失。盒中另备石版一方，石笔一枚，为儿童习字之用"。可见，该书借鉴了传统字片、字包的创意，使其可整可散，使用方便。同时，又借鉴了现代教科书的做法。一是笔画由简到繁，由言文一致到言文稍离，使辨识由易到难。其凡例称："本编不分门类，其次序之先后，以解识之难易为断。"二是联字练习。其凡例称："儿童久习单字，颇乏兴味。本编特将每包可联之字，悉为联缀，以启儿童之悟性，且可为温习之助。"将文字放置在词语（甚至短句）中让儿童辨识，既可以让其知道单字在不同语境中的不同意义和用法，又可巩固此前已识之字。如第一包中的"联字"为"我坐、他来、你去、大雨、小羊、人手、牛皮、米多、花少、方布、尖刀、打狗、火光、人走、井泥、池水、瓜田、豆花"等18个单词或短语。三是有图有字，以图释义。其凡例称"儿童性喜图画，本编特绘画图三百余方，中有一百五十方为五彩精图，以引起儿童兴趣"，只是"穿凿牵强之图，概不采用"，且"身体各图，分析绘画，颇难明瞭，本编概不收入，教者可就儿童身上指点，较为亲切"。如第一包50字中在字旁下标明"图"的有"井、池、门、烟、瓦、床、叉、布、刀、方、尖"，标明"彩图"的有"山、田、瓜、豆、狗、牛、羊、青"，其他字则未标，大概是因为编者觉得这些未标的字，若以图出之，则或穿凿牵强，或难以明了。①

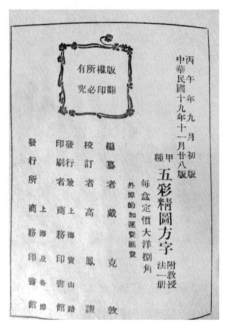

　　这种方字杂字教材有些一直沿用到20世纪20年代。如1924年何仲英对传统集中识字教学策略提出批评时曾说道："商务印书馆也印了各种字块，一直到现在还是用的光绪三十二年戴克敦编的二十包五彩方字块，销路很大。试问这些字凭何标准得来？离开读本，光认识若干单字，究竟有用没有用？恐怕稍有经验的人没有不觉得字块的功效异常薄弱了。"② 1913年第五卷第三号《教

① 张树年主编《张元济年谱》（北京：商务印书馆，1991年版第75页）载，1908年1月，"商务印书馆出版由先生手书之《学部审定五彩精图方字》，共一千字，附教授法。部分方字背面分别用红、黄、绿、紫色印刷字义图。盒装，每盒附有正方形铁皮板一块，可插上四张方字（实物）"。
② 何仲英《国语词教学法》，《教育杂志》，1924年第十六卷第一号第2页。

育杂志》刊登有署名"高凤谦戴克敦"编的《五彩精图方字》和《五彩绘画看图识字》的广告，广告用语是二书清末广告的缩略。前者的广告称："笔画由简而繁，意义由浅而深，最合儿童心理。图画三百方中，有彩图百五十方，美丽绝伦。盒中有教授法，将读法写法联字造句法，详为条列，最便教者。另附纸版石笔以供习字。"后者的广告称："此与方字用意略同，上册专列单字，下册专列双字，左方画图，右方写字，儿童见其图即识其字。"前述1906年9月戴克敦编、高凤谦校订的商务印书馆出版的与《五彩精图方字》配套的《方字教授法》（内页第一行是"五彩精图方字教授法绪言"）于1930年11月重印至28版。又如，1934年鲁迅曾"到市上去，给孩子买来的是民国二十一年十一月印行的'国难后第六版'的《看图识字》"。据他考证，这本1932年翻印的书初版于1908年，其"纸张，图画，色彩，印订，都远不及别国"，且就图画的内容来看，因为是"一部古籍"而显得"奄奄无生气①"。民初新编的这类教材仍不时出现，甚至1921年中华书局还出版过《五彩国音方字》等。可见，这类教材的影响力之大、生命力之强。

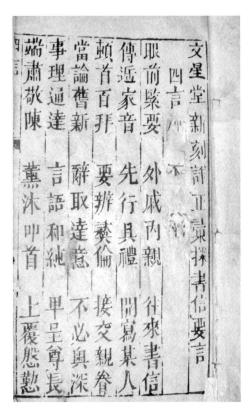

四、形式传统、内容传统型蒙学教材

晚清，还出版了内容和形式均与传统蒙学教材近似的新式蒙学教材。目前笔者所见有《书信要言》和《最新绘图幼学杂字》。

---

① 鲁迅《看图识字》，《鲁迅全集（第六卷）》，北京：人民文学出版社，2005年版第36—37页。

(一)《书信要言》

晚清，徽州刻坊出版有《文星堂新刻详正汇采书信要言》一书。王振忠、王娜在《作为启蒙读物的徽州书信活套——刊本〈汪大盛新刻详正汇采书信要言〉》[①] 一文中介绍了清末徽州出版的《汪大盛新刻详正汇采书信要言》。比照该文摘引该书的文字，发现该书与笔者在屯溪购藏的《文星堂新刻详正汇采书信要言》的正文内容完全相同，只是二者名称中有"汪大盛"和"文星堂"之别，二者可能分别出自两家刻坊，也可能出自一家刻坊，只不过一本标的是主人或作者的姓名，一本标注的是刻坊的名称；王文称《汪大盛新刻详正汇采书信要言》中"有些文字的旁边还注有读音"，笔者所藏的《文星堂新刻详正汇采书信要言》也有，如"辜"旁注"孤"、"另"旁注"令"。该书出版年月不详，笔者所藏本后加封面上有毛笔书写"書信要言 學生 進财读本"字样，可见其曾作为学生读本使用。

1. 内容

该书最末 6 句为"是为活套 简切粗浅 一字之差 千里之远 随时酌用 学者自勉"，其中"活套"一词，指明这是一本供学习写信者套用的书。所以，其和前述《新订蒙学课本》以便函实例作为课文不同，和《蒙学读本全书》虽然介绍其写作要求和方法但以短文的形式予以介绍也不同。该书开头便总述写信的基本要求："眼前紧要 外戚内亲 往来书信 传递家音 先行具礼 开写某人 顿首百拜 要辨彝伦 接交亲眷 当论旧新 辞取达意 不必奥深 事理通达 言语和纯 毕呈尊长 端肃敬陈 熏沐叩首 上覆殷勤 简牍启札 奉答凛申 誊写字样 务要楷真 语言得当 莫切虚因 称呼名分 轻重相从。"然后介绍针对不同对象所用的称呼用语及信的基本内容(要求、用词)，如对尊长："父母称亲 伯叔母舅 兄长姆婶 嫂姑姨姐 长我称尊 第侄甥婿 称贤而敦 座前膝下 先叙寒温 别违几载 不赘浮文 思慕瞻仰 无间晨昏 朝夕昼夜 忧虑常存 心在左右 寝食不宁 动止纳福 喜慰满门 顺时

---

① 王振忠、王娜《作为启蒙读物的徽州书信活套——刊本〈汪大盛新刻详正汇采书信要言〉》，《安徽史学》，2007 年第 3 期第 77—84 页。

将息 调护自珍 保重身体 切勿劳神。"
再介绍针对不同对象、不同事物所要
使用的不同的常用语，如"结礅砖灰
抗抬石砑 必要坚牢 子媳心安 魂灵妥
帖 福厚禄宽 儿孙昌盛 夫妇团圆"，又
如"儿女婚姻 及时要娶 托人去说 讲
送日子 须议定夺 省得费嘴"，如果亲
家毁约或乱提条件，则写"此等亲家
行移经纪 忘义辜恩 不顾行止 只识贪
财 忒无廉耻 不念亲情"等。然后是
交代结束落款时的不同用语，如"子
在客中 寄信与母 其礼寻常 愚男某名
百拜上书 不须喽喽 母亲膝下 座前亦
可 谨慎当知 字眼莫巧 拜别之后 同父
一夥 托天平安 勿劳虑我 切计母亲 家

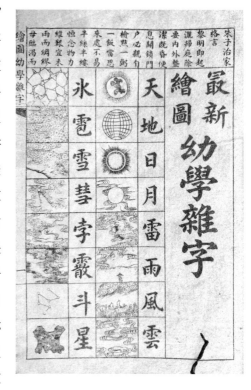

中安妥 日夜挂心 只在左右 保重尊躯 免伤饥饱"等。在介绍完书信的基本写法
后，再交代封皮格式书写和收发注意事项等："封皮格式 不可潦草 必要功书 内
信一道 敢烦顺车 稍带某处 某府州县 望付某人 亲手收开 幸勿沉滞 感感不浅 再
于背面 亦要捡点。"

2. 形式

该书采用传统蒙学读物常用的四言韵语的形式来写书信写作问题，其中关
于书信的内容介绍完整且实用，用语简明而易懂；四言一句，韵语相押，读起
来朗朗上口，有趣而易记。

（二）《最新绘图幼学杂字》

《最新绘图幼学杂字》系笔者购买于安徽徽州屯溪的一本新式教材。其第1
页有"天、地、日、月、雷、雨、风、云、冰、雹、雪、彗、孛、霰、斗、
星"16个字，第2页有"太极、银汉、日蚀、月晕、闪电、虹霓、江、山、

水、石、路、井、墙、城、洞、峰、崖、港、田、墓、园、林、楼、台"30个字,每个字(或词)旁边配图一幅。将其与张志公先生在《传统语文教育教材论》呈现的蒙学书影中的图片比照,我们发现其文字内容与先生所藏元代的《新编对相四言杂字》的开头"天、云、雷、雨、日、月、斗、星、江、山、水、石、路、井、墙、城"及明代的《魁本对相四言杂字》开头"天、云、雷、雨、日、月、星、斗"相似,每字配图的做法也与这两者的"对相"(相者,图也)做法相似。① 张志公先生曾著专文《试谈〈新编对相四言〉的来龙去脉》(1977年发表,1990年补订),考证了《新编对相四言杂字》的源流。在文章结束处,他梳理了该书流传的脉络:"现在可以大体上考订出这个识字课本的世系,如下:南宋祖本——元初《新编》——明初《魁本》——晚清《魁本》——清末坊本《幼学杂字》。"② 这本《最新绘图幼学杂字》应该是晚清徽州坊间刻本,因为虽然乍一看其配图中呈现的是古代的人、物形象,但竟然在"地"字旁配的是画上经纬线的地球,在"刷牙"旁配了一幅牙刷图片;虽然整本书几百幅图中只有这两幅是现代的,但足以说明它不是古代的。下面对其内容和形式作一简要分析。

1. 内容

该书主体部分大致可为天文("天、地、日、月")、地理("水、石、路、井")、历史("伏羲氏、女娲氏")、神怪("观音、罗汉")、人称("天子、皇后")、身体("头、面、口、齿")、服饰("冠、巾、盔、帽")、配饰配件("耳挖、擎簪、耳环、钮扣""拂尘、云帚、缨珞、宝座")、用物("纸、墨、笔、砚")、武器("弓、弩、铳、炮")、乐器("笙、箫、管、笛")、卧居("梳、篦、镜、刷")、度量("秤、尺、升、斗")、器皿("杯、盘、碗、盏")、用材("砖、瓦、土、石")、坐具("桌、椅、几、凳")、木工用具("钳、钻、锯、凿")、农

① 张志公《传统语文教育教材论——暨蒙学书目和书影》,上海:上海教育出版社,1992年版第238—239页。
② 张志公《传统语文教育教材论——暨蒙学书目和书影》,上海:上海教育出版社,1992年版第189页。

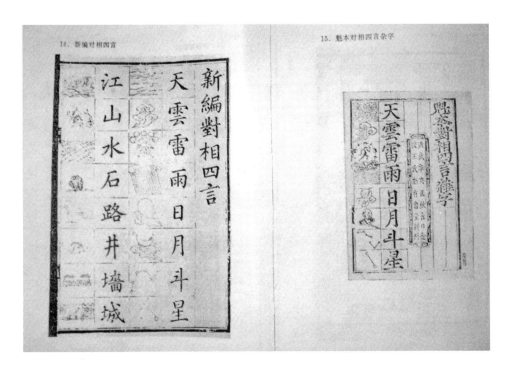

具("锹、锄、犁、耙")、交通用具("轿、船、桅、跳①")、杂货("灯台、蜡扦")、木工用具("刨子、墨斗")、米场用具("糊刷、笤帚、钉爬、叉羊")、鱼类("乌贼、河鲀")和昆虫("蜻蜓、蝴蝶")等24类。每类之中的其他字就如我们列举的其前几个字一样,是各行各业、日常生活中常见常用之普通字。像前述古代杂字书一样,其用字注重"实用"和"通俗"。其内容和古代杂字书不同之处是在正文之上设置了一专栏,专栏内容用小字呈现,为《朱子治家格言》和《尺牍通用要语》。如前者开头写道:"黎明即起,洒扫庭除。要内外整,洁既昏便。"然后写节俭持家、妯娌相处、尊祖教子、戒淫戒色等生活戒律。虽然均为封建伦理纲常,但确是当时社会人人要遵从的。后者即分为"注脚称呼""抬头称呼""起居""阔别""失候""欣慰""自述""恃爱""干渎""复书思慕""回示""候示""复候""十二月""日令"、敬称和自称等17类书信用语。每类下又常分小类,如"注脚称呼":"用尊长:'台前台下'、'座右座前'、'侍右侍下';用平交:'足下阁下';用父母:'膝前膝下';用相知:

---

① 跳板。

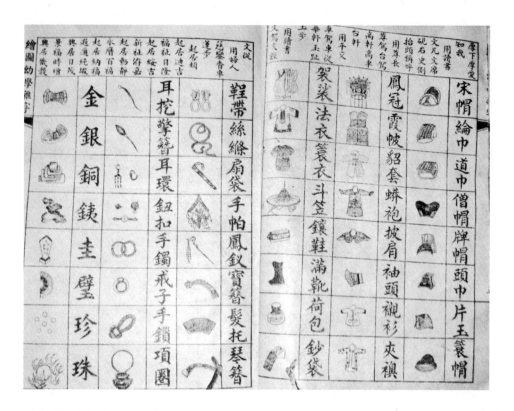

'厚下厚爱知我'；用读书：'文几文席'、'砚右史侧'。"正文之后，又附有
"干支五行"配置的歌谣《六十甲子纳音表》："甲子乙丑海中金，丙寅丁卯炉
中火，戊辰己巳大林木，庚午辛未路傍土。壬申癸酉剑锋金，甲戌乙亥山头
火，丙子丁卯涧下水，戊寅己卯城头土。庚辰辛巳白蜡金，壬午癸未杨柳木，
甲申乙酉泉中水，丙戌丁亥屋上土⋯⋯"这三项附加的内容，也是生活中常见
常用的。实际上，这三者可以独立成三本其他类型的蒙书。

2. 形式

该书和传统杂字书相同的是采用文左图右①、四言韵语的形式，不同之处

---

① 其祖本《对相四言》被称为现存最早的中国儿童读物。阿瑟·W.汉梅尔曾在 1946 年第 2 卷第
3 期的《国会图书馆馆藏季刊》中撰文介绍《新编对相四言》，指出此书不仅在中国是最早的配
图儿童初级读物，而且比夸美纽斯(Comenius)于 1658 年出版的西方第一本配图儿童读物——
《看得见的世界》(*The Visible World*)早了一个多世纪。中国还有比此书更早的儿童读物，但全
都没有图画。（司琦《小学教科书发展史——小学教科书纸上博物馆》，台北：华泰文化事业股
份有限公司，2005 年版第 157 页）

有两点。（1）出现了一些"词语"，或者说整本书以"词"而非字为单位来表述。虽然有些是以单字的形式出现的，但这些"字"本身就是"词"。（2）一体多书。从书名及文字主体部分来看，这是一本用于识字的杂字书，但又添加了训育思想、介绍干支和写作等知识的蒙书。这种一体多书的形式也使其变得一体多用，显得十分别致。

五、古今兼采、中西合璧型蒙学教材

随着时间的发展和中外交往的频繁，在古与今、中与西的碰撞之中，出现了交融的趋势，这时一种古今兼采、中西合璧型的新式蒙学教材出现了。

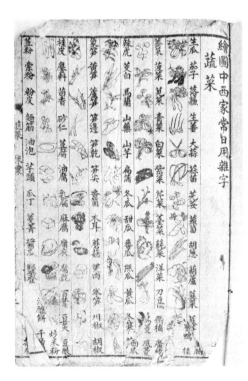

（一）《蒙学书报》之"识字法"

前文说过，1897年汪锺霖等创办《蒙学报》，后更名为《蒙学书报》。汪锺霖称，其花费了大量金钱和时间编译成此丛书，"按期印入蒙学报内"。其中就有试图做到东西合璧的蒙学课本，如作为5—8岁儿童阅读的《蒙学书报》的上编中的识字法部分，基本上采用的是单字集中的编写方式，不同之处在于单字下附英语单词，后附"文话"（文言）、"白话"解说字义，再附图画以显直观[①]：

	文话	白话	
池 Pool	池乃人功掘地砌成者。形式有方圆之不同。中蓄水或种花或蓄鱼。	池子是人雇了工匠把地皮挖空砌造出来的。池的样式有方有圆。池中间存水，为种花养鱼用。	（图）

如此兼采，可谓不古不今，亦古亦今；不中不西，亦中亦西。

（二）中西绘图杂字

1.《绘图中西家常日用杂字》

笔者曾于江苏南通购得一本新式教材《绘图中西家常日用杂字》。[②] 其和《最新绘图幼学杂字》性质相同，也是仿照古代杂字书而编的教材。但是，不同的是，如其书名标示的那样兼具"中西"两重色彩，相当于一本"双语"教材。

（1）内容

该书前半部分收录的是中国人的家常日用杂字，后半部分收录的是西方的常用单词。前半部分分为蔬菜、米粟、果品、饼饵、茶食、肉食、鱼菜、冠服、妆饰、绸绢、珍宝、颜料、宫室、家用什物、燕居什物、米行什物、匠作什物、田器、织具、酒具、船具、渔具、天文、时令、文具、武备、乐器、玩具、地舆、人伦、容体、兽类、禽鸟、水族、虫豸、树木、花卉和草类，共38"类"。这些都是日用常见的杂字，其中是当时人所用的，如"蔬菜"类中的"生瓜、茄子"，"米粟"类中的"粳米、糯米"；也有多古代常用的，如"武备"中所列全为诸如"得胜盔、龙虎旗、流星槌、狼牙棒"之类的传统兵器，

---

① 郑国民《从文言文教学到白话文教学》，北京：北京师范大学出版社，2000年版第84页。
② 其下半西洋部分五金类货币只有"大英金钱""澳国金钱"以及清末我国使用的"纹银""一锭银""碎银""磅银""关平银"和"上海规银"等，并没有出现中华民国使用的货币名称，所以此书应该编于清末中英通商之后。

乐器中也都是诸如"钟鼓、琴瑟、笙箫、管笛"之类的民族乐器，"天文"开头便是"青天、苍穹、碧霄、红日"，"人伦"开头便是"君上、帝王、天子、太子"。当然有时也在一类文字呈现完后作一点中西对比，如"蔬菜"类后写道："荤臭菜也，通谓'芸、苔、椿、韭、阿魏'之属。西方以大蒜、小蒜、兴渠、慈蒜、茖葱为'五荤'。道家以韭蒜、芸苔、茖葱、胡荽、韭为荤。"后半部分标题为《日用英语指南》，分为各国镇头、天地、食用、禽兽、花草竹木、进口货、出口货、五金、秤尺什件、税捐、一字语，共11"门"。这些门中呈现的自然多是西方的事物用语，当然也有中国本土的。如"食用"门中有"蛋糕""肥皂""螺丝钻"，也有"生姜""蜜枣""砖头"，"进口货物"门中既有"假金线""宽紧带"，也有"西洋参""写字盒"；出口门中既有"虎皮""干姜"，也有"牛角""菜油"，"五金"门既有"大英金钱""奥国金钱"，也有"纹银""碎银"。之所以中西兼采，目的是方便和外国人打交道。

（2）形式

该书上半部分采用传统的文字分类、字图相配的方式，不过其配图方式和此前的"对相杂字""绘图杂字"每字（词）均配图稍有不同，有时只对一些更重要、常见的物件配图，可能因为其在读写中更常用。和古代"对相杂字"以"字"为单位不同，该书以"词"为单位；和上述"绘图杂字"中的"词"有时以单字形式出现不同，该书的"词"是由两个及以上的字组成。所以，上卷的形式兼具古今，下卷的形式则集合了中西。每个词的呈现，上为中文，中为英文单词，下用汉字注音，如"中国 China 采纳""荷兰 Dutch 踏痴""天 Heaven sky 海文司盖""地 Land 蓝特""柴 Firewood 反鞋胡脱""炭 Charcoal 擦可而"，等等。这些以汉注英的标音方法很别致，如同传统的反切法，读起来饶有趣味。

2.《绘图洋务日用杂字》

笔者曾于安徽屯溪购得一本新式识字教材《绘图洋务日用杂字》。[①] 虽然因

---

① 2011 年 11 月 23 日购于安徽屯溪，封面封底残缺，无法判断出版者及出版年月。

为其封面、封底残缺而无法判断其具体的出版者及出版年月，但题名中的"洋务"二字及内容中出现"大清国"等标明其为晚清教材，且是为供通商时与洋人打交道而编的。

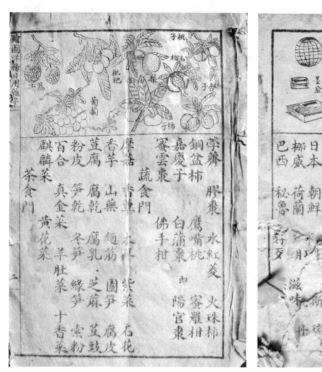
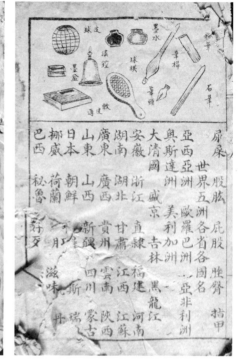

（1）内容

残本共分水果、蔬食、茶食、鱼肉、鸟兽、酒筵什物、家用什物、米行什物、麻柴、酒作、纺织、农具、衣服、首饰珍宝、绫绢绸缎纱罗、染色、兵乐军器、船载、房舍、花木、货物、人物、杂务、身体等24"门"及世界五洲各省各国名。和《绘图中西家常日用杂字》近似的是，涉及中国的杂字仍显古旧，如兵乐军器门中的乐器为堂鼓、喇叭、唢呐、响盏、笙箫、月琴、琵琶等民族乐器，军器为弓箭、钺斧、炮杖、铁盔、钢刀、虎头牌、飞虎旗、青锋剑、顺月刀、鸟嘴铳、弓箭袋、金瓜锤、方天戟、苦竹枪等传统兵器。当然也显示出中西合璧的特色，如人物门为"帝后、嫔妃、王侯、君臣、将相、卿宰、官吏、儒士、师宾、渔樵、农商、医士、工匠、神佛、僧道、鬼判、朋友、亲邻、军民、爹娘、祖孙、公婆、父子、伯叔、兄

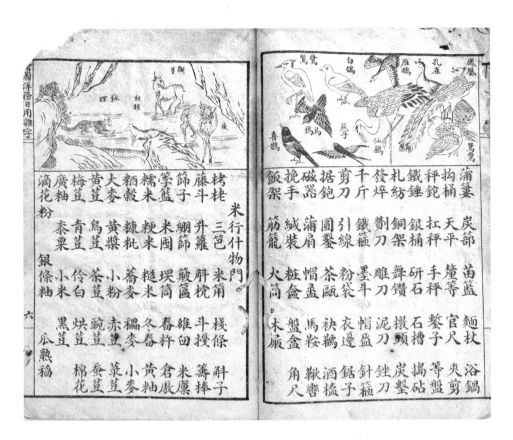

弟、哥嫂、媳妇、孩童、婶侄、岳丈、娘舅、姑姨、女婿、外甥、妻妾、仆婢、表亲、店官、伙计、坐贾、客人、主家、经理、总管、司阍",其中"经理""总管"肯定是晚近通商以后从西方传入的新名词。又如世界五洲各省各国名将各大洲、国内各省、世界各国名称混编在一起:"亚细亚洲、欧罗巴洲、亚非利洲、奥斯达洲、美利加洲。大清国、盛京、吉林、黑龙江、安徽、浙江、直隶、福建、河南、湖南、湖北、甘肃、江西、江苏、广东、广西、贵州、云南、陕西、山东、山西、新疆、四川、蒙古、日本、朝鲜、暹罗、俄罗斯、瑞典、挪威、荷兰、□□、□□、丹□、巴西、秘鲁、□□、□□、□□。"

（2）形式

该书和《绘图中西家常日用杂字》一样,采用的是传统的文字分类、字图相配的方式,同样其配图方式、文字形式等和此前的"对相杂字""绘图杂字"等不相同。和《绘图中西家常日用杂字》不同的是,图文往往不在同一页上,如花木门上半页面的图属于出现在其前三页的兵乐军器门类的物件，而花木门内的花木图则占据了货物门的一半及人物、杂务两门上半页面。

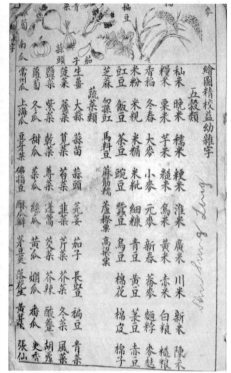

3.《中西绘图益幼杂字》

《中西绘图益幼杂字》（内页称《绘图精校益幼杂字》）一册，封面标"铸记书局印行"，出版年月不详。不过据其后附《历代帝王总记》最后一句为"中华民国万万年"来看，应该是至少出版于民初。我所藏该书至《历代帝王总记》和《算法小九数》（九九乘法表），无封底，不知是否还有像上述《绘图中西家常日用杂字》那样后半是西文。该书杂字分为五谷、蔬菜、果品、茶食、糖、素菜、荤菜、烹调、柴草、香烛纸马、茶酒（附酒作具）、杂货、绸绫绢缎布、颜色、衣服、鞋袜帽领、裁缝、天文、地理（附天干、地支）、时令（附二十四气）、身体、人物、人事、宫室（附屋料装修）、庭堂用物、书房用物、闺房用物、厨房用物、农家用物、僧道用物、钱庄用物、首饰珍宝、禽、兽、畜、虫、花、树、草、竹、士、农、工、商、舟楫、妇道、文官（附人事）、文[①]武官（附武事器用）、吏役（附人事）、丧具和各省地名 51 类。每类文字以词语的形式出现，采用传统的上图下文的方式呈现。

---

① 此类中的"文"字疑为衍字，当删除。

第三章　新式蒙学教材变形消亡与现代小学教科书兴起

于是时也，非有适用之书，则教者学者，均将大受其窘。近来新编训蒙各书，非无可取，然施诸实用，尚多窒碍[1]。

——蒋维乔、庄俞《〈最新国文教科书〉编辑大意》（1904）

"一个社会如何选择、分类、分配、传递和评价它认为具有公共性的知识，反映了权力的分配和社会控制的原则。"[2] "教科书不仅仅是'事实'的'传输系统'，它还是政治、经济、文化活动、斗争及相互妥协等共同作用的结果。教科书是真正由人们根据自己的真实兴趣构思、设计和创作出来的。它的出版发行受到政治和经济领域中市场、资源、权力等因素的制约。"[3] 教科书无疑是相当重要的"公共性的知识"的载体，其内容和形式应该如何"构思、设计和创作"，也必然反映出不同阶层或团体的权力分配比例和社会控制方式。不过，权力的取得既可以凭借专业知识，也可以通过行政身份，这两者常常相互斗争，又可能相互妥协而互相倚重。现代学制确立以后，民间出版团体及学者与教育行政官员之间的关系则属于后者。而体现这种知识与权力之间的控制与反

---

[1] 蒋维乔、庄俞编《初等小学用最新国文教科书》，上海：商务印书馆，光绪三十年十二月版第 1 页。

[2] 麦克·F·D·杨主编《知识与控制——教育社会学新探》，谢维和、朱旭东译，上海：华东师范大学出版社，2002 年版第 61 页。

[3] M. 阿普尔、L. 克丽斯蒂安-史密斯主编《教科书政治学》，侯定凯译，上海：华东师范大学出版社，2005 年版第 2 页。

控制的基本机制就是确立教科书的编写和审查制度。正是这种制度的建立，使得新式蒙学教材中的革命式的新式蒙学教材转换变形为教科书，而改良式的新式蒙学教材因在审定时遭弃、蛰伏，乃至走向消亡。

一、现代教科书编写、审定制度的确立

1913 年，江梦梅在《论现行教科书制度及前清制度之比较》一文中指出，当时各国所行之制度大致有二：国家编辑与国家不编辑。国家编辑又分为两种：一是国定制，即强制学校必须采用国家编定的教科书，不准采用其他种类的教科书；二是模范制，即国家虽然编写教科书，但是采用与否，听凭学校，不加强制。国家不编辑分为三种：一是自由制，任民间自由编辑，学校自由采用，国家基本不过问；二是国家审定制，国家设置一机构，审查民间出版之教科书，只有审定合格的，才允许学校采用；三是教育会审查制度，即由各地教育会审查各种教科书，将合格者提供其所在地的学校选用。[①] 可见，就"编"来说，有国编与民编之分；就"审"来说，也应该有国审和民审之别。但在我国清末民国期间，审查机构均属官方，而没有专门的非官方的教材审查机构，所以不存在民审的问题。也就是说，我国清末民国时期的教科书编审制度可能存在自由制（编印、使用都由民间自行决定，无须通过官方审查）、国定制（由国家组织专门的教科书编写部门负责编写，由专门机构审查通过后印行，各地统一使用，其他各出版机构、社会组织团体、教育行政机关、学校或个人不得私自编印教材，各地也不得私自

---

① 江梦梅《论现行教科书制度及前清制度之比较》，《中华教育界》，民国二年(1913)一月号第14—15 页。

采用其他教材)、模范制(国编与民编结合，均需通过官方审查)、审定制(国家教育主管部门不主编教科书，而是颁布课程标准，由各出版机构、社会组织团体、教育行政机关、学校或个人遵照课程标准对教材的相关规定编辑，依照一定的程序呈送教育部门审查，通过后则准印发行，由各地选用)等四种。从这个角度来说，认为某一学科教科书的编审制度在某一阶段存在"'国定制''审定制'并行"，在逻辑上是说不通的。[①] 从整体来看，确实同时存在有些学科的教科书(如修身、历史、国文等)采用的国定制而其他学科的教科书采用的是审定制(数学、物理、化学等)。只能说某一阶段存在民编、官编并行但均经官审的"模范制"，当然，所谓的"模范制"更多的时候是政府用作实行国定制的幌子，是过渡时期实行的一种制度。

(一) 自由制(1904 年及以前)

1902 年《钦定学堂章程》颁布但并没有实行，1904 年 1 月《奏定学堂章程》颁布并且实行。"学堂章程"中设置了许多学科，除"读经""读经讲经"科外，并没有规定相应的教科书，学部也没有立即编出相应的教科书。1904 年 2 月商务印书馆编辑的《最新国文教科书》等已编成并准备出版。《奏定学堂章程》的颁布与《最新国文教科书》的广告的刊出相隔不过一个月，按常理，教科书的编写并非一朝之工，需要长时间的"打磨"，所以说初等小学用《最新国文教科书》是根据《奏定学堂章程》编写的可能性不大。据初等小学用《最新国文教科书》的主要编写者之一的蒋维乔回忆，1901 年商务印书馆总经理夏瑞芳仿效别的书局翻译东西书籍，结果因译稿欠佳、书本销售遇挫，后由与商务印书馆有业务往来的张元济推荐，1902 年聘蔡元培为编译所所长，"依蔡之计画，决议改变方针，从事编辑教科书"，"由蔡元培先定国文、历史、地理三种教科书之编纂体例，聘爱国学社之国文史地教员任之，蒋维乔任国文，吴丹初任历史，地理……半年之间，《蒙学课本》(当时尚未称《最新教科书》)初稿十册告竣；地理、算学亦将成书；另有姚祖晋所编之历史，亦告成一半。是年之

---

① 彭尔佳、康林益《我国教科书百年回眸——教科书编审制度的演变》，《河北师范大学学报》（教育科学版），2008 年第 10 卷第 2 期第 14 页。

冬，聘高凤谦为国文部主任，采合议制，先定编辑之根本计画，依此计画，审查已编成之《蒙学课本》，乃完全不适用。于是由原编辑人重新着手起稿，是为《最新教科书》产生之始。……此书正在编辑中，而清廷已颁布学堂章程，乃定名为《最新国文教科书》，分初等小学堂用者十册，高等小学堂用者八册"①。此处的"学堂章程"应该是《奏定学堂章程》，可见《最新国文教科书》的编写早于《奏定学堂章程》的颁布，此书出版只不过乘《奏定学堂章程》颁布之势，而并没受此多少影响，其实不仅没受此多少影响而且编者还抵制该章程。蒋维乔在当时的日记中载："因京师大学堂新定章程，所定小学科全然谬戾，不合教育公理。而商务印书馆资本家为谋利起见，颇有强从之意。而张菊翁、高梦翁及余等均不愿遵之。"② 要说有影响，也只是按《奏定学堂章程》设定的学制分为初等小学和高等小学而已，况且按学科编写的"国文"教科书从章程中却找不到名称相应的学科。所以，直至 1904 年底，实行的都是自由制。

(二) 模范制(1905—1911 年)

1902 年，张百熙奏请编写国定教科书，因为西方各国无论蒙学、普通学、专门学，都有国定本教科书，所以要改革教育，应由学部慎选学问渊通、心术纯正之材从事编辑，编成之后再请颁发各省学堂使用。③ 同年，罗振玉带领吴汝纶等赴日本考察。也是在这一年，京师大学堂成立编书处，之后学部成立编译局，都试图编写教科书。④ 同时，其编审制度试图模仿日本而实行"国

---

① 蒋维乔《编辑小学教科书之回忆》，商务印书馆《出版周刊》，1935 年新一百五十六号第 9—10 页。
② 蒋维乔写于一九〇三年农历十二月十四日。转引自汪家熔《近代出版人的文化追求》，南宁：广西教育出版社，2003 年版第 157 页。"张菊翁"即张元济(字菊生)、"高梦翁"指高梦旦(字凤谦)。另，汪家熔在引述此条日记后称："清廷公布的学制、科目适应科举需要，没有最关实用的语文，并不符合广大民众的心意。张元济、蒋维乔等并不从清政府不合理的规定出发，首先编辑出版了'初小国文教科书'第一册，正是符合了民众摈弃科举的要求，所以极受大家欢迎。"这种说法不太妥当，其实章程中已有现代"语文"学科，只不过以"学科群"的形式出现，而且其学制及科目的设置都是不同于以往的科举传统教育，而是现代的学制和科目，所以并不能说"清廷公布的学制、科目适应科举需要"，反对的最主要原因可能是其中规定的教材有"四书""五经"等科举时代的教材。
③ 郑鹤声《三十年来中央政府对于编审教科图书之检讨》，《教育杂志》，1935 年第二十五卷第七号第 3 页。
④《管学大臣奏拟京师大学堂章程》，《教育世界》，第三十七期。

定制"①。不过作为实行"国定制"的过渡，学部允许民间编印教科书，但需要通过学部的审查。1906 年学部颁行了《通行第一次审定初等小学暂用书目文》。1907 年颁布《第一次审定高等小学暂用书目凡例》。所审定书目均是学部所编教科书未出以前的各家著述，经先行审定以备各学堂之用。② 学部要求科目须以奏定章程为准，并送学部审查，审查通过后使用有效期为五年，送审的教科书应标明著者姓名、出版年月、价值、印刷所、发行所等项内容，通过后出版时可在书中标明"学部审定"字样，等等。同时，公布了经学部审定的 46 种 103 册初等小学教科书，30 种 79 册高等小学教科书名称。但学部自身直至 1907 年才编写出国定的《初小国文教科书》《修身教科书》，因为人力有限，自身编、印的教科书质量不佳，第 1 册出版后，受到抨击。所以，1905—1911 年虽然清政府希望实行"国定制"，但实际上实行的是民编官审、官编官审并行的模范制。

(三) 审定制(1912—1937 年)

1912 年，民国临时政府成立，临时教育部宣布实行"审定制"，要求废止使用清学部教科书，并要求各书局重新编印教科书。如 1912 年 3 月教育部通令禁用前清各书，认为"前清各书，有碍民国精神，暨非各学校应授之科，自宜一律废止。此外关于前清御批等书，一律禁止滥用"③。5 月，教育部又公布了《审定教科图书暂行章程》。袁世凯窃取民国政权之后，为了复辟帝制，北洋政府加强对全国的控制，试图实行"国定制"。1914 年 1 月，北洋政府教育部颁布《修正审定教科用图书规程》。④ 4 月袁世凯公布的《维持学校令》试图推行国定制，强调"编订教科书，尤贵宗旨正大，以免分歧"⑤。12 月，颁布了《整理教育方案草案》，该草案规定高等小学、中学、师范可选用由各书局编写、经审定的教科书，"初等小学校教科书，于一定期限内，国定制与审定

① "吾国自变法以来，每举一事，动曰外国如何，而所谓外国者，大率皆指日本，一若外国仅一日本者，又若欧美诸国皆与日本相同者，何其陋也。"陆费逵《论各国教科书制度》，《教育杂志》，第二年(1910)第六期第 59 页。

② 《学部第一次审定高等小学暂用书目凡例》，《学部官报》，1907 年 第二十一期第 21 页。

③ 《中华民国元年教育大事记》，《中华教育界》，1913 年第二年一月号第 1 页。

④ 《教育部公布修正审定教科用图书规程》，《教育杂志》，1914 年第五卷第十二号第 91—92 页。

⑤ 《大总统维持学校令》，《教育杂志》，1914 年第六卷第一号"法令"第 4 页。

制并行"，"初等小学校教科书，拟由部编成课本，任民间翻印为用……一面使民间编成良善教科书，呈部审定"①。1915 年 1 月 22 日，颁发《特定教育纲要》，该纲要规定"由部编辑小学中学教科书，以确定全国教育之基础"，"中小学教科书，于一定期限内编定颁发，国定制与审定制并行"②。为了加强对教科书的审查，还颁布了《初等小学校国文教科书编纂纲要草案》《高等小学校国文教科书编纂纲要草案》，并设教科书编纂处，因"修身国文两科尤关重要"而特聘李步青等人担任编纂员。③ 1916 年，袁世凯政府在倒袁声浪中垮台，教科书编纂处也随之消亡，不知是否编出了相应的国文教科书，而目前并没有发现教科书编纂处按照这两份"编纂纲要草案"编写的国文教科书，可能是因时间仓促而没能编成出版，或者是编成出版了又因袁世凯政府的垮台而并没实际使用。根据历史记载有两种不同的说法。一是国文教科书未编，修身教科书部分稿本编成。如 1946 年魏冰心《国定教科书之编辑经过》称："在民国四年，教育部教科书编纂处编订小学国文读本纲要，及国民学校修身教科书第一、二、三册草本，取材迁就当时环境，未能适合民主思潮，等到洪宪帝制消灭，教科书的编纂也就停止。"④ 一是国文教科书编成但未发行，如 1924 年吴研因在《小学国语教学法概要》一文中称："《国文教科书编纂纲要》，也大半为教育部编审处采做部编国文教科书的依据(书成而未发行)。"⑤ 不管怎样，北洋政府的国编教科书没有使用是肯定的，而且一直到 1936 年国民政府也没有出版国编教科书，所以"到抗战开始，我国中小学教科书仍旧采用审定制"⑥。

二、革命式的新式蒙学教材转换变形为教科书

革命式的新式蒙学教材转换变形为现代小学教科书，主要起始于商务印书

---

① 《教育部整理教育方案草案》，《教育研究》，1915 年第二十期第 7—8 页。
② 《大总统特定教育纲要》，《中华教育界》，1915 年第四卷第四期第 6 页。
③ 《呈具报编纂初等小学教科书开办情形请训示文并批令》，《教育公报》，第二年 1915 年第一期第 2 页。
④ 魏冰心《国定教科书之编辑经过》，《教育通讯》，1946 年 5 月 15 日复刊第一卷第六期第 14 页。
⑤ 吴研因《小学国语教学法概要》，《教育杂志》，1924 年第十六卷第一号第 1 页。
⑥ 魏冰心《国定教科书之编辑经过》，《教育通讯》，1946 年 5 月 15 日复刊第一卷第六期第 14 页。

馆编写的《最新国文教科书》，确立于学部等模仿该书而编写的《初等国文教科书》，后定型于中华书局出版的"中华教科书"和民国初年商务印书馆出版的"共和国教科书"等。

（一）商务印书馆借鉴革命式的新式蒙学教材编写现代小学教科书

1897 年，商务印书馆成立。1901 年，总经理夏瑞芳，见各书局翻译日文书籍，销路很大，所以招募熟悉日文的学生翻译文稿，结果欠佳，印出之后，销路不广，损失巨大。此时，主持南洋公学的译书院事务的张元济因为经常托商务印书馆印书，夏瑞芳便问他失败的原因，张元济索来译稿，阅后发现内容欠佳。所以夏瑞芳立即成立编译所，请人修改再出版。于是，张元济就介绍南洋公学译书院中的同事来帮助编译所修改译稿。后来张元济又介绍自己的朋友、正在办"爱国学社"（由南洋公学退学学生组成）的蔡元培担任编译所所长，以谋改进，"依蔡之计画，决议改变方针，从事编辑教科书"①。据蒋维乔回

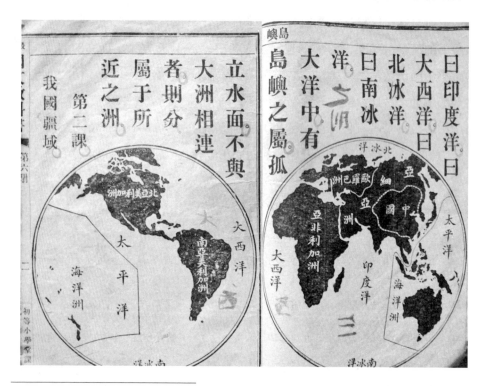

---

① 蒋维乔《编辑小学教科书之回忆》，商务印书馆《出版周刊》，1935 年新一百五十六号第 9 页。

忆，"半年之间，蒙学课本（当时尚未称《最新教科书》）初稿十册告竣"①。1904
年《奏定学堂章程》颁布，但清政府并没有来得及出版教科书，于是商务印书
馆在当年农历十二月将编竣的蒙学课本以《最新国文教科书》之名出版。②

显然，既然这套"国文教科书"最初并非根据学堂章程而编写，而是以新
式"蒙学课本"为名而编的，那么它必须做到对其他新式蒙学教材取长补短才
能有所超越。第 1 册的"编辑大意"一开始就对"近来新编训蒙各书"进行了
一番批判，列举其所存在的 18 条缺点：

> 一、单字讲授，索然无味。二、笔画太繁，不易认识。三、连字介字
> 助字等，难于讲解。四、深僻之字，不适目前之用。五、生字太多，难
> 于认识。六、语句太长，难于上口。七、全用短句，不相连贯，则无意
> 味。八、数语相连，不能分句解释，难于讲授。九、语太古雅，不易领
> 会。十、语太浅俗，有碍后来学文之初基。十一、陈义太高，不能使儿童
> 身体力行。十二、墨守古义，不能促社会之改良。十三、外国之事物，不
> 合于本国习俗。十四、不常见闻之事物，不易触悟。十五、不合时令之事
> 物，不易指示。十六、文过诙谐，有碍德育。十七、文过庄严，儿童苦闷。
> 十八、进步太速，失渐近之理。

对照上一章我们对各类新式蒙学教材的内容和形式的分析，可以发现其并
非言过其实。而该书的编写，力求"于以上诸弊，删除殆尽"。下面我们对该
书的内容与形式稍作分析，探寻其对此前出版的新式蒙学教材的继承、摒弃与
超越之处。

1. 内容：折衷革命式新式蒙学教材而以中土、现代为主

（1）采择各科知识。其第 1 册前附的《编辑初等高等小学堂国文教科书缘
起》称，该书供自初等小学堂至高等小学堂 9 学年用，计 18 册，其内容涉及

---

① 蒋维乔《编辑小学教科书之回忆》，商务印书馆《出版周刊》，1935 年新一百五十六号第 10 页。
② 该书初版时第一册名为初等小学用《最新国文教科书》，第二册起名为《最新初等小学国文教
科书》。

各科："凡关于立身(如私德、公德，及饮食、衣服、言语、动作、卫生、体操等)、居家(如孝亲、敬长、慈幼及洒扫、应对等)、处世(如交友、待人接物及爱国等)以至事物浅近之理由(如天文、地理、地文、动物、植物、矿物、生理、化学及历史、政法、武备等)与治生之所不可缺者(如农业、工业、商业及书信、帐簿、契约、钱币等)皆萃于此书。其有为吾国之特色(如开化最早、人口最多及古圣贤之嘉言懿行等)，则极力表彰之；吾国之弊俗(如拘忌、迷信及缠足、鸦片等)，则极力矫正之，以期社会之进步改良。"如其第 1 册主要作识字之用，但其编辑大意仍称："本编德育之事，注重家庭伦理，使儿童易于实行。本编智育之事，只言眼前事物，不涉机巧变诈，以凿儿童之天性。本编颇注重体育之事，以振尚武精神。"从其各科内容综合以发挥德、智、体三育的整体功能来看，和前述《蒙学课本》《新订蒙学课本》等综合性的新式蒙学课本颇为一致。有关这一点，我们单从该书第 2 册的 60 课的课名也可得到较为具体的感受：《学堂》《笔》《荷》《孔融》《孝子》《晓日》《衣服》《蜻蜓》《采菱歌》《灯花》《读书》《司马温公》《诳语》《食瓜》《游戏》《牛》《口》《猫斗》《体操歌》《公园》《杨布》《蚁》《勿贪多》《驯犬》《猴戏》《中秋》《鸡》《器具》《洁净》《蟋蟀》《菊花》《米》《日时》《洗衣》《钱》《鸭与鸦》《文彦博》《枭》《兵队之戏》《犬衔肉》《守株待兔》《居屋》《火》《朋友相助》《狮》《归家遇雨》《职业》《父母之恩》《雪》《方位》《姊妹》《卫生》《年月》《冬季》《烹饪》《松竹梅》《冰》《不倒翁》《考试》《放假歌》。这些课文有些根据新式蒙学教材改编，有些课文甚至直接抄自新式蒙学课本，如《读书》《司马温公》《守株待兔》《杨布》取自《蒙学课本》，《蟋蟀》《猴戏》则仿自《蒙学读本全书》。我们看《蒙学读本全书》第二编中的《猴戏》：

有弄猴者，教猴演戏。以锣为号，锣鸣则猴登场，戴面具，披衣戴冠，演戏如人。弄猴者又畜一羊，使猴骑之，其驰如马。

我们再看初等小学用《最新国文教科书》中的《猴戏》：

空旷之地，锣声大鸣，群儿环观之。场中，猴一、绵羊一。猴顶冠，披红衣，戴假面具，骑羊背。东西往来，如走马。群儿皆大笑。

二者内容差不多，后者的编写可能参照了前者，或者说后者可能是在前者
基础上改写而成的。

（2）多选本土知识。其第 1 册的编辑大意称："本编不采古事及外国事。"
也就是说，内容以介绍现代的本土知识为主。其实现代西方知识传入我国之后
一经融入国人的日常生活就难以认定其是西方知识，对此编者并不排斥。如第
6 册第 1 课《地球大势》、第 20 课《汽机》等就是从西方传入的现代地理、科
学知识，而这些知识则是多数新式蒙学教材中所竭力表现的。我们看《地球大
势》会发现其内容和前述多数新式蒙学教材对世界地理的介绍并无二致：

> 大地浑圆，高者为陆，低者为水。约计之，则陆居其一，水居其三。
>
> 陆分五大洲：曰亚细亚洲，曰欧罗巴洲，曰亚非利加洲，曰亚美利加
> 洲，曰海洋洲。
>
> 水之大者为洋，洋有五：曰
> 太平洋，曰印度洋，曰大西洋，
> 曰北冰洋，曰南冰洋。
>
> 大洋中有岛屿之属，孤立水
> 面，不与大洲相连者，则分属于
> 所近之洲。

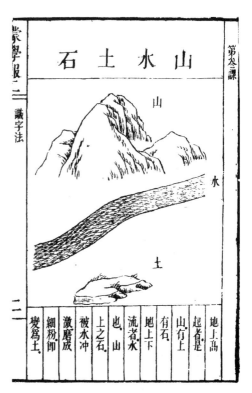

其所说不采外国事，指的是课文
不出现外国的人名、地名等，如《新
订蒙学课本》中的《华盛顿》之类，
而对那些外国寓言，如第 2 册中的
《鸭与鸦》《犬衔肉》等，仍然收入。
有关"德育"方面的知识，该书与
《新订蒙学课本》有意回避我国传统伦
理道德不同，而与《蒙学读本全书》

一味宣扬封建伦理纲常的取向也不同，对一些能体现"我国之特色"而又不违背现代精神的也选作课文，如第2册中的《孔融》《孝子》，第6册中的第49课《戒妄》、第55课《宽待奴仆》等。

（3）符合儿童经验。其第1册的编辑大意除言及课文内容多取"家庭伦理""眼前事物"外，还提到"本编多及学堂事，使儿童知读书之要"及"本编多及游戏事，使儿童易有兴会"。从目前所见第1、2、6册的课文内容来看，很少有《新订蒙学课本》第二、三编那样介绍一些儿童难以理解的科学知识，也没有《蒙学读本全书》那样介绍一些儿童难以理解的立身处世之性理原则，不过，其内容的选择和这两套书的前几册编写旨趣颇为一致。如第1册前20课的内容：

天、地、日、月、山、水、土、木。

父、母、子、女、井、户、田、宅。

耳、目、口、舌、人、犬、牛、羊。

上、下、左、右、大、小、多、少。

一、二、三、四、五、六、七、八、九、十。

日入、月出、田土、池水、宅内、户外、几上、井中。

大牛、小犬、丈尺、寸分、耳孔、指爪、眉目、手足。

山高、水长、风多、雨少、人首、犬足、牛角、羊毛。

水火、土石、木工、田夫、竹高、林茂、天冷、月明。

父子、母女、兄弟、朋友、山下、地上、城市、村舍。

布帛、柴米，米五斗、布一丈。文字、姓名，左五指、右五指。

日夜、旦夕，天初明、人初起。东西、南北，日西下、月东上。

伯父、叔父，我姊姊、我妹妹。长男、幼子，好哥哥、好弟弟。

青草、红花，池草青、山花红。春风、夏雨，春风吹、夏雨降。

先生、弟子，良朋至、远客来。姊长、妹幼，坐草上、立花前。

鸟飞、兔走，鸟出林、兔入穴。虎爪、马足，虎力大、马行速。

长枕、大被，帐中枕、床上被。坐船、乘车，水行船、陆行车。

池鱼、野鸟，鸟在林、鱼浮水。加冠、披衣，布七匹、帛二丈。

杏花、柳枝，门外柳、村前杏。白米、黄豆，米八斤、豆三升。

皮毯、石笔，姊作文、妹习字。瓦屋、柴门，向城垣、居村市。

这些字所代表的确实都是儿童常见常闻常道的人、事、物、景，换言之，即在其经验范围之内，这样儿童学习起来既愉快又容易。第 1 册编辑大意称："凡深僻之字及儿童不常见闻者，概不采入。"据蒋维乔回忆，编辑们开圆桌会议讨论时，常为课文中的一个字争得面红耳赤。如蒋维乔所编第 5 册第 16 课《雨》，在交代完雨形成的原理后写道："他日，儿随母入厨下，见釜中水汽上腾，母告儿曰：'此水热而化汽也。'"高梦旦要将"釜"字改为"鼎"字，蒋维乔表示反对，认为"鼎字太古，不普通，不可用"，高梦旦却认为："鼎字乃日常所用之字，何谓不普通？"蒋维乔反问："鼎字如何是日常所用之字？"高梦旦说："鼎字如何不是日常所用之字？"二人争论不休，声色俱厉。后来经仔细研究才知道，闽语呼"釜"为"鼎"而不呼为"釜"，而高梦旦恰恰是福建人，两人不禁抚掌大笑。[①] 可见，其编辑思路与多数新式蒙学教材一致，尤其令人诧异的是，其第 1 课和《新订蒙学课本》的初编第 1 课差别不大，《新订蒙学课本》的初编第 1 课为"天地、日月、山水"6 字，上录第 1 课只不过是在前者的基础上多加了"土、木"2 字而已。

2. 形式：沿袭革命式蒙学教材而模仿西方

在编辑这套教科书时，张元济、高凤谦(高梦旦)、蒋维乔、庄俞等人经常在一起开圆桌会议，讨论教科书的编写，"由任何人提出一原则，共认有讨论之价值者，彼此详悉辩论，恒有为一原则，讨论至半日或终日方决定者"[②]。我们看该书在形式方面与新式蒙学教材之间的关系。

(1)按笔画多少定文字次序、按字数多少定课文先后。当时编辑会议所"发明""讨论"的这套教科书用字来源、排列、生字数量、各册每课字数等原则如下[③]：

<hr>

① 蒋维乔《编辑小学教科书之回忆》，商务印书馆《出版周刊》，1935 年新一百五十六号第 11 页。
② 蒋维乔《编辑小学教科书之回忆》，商务印书馆《出版周刊》，1935 年新一百五十六号第 10 页。
③ 蒋维乔《编辑小学教科书之回忆》，商务印书馆《出版周刊》，1935 年新一百五十六号第 10 页。

首先发明之原则，即为第一册教科书中，采用之字，限定笔画。吾人回想启蒙时读书，遇笔画较多之字，较难记忆；故西人英文读本，其第一册必取拼音最少之字。然我国文字，则无拼音，因参酌此意，第一册采用之字，笔画宜少；且规定五课以前，限定六画；十课以前，限定九画；以后渐加至十五画为止。

其次讨论之原则，即选定教科书采用之字，限于通常日用者，不取生僻字。

又其次讨论之原则，第一册每课之生字，五课以前，每课不得过十字。

又其次讨论之原则，第一册共计六十课，前课之生字，必于以后各课中，再见两次以上，俾便复习。

又其次讨论之原则，为全书各册文字规定之字数，第一册每课从八字至四十字；第二册每课从四十字至六十字；三册以下，不为严格限制，听行文之便，若文长，则分二课。

按笔画选择文字，如第 1 册第 1—6 课中的文字为 6 画以内，第 7—15 课为 10 画以内。全书限定在 12 画以内，第 30 课以后有 10 余个字超过 12 画，如"學"字有 16 画。每课限定字数第 1 册第 1—4 课每课 8 个字，第 5 课 10 字；第 6—10 每课 16 字，第 11—20 课每课 20 字，第 21—32 课每课 24 字，第 33—40 每课 28 字，第 41—47 课每课 32 字，第 48—50 每课 36 字，第 51—60 每课 40 字。以文字的多少来确定先后课文的篇幅，这与其他新式蒙学教材颇为一致。不过，按笔画数多少来作为判断文字的难易的标准则是其他新式蒙学教材所未注意的。可能正是这一点才是其与其他各蒙学教材均不相同的地方，或者说是其创新之处。《张元济年谱》载，1904 年"1 月 18 日（癸卯十二月初二）上午，与蒋维乔商编教科书事。先生曰：'蒙学读本东西各国考定者皆以笔划繁简定浅深，已编之稿须将第一编重编。'"[①] 可见，张元济之所以让蒋维乔将已编的"蒙学课本"推翻重编，就是以此作与其他蒙学课本区别的标志。当然，是否真为其独创而未借鉴仍有待考证。如 1901 年 11 月号《万国公报》刊

---

① 张树年主编《张元济年谱》，北京：商务印书馆，1991 年版第 48 页。

载了王亨统所编《绘图蒙学捷径》一书的广告，其中提出："其句自二字至四字，其笔划自一划至二十四划。"[1]

（2）由单字至短文，组织文字。该书第 1 册前 20 课我们已在上文照录，可以发现是由单字到联字到短语。我们抽选一些课文，看其整体安排。第 30 课为："庭外海棠，窗前牡丹，先后开花。姊打皮毬，妹上秋千，同游同止。"第 40 课为："四月天，大麦黄。南风入户，单衣不冷。雨水足，田工忙，妇女采桑，儿童送饭。"第 50 课为："荷花初开，乘小舟，入湖中，晚风吹来，四面清香。有一老人，提小筐，入城市，买鱼两尾，步行回家。"第 60 课为："入学堂，已半年，国文科，一册完。天气炎暑，学堂放假。放假回，见父母。父母喜，命儿前。温书习字，每日一时。"可见，由短语再到短句，由短句再到短文。这种文字组织形式，和《新订蒙学课本》等并无二致，既继承了传统蒙学教材便于集中识字的做法，又借鉴了现代西方教科书随文识字的思路。

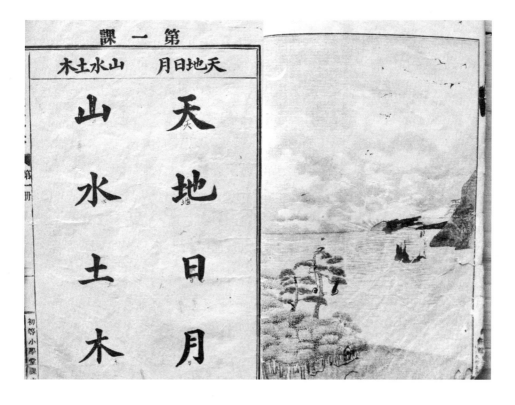

---

① 汪家熔辑注《中国出版史料·近代部分(第二卷)》，武汉：湖北教育出版社，2004 年版第 529 页。

（3）采用浅近文言。第1册的编辑大意称："本编虽纯用文言，而语意必极浅明，且皆儿童所习知者。"可见，其用语与《蒙学读本全书》一致，而与《新订蒙学课本》力求言文一致不同。

（4）采用问答式行文。该书借鉴了《新订蒙学课本》的做法，虚拟一些人物，如父子、师生等，再通过人物之间的问答来告知一些知识、道理。如其第2册第10课《灯花》：

> 李儿夜读，书灯结花。告父母曰："今夜灯结花，我家当有大喜！"父曰："此妄语也。火烧灯芯，久则结为花，与人何涉？儿毋信之！"

课文通过这对虚拟的父子问答，将灯花形成的原因及不信迷信的道理交代清楚了，比平整地叙述要生动有趣得多。

（5）采用多样体裁。课文不像《新订蒙学课本》那样以说明文、议论文为主，而是像《蒙学读本全书》那样以一般记叙文和故事等为主，其中兼选一些儿歌，如第2册中的《放假歌》《采菱歌》《体操歌》等。另外，和《新订蒙学课本》及《蒙学读本全书》一样，还选入一些书信便函，其表现方式也与这些新式蒙学教材较接近，或呈信件，或告诉"程式"（结构、写法）。

（6）随文编配插图。第1册的编辑大意称："儿童最喜图画。本编插图至九十七幅，并附彩色图三幅，使教授时易于讲解，且多趣味。""本编每半课中，其文字图画，必在一开之内，俾省翻阅之劳，以便儿童诵读。"文图相配，已是新式蒙学教材的普遍做法，不过配以彩色图，可能尚属首次。如第1册第1课就配一幅揽括了课文所有之物彩色图，儿童入学翻书即见，必然兴趣盎然。

（7）另编教授之书。《新订蒙学课本》和《蒙学读本全书》等均在"编辑大意"或"约旨"中介绍教授法，《文学初阶》在"卷端"专列教授法，均没有将学生用书与教师用书分开，而且所介绍的均是一般的教授原理、方法，而不是针对各科的教学设计。然而，该书却编有与之相配套的分课设计教学的《最新初等小学国文教科书教授法》一书。就像蒋维乔说的，"因出版之教科书，内地教员，多不知应用方法；于是每出一册，皆按照三段教授法次序，加入练习、问答、联字、造句等，编辑教授法"①。学部在审查《最新初等小学国文教科书教授法》时，称此书取五段教授法之意，分为预备、教授、应用三段教授，并将讲读、习字、作文、谈话诸法略据其中，极便小学教员之用。② "五段教授法"是莱因在其师赫尔巴特所创教学法的基础上改造而成的，共分预备、提示、联结、总括和应用五段。莱因在当时被尊为执教育界之牛耳者，五段教授法也于清末从日本传入中国。③

1933 年，其编者之一的庄俞在回忆这套教科书编写情况时说："这套教科书，完全创作，毫无成例，也无公式，闭门造车，未必尽能合辙。"④ 而实际情况并非如此。从以上对该书的分析我们发现，该书在内容上折衷了《新订蒙学课本》和《蒙学读本全书》，而在形式上则与这二者，尤其是《新订蒙学课本》较为一致；《新订蒙学课本》和《蒙学读本全书》这两本新式蒙学教材的形式又直接取自西方现代小学教科书。总之，可以说《最新国文教科书》沿袭了《新订蒙学课本》《蒙学读本全书》等借鉴西方的新式蒙学教材的形式而抛弃了上述"妇孺""韵言""歌略""乐府"及字片、字包类借鉴传统新式蒙学教材的形式。当然，也可以说是革命式的新式蒙学教材转换变形成现代小学教科书。最终，这套原名为《蒙学课本》的教科书影响非常大，"此书既出，其他书局之儿童读本，即渐渐不复流行"⑤，"南洋之《蒙学课本》，文明书局发行之竢实学堂《蒙学读本》，渐渐淘汰"⑥。

（二）学部编译局等模仿商务印书馆的教科书编写体例而使之成为典范

蒋维乔称："教科书之形式内容，渐臻完善者，当推商务印书馆之《最新教科书》。"⑦ 其实称其内容与形式完善，无非是有两个原因。其一，该书在

---

① 蒋维乔《编辑小学教科书之回忆》，商务印书馆《出版周刊》，1935 年新一百五十六号第 11 页。
② 《教育杂志》1911 年临时增刊"世界教育状况"中广告插页。
③ 张世㭦《莱因氏之五段教授法》，《教育杂志》，第二年(1910)第九期第 109 页。
④ 庄俞《谈谈我馆编辑教科书的变迁》，陈学恂主编《中国近代教育史教学参考资料（中）》，北京：人民教育出版社，1987 年版第 423 页。
⑤ 蒋维乔《编辑小学教科书之回忆》，商务印书馆《出版周刊》，1935 年新一百五十六号第 9 页。
⑥ 蒋维乔《创办初期之商务印书馆与中华书局》，张静庐辑注《中国近现代出版史料·现代丁编（下）》，上海：上海书店出版社，2003 年版第 397 页。
⑦ 蒋维乔《编辑小学教科书之回忆》，商务印书馆《出版周刊》，1935 年新一百五十六号第 9 页。

当时受到民间的追捧："第一册出版，不及两周，销出五千余册，可知当时之需要矣。"① 当然，这并不是主要的原因，如果论发行量，陈荣衮所编"妇孺"系列可能还在其之上，为什么陈的蒙学教材没有被称为内容与形式完善之书呢？其二，主要原因是该书是随后出现的官方和民间所编写教科书的仿效对象："在白话教科书未提倡以前，凡各书局所编之教科书及学部国定之教科书，大率皆模仿此书之体裁。"② 可见，该书获得了官方和同行，尤其是官方的认可，进而成为现代教科书的典范（"形式内容，渐臻完善"）。下面，我们对来自官方的"认可"稍作分析。

1902 年《钦定学堂章程》的制定和 1904 年《奏定学堂章程》颁行后，语文作为一个现代学科从蒙学中独立出来，但这只是取得了形式上的独立，若要实现实质上的独立，需要一个"合理"的名称。不过，从这两份课程文件来看，当时语文课程名目繁多，并没有统一的名称。除中小学普设的"读经"或"读经讲经""中小学读古诗歌法"科外，小学堂还有"字课"（识字）、"习字"（写字）、"作文"、"读古文词"、"中国文字"（包括识字、写字和初步写作）和"中国文学"（包括古文阅读、初步写作、书法练习和官话练习），中学堂还有"词章"和"中国文学"（包括文义、文法、作文、文学史流变和书法练习）等。

在某种程度上，"'学科'变成等同书本的列单"，"不同学科全赖不同的课本才能区分开来"③，"书本""课本"确实只是"学科"的一部分，但是"书本""课本"是"学科"知识得以具体化的凭借，如果没有这个凭借，而仅仅停留在口头传承阶段或者只记载在课程纲要中，我们很难说这是一门"学科"。在很多情况下，"课程并不是根据学科或所建议的计划决定的，而是由特定的

---

① 蒋维乔《编辑小学教科书之回忆》，商务印书馆《出版周刊》，1935 年新一百五十六号第 10—11 页。

② 蒋维乔《编辑小学教科书之回忆》，商务印书馆《出版周刊》，1935 年新一百五十六号第 9 页。1925 年陆费逵说："丁未戊己之间，学部组织图书局，所出教科书，大半仿商务文明体例。"（陆费逵《与舒新城论中国教科书史书》，舒新城编《近代中国教育史料（第二册）》，上海：中华书局，1928 年版第 263 页。）"文明"指文明书局。

③ 华勒斯坦等《学科·知识·权力》，刘健芝等编译，北京：生活·读书·新知三联书店，1999 年版第 14、15 页。

'人工制品'（artifact）——标准化的、按年级分类的教科书：数学、阅读、社会科学和自然科学等——来决定的"①；进一步说，因为"书本""课本"是"学科"知识的载体，所以在一定程度上可以通过表现不同门类知识的"书本""课本"来区分不同的"学科"。从这个意义上说，不同门类知识的"书本""课本"也可以建立不同的"学科"。1904年年底，商务印书馆初等小学用《最新国文教科书》和《小学校习字帖》出版，这就以教科书的形式确立了一种有别于"学堂章程"中的"语文"学科，而且其名称为"国文"。商务印书馆所编教科书，除国文外②，随后还有初小修身、算术、珠算、格致，高小地理、历史、理科、算术、珠算。另外编有"重在与国文教科书联络"的"习字帖"③。将这些"学科"和《奏定学堂章程》比对后我们发现，商务印书馆以"国文"教科书和"习字帖"的形式确立了一个和章程不同的"语文"学科，其基本做法是对《奏定学堂章程》进行改造，用"国文"名称替换或者说统并了其中的中国文字、读经讲经、中国文学和中小学堂读古诗歌法等学科所组成的"群"的名称，然后通过教科书的"课文"对这些学科的内容作了综合和替换，以字、句、成篇的作品来替换"章程"中所列经书、古文、古诗。当然，虽然此学科定名为"国文"，但商务印书馆的编辑自己对学科的认识也是矛盾的。如蒋维乔将"国文教科书"和"习字帖"并列，初等小学用《最新国文教科书》的编辑大意称习字帖与国文科联络。这说明他们认为"习字"既可独立为"书法"又可归入"国文"中的"写字"。可能商务印书馆认为将识字、阅读和写作等教学借助一本初等小学用《最新国文教科书》来完成只是权宜之计，所以随后又着手编写相应的教科书：识字教科书《五彩精图方字》《五彩绘画看图识字》（1909）、作文教科书《最新作文教科书》（1909）、官话教科书《最新国语教科书》（1911）等。但是，因为最初只出版了初等小学用《最新国文教科书》和《小学校习字帖》，所以当时只是凭借一本初等小学用《最新国文教科书》

---

① M. 阿普尔、L. 克丽斯蒂安-史密斯主编《教科书政治学》，侯定凯译，上海：华东师范大学出版社，2005年版第29页。

② 1909年前后又编有小学用的《初等小学简明国文教科书》《初等小学女子国文教科书》和《半日学堂简易国文课本》等，中学用的《中学国文读本》和《中学国文教科书》等，均以"国文"名之。《教育杂志》，第一年（1909）第三期插页广告。

③ 蒋维乔《编辑小学教科书之回忆》，商务印书馆《出版周刊》，1935年新一百五十六号第11页。

来完成识字、写字、阅读、写作等任务，而且在与之配套的《最新初等小学国文教科书教授法》中每一课的教学内容均有识字、写字、写作等内容。这样一来，这一时期的"国文"虽按识字、写字、阅读、写作（当时"官话"一科并未实行）分科设置，但多数学校的教学所用只是一本"国文"教科书（"集成课本"），所以学科名称逐渐由群名变为"国文"。

除了以上客观原因，来自官方的"认可"也是一个重要原因。按理说，《奏定学堂章程》已确立了"语文"学科，那么在其颁布施行之后就应该编写与之相应的"语文"教科书以使其课程内容具体化。1901年，张之洞致信罗振玉时认为，"编教科书，此教育根基，关系极重，着手极难，非亲往日本以目击为考定不可，似非专恃购来图书所能模仿"①。同时，他还邀请罗振玉率团考察日本教育及日本教科书的编写情况。1902年，罗振玉带领吴汝纶等赴日本考察。同年，京师大学堂成立编书处，后成立编译局。这两个机构都试图编写教科书，但是，都没编出相应的教科书。在官方自身无确定标准的情况下，民间的探索成果往往就成为其制定标准的依据。正因为如此，1907年，学部接受了商务印书馆以《最新国文教科书》的名义所确立的这门学科的名称"国文"，如当年颁行的《学部奏定女子小学章程》的课程设置中出现了"国文"科名称。同年，又编出国定的《初等小学国文教科书》和《初等小学修身教科书》，并由学部图书局出版。其第1册出版时受到抨击②，其中一个重要原因是，不管是《初等小学国文教科书》书名中的"国文"，还是其具体的编写体例等，都在模仿1904年商务印书馆出版的初等小学用《最新国文教科书》，甚至抄袭了后者的课文，所以此书一出，任职于商务印书馆的陆费逵便撰《论学部编纂之教科书》一文予以抨击，其中就提到该书"抄袭近出各书"③。

---

① 璩鑫圭、唐良炎编《中国近代教育史资料汇编·学制演变》，上海：上海教育出版社，2007年版第122页。

② 1907年第139期《广益丛报》（第1—3页）在《论学部编纂之教科书》中列出了《初等小学国文教科书》的八大不足。（一）教材多不合儿童心理。（二）词句多不合论理。（三）间有局于一隅之处，不合普及之意。（四）图画恶劣。图与文词，且间有不符之处。（五）数字与算数不相联络。（六）时令气节不相应。（七）抄袭近出各书，有碍私家编著。（八）教授书失之高深，教员生徒皆受困苦。

③ 陆费逵《论学部编纂之教科书》，《出版史料》，2010年第3期第125页。

1. 内容抄袭

对比一下初等小学用《最新国文教科书》和《初等小学国文教科书》的第1册我们发现,后者确实抄袭了前者不少课文,如初等小学用《最新国文教科书》第1—3课为"天、地、日、月、山、水、土、木","父、母、子、女、井、户、田、宅","耳、目、口、舌、人、犬、牛、羊",《初等小学国文教科书》的第1册第1—6课为"人""山、水""日、月""手、足""耳、目""父、母、子、女""兄、弟、姊、妹";初等小学用《最新国文教科书》的第1册最后一课(第60课)为:"入学堂,已半年。国文科,一册完。天气炎暑,学堂放假。放假回,见父母。父母喜,命儿前。温书习字,每日一时。"《初等小学国文教科书》的第1册最后一课(第100课)为:"国文一册,今日读罢。天气暑热,学堂放假。放假回家,温习功课。一月光阴,不可轻过。"陆费逵也在上文中列举了该书抄袭各家课本之处:"如第十四课'春风夏雨,风起雨来',则与商务书馆国文教科书第十四课'春风夏雨,春风吹夏雨降'相似。第二十课'日东上,月西下',则与商务书馆十二课之'日西下,月东上'相似。第二十六课'姊长妹幼,姊坐前妹立后',则与乐群书局二十九课'姊年长妹年幼,姊坐左妹坐右'相似。然姊必坐前而妹必立后,于事实已不合矣。此外类似文明书局初等小学读本(杜陈编)者五见。(二十八、四十一、四十三、六十六、七十七)类似文明书局蒙学读本者一见。(六十一)类似商务书馆国文教科书者五见。(十、十二、十四、十五、二十)。"他接着说:"夫字句偶与他书相类,亦容或有之,不能苛为责备。今类似者如此其多,倘非冒袭何,何其相适合耶?"[①] 可见,学部并非在"闭门造车"式地独创,而是有意地在"面车造车",其结果必然合他车之辙。

2. 形式模仿

内容相同可以说抄袭,形式相似只能说模仿。《初等小学国文教科书》的形式也多与其他小学教科书相同或相似,如其由单字到短文的文字组织形式就

---

① 陆费逵《论学部编纂之教科书》,《广益丛报》,1907年第139期第4页。

与初等小学用《最新国文教科书》相同。《初等小学国文教科书》的编辑大意称："本书文字按序而进，由浅渐深，大抵第一二册……由单字单句以进于短文，第三四册以下程度稍深……白浅显为主，后四册多……百家有兴趣之文，仍择儿童易于领受者授之。"① 如其第1课为"人"，第20课为："看花，栽竹，作文，写字。"第40课为："入讲堂，先生坐。先生至，起行礼。"第60课为："蚕能吐丝，蜂能酿蜜，犬能守夜，鸡能司晨。"第80课为："以水浇花，以火然灯，以铜铸钱，以木架屋。"第100课见上。仅此一斑，可知全豹，故该书在形式的其他方面模仿之处不再一一罗列。

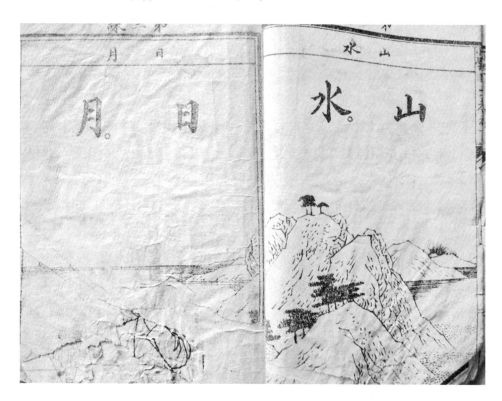

陆费逵认为学部的这种抄袭行为"有碍私家编著"②，实际结果与其所预言的相反。这推动了商务印书馆等私家编著的盛行，因为在一般民众和编者看来，商务印书馆等机构编写的小学教科书都被官方抄袭，这恰恰说明其是小

---

① 引自笔者的藏本，省略处文字今已脱落不存。
② 陆费逵《论学部编纂之教科书》，《出版史料》，2010年第3期第125页。

学教科书的典范。这一免费广告，使得商务印书馆渐渐地执了中国小学教科书的牛耳①，而学部所编的教科书却没有了下文。

　　另外，需要提及清末学部图书编译局编的简易识字课本。1909 年(宣统元年)清政府下预备立宪之诏，其中拟规定民众不识字即不可称为"公民"。学部上奏请求朝廷允许编辑国民必读课本、简易识字课本，先在京师地方教授，如果简练易懂，士林称便，再奏明推广。1909 年《简易识字课本》编竣，并制定《奏定简易识字学塾章程》，拟广设"专为年长失学及贫寒子弟无力就学者"而设的简易识字学塾，肄业后承认其接受了初等小学教育，直接升入高等小学。②《简易识字课本》先拟编第一种 6 册，第二种 4 册，作为官方的识字课本，其内容与形式已不再是此前的"三、百、千"而类似于现代小学国文教科书。最

初可能是想仿照商务印书馆等书局出版小学国文教科书的体例编写，如学部的《奏简易识字课本编竣折》指出有人提议按《说文解字》或《急就篇》《三字经》等体例编写，但是考察后发现，"近世东西各国国语读本，除字母外，亦皆教授短句短文，此古今中外训蒙之书皆不仅用单字之证"。其第一种 6 册三编完全按现代小学国文教科书体例编写："第一编以识字为主，由单字进于短句短文，由名字进于静字动字。其单字以类相连，分之为单字，合之则成一句。所选教材多取儿童易知之事物。第二、三编则稍寓文法，所选教材以道德教育国民教育为主，而历史地理格致等科教材，亦采取焉。

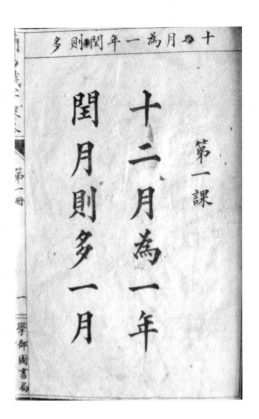

----

① 吴研因、翁之达《三十五年来中国之小学教育》，商务印书馆编《最近三十五年之中国教育(上卷)》，上海：商务印书馆，1931 年版第 2 页。
② 庄俞《论简易识字学塾》，《教育杂志》，第二年(1910)第三期第 24 页。

其排列皆用圆周法。"① 根据目前所见的宣统元年（1909）十一月初版的第1册及其凡例可以发现，虽然学部图书编译局可能为了避免再次被认定为抄袭而有意一再强调该书并不是供日常小学之用，而是供年长失学者使用，所以其内容和体例与通行的小学国文教科书不同，但是仍不难发现其多处借鉴了通行的小学国文教科书。就内容来看，仍为伦常、日用知识，如第1册100课中第1课为："十二月为一年，闰月则多一月。"第10课为："鸟二翼而飞，兽四足而走。"第20课为："花草竹木之类，谓之植物。鸟兽虫鱼之类，谓之动物。"第30课为："行远者必自近，登高者必自卑。"只不过其中少现代西方知识，多传统伦理道德而已，如第25课为："君臣、父子、兄弟、夫妇、朋友，谓之五伦。"正如其凡例所称："所取材料略可分为二类：一为生徒所应知者，即有关伦常道德及日用普通之知识是也；一为生徒所既知者，盖年长生徒虽未尝识字读书，然于日常行事往往有心所能知口不能言者，以此种材料教之，则一经指点，便可涣然冰释，且于遣用文字表见思想之方法，亦易领悟。"就其形式

来看，第1册第1课并非单字，似与通行的小学国文教科书由单字、再联字、再短句、再短文以及先实字、后虚字等连缀方式不同。如其凡例称："是书先列单句，入后间用议论体与叙事体之短文，不拘于先实字后虚字之说，以专供年长生徒之用，与教儿童者有别也。"但是，第1册前的"卷首"即全为单字，其凡例称："本书之外，别有识字课本卷首一册，专列单字。如有年长诸生本来未识一字，或恐骤授是编难期领悟，则亦可先授卷首而后及此，教者临时酌定可也。"可见，第1册是供已识不少单字的儿童用的，对儿童来说，仍然是从识单字开始的。况且其他形式方面的

---

① 《本部章奏：奏简易识字课本编竣折》，《学部官报》，1910年第114期第5页。

编选理念也同通行的小学国文教科书差不多，如选用常用字（"读毕是书者，能认识常用之字"），课文字数由少到多（"第一册每课以四十字以下为限，第二册每课以六十字以下为限，第三册每课以九十字以下为限，第四册每课以百二十字以下为限"），不标出同形异义的生字（"是书选生字凡三千字有奇，其字同而义异者不复标出"），配备插图（"书中间列图画，以助读者兴趣"），等等。可见，官方编的"识字课本"，其内容与形式，已和传统用于识字的"三、百、千"等蒙学课本完全不同，而与商务印书馆等机构编的现代小学国文教科书较为近似了。

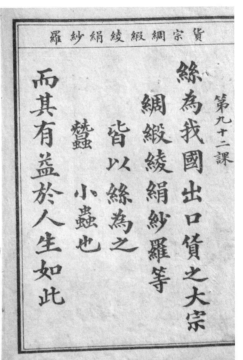

官方对这种教科书编法的确认，也进一步巩固其典范的地位，进而引发了民间的效仿。上海六艺书局 1909 年农历三月校印的上下两册《儿童识字速通法》就汲取了这种编法的精髓。书前"本书特色"称其从选字到编法均与学部所编《简易识字课本》的旨趣一致："我们中国的字，约有几万。讲到有用，不过四五千字。如教小儿识字，须先拣得最通行最常见的。实在三千字也不到。所以此书只选得二千五百字，编成这一部书。前五集所列，无论实字、虚字，都系象形画图、指事注释，其画图之精妙、注释之详明，洵为识字教科书所未有。方今学部改良学务，通饬各省设立识字学堂、编辑识字课本，正与本书的宗旨暗合。"如《简易识字课本》一样按单字、词语、短句等形式编排。稍微不同的是，该书汲取了前述传统字片、字包识字的做法，将文字分天文、地理、人事、物类等大类，然后再分小类，如物类分为器皿、用物、动物、植物、矿物，每类若干字；呈现时采用上字、下图、旁注的方式，旁注中有读音、意义和用法。和一般传统字片、字包识字的注释不同的是，该书注释首先列出含该字的词语若干，这样就可以让儿童在不同的词语比较中领会一个词的意义和用法，如对"月"的解释是："音悦。日月的月，就是月亮的月。又一年有十二月。"又如对"营寨"的解释是"营是军营的营。又做生意叫经营。又造房屋叫营造。寨是木栅。营寨是出兵去打仗安兵的地方"。其次，和一般传统字片、字包识字及当时其他各种新式识字教材、一般国文教科书均不相同的是文字注释用的是白话解说。

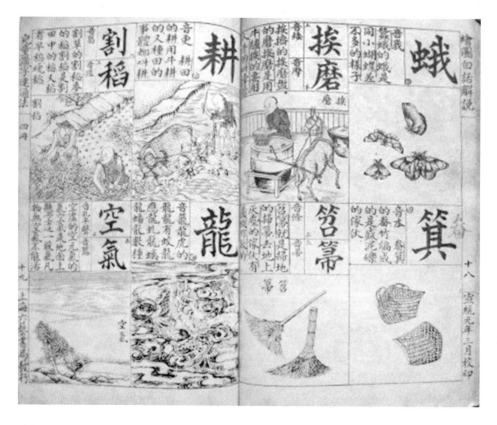

总之，商务印书馆通过编写《最新国文教科书》而以专业"知识"生产出类似官方所拥有的行政"权力"，而官方因为没有此类专业"知识"而不得不对民间行为表示"认可"，所以，这种"认可"与其说是官方赋权，倒不如说是屈就。

从此之后，无论是在官方还是民间，只要提到现代教科书，其参照必然是商务印书馆借鉴西方小学教科书形式编写的《最新国文教科书》之类，而非陈荣衮等借鉴传统蒙学教材形式编写的"妇孺"系列。前文提及，《最新国文教科书》的主要编辑蒋维乔说："在白话教科书未提倡以前，凡各书局所编之教科书及学部国定之教科书，大率皆模仿此书之体裁。"[1] 可见，民初至五四时期，仍以此为标准。其实，即便是五四之后，这种标准还在延续，只不过课文的语体由文言改为白话、体裁由多议论文说明文变为儿童文学罢了。

三、改良式的新式蒙学教材在审定时遭弃消亡

1919 年，陈荣衮在一篇谈写作的文章中回忆其亲历的我国"小学读本"发展史时说："鄙人流（浏）览小学读本，不下数十种，最先者为日本国文读本。鄙人之创为读本，实因见日本读本而为之。此时商务书馆尚未出见也。我国读本，非无一二适用者。普通读本浅而活，无锡三等小学读本（《蒙学读本全书》——引者）不浅而活，虽非注意初等文法，而亦算为合式之读本。此外有四字成句如十七史蒙求者，有全叙实物实事如黄门史游急就章者，夫人知其不可用矣。近年以来，各种淘汰净尽，止有商务中华二局本。揆厥原因，资本不多，因之人才缺乏，如普通无锡均出第三本即停止。鄙人自编初等小学读本，自谓有效，亦有同志助资付印。然涓滴之水，何济涸鲋，安能办到教育部审定乎？此亦学子之一大不幸事也。"[2] 他认为那些直接承继传统蒙学教材形式的新式蒙学教材让位于现代小学教科书，主要是因为"其不可用"；不过，认为其"不可用"之人是谁值得我们探究一番：是指普通百姓，还是教科书审定者？从

---

① 蒋维乔《编辑小学教科书之回忆》，商务印书馆《出版周刊》，1935 年新一百五十六号第 9 页。
② 陈子褒《作文教授法》，陈子褒《教育遗议》，台北：文海出版社，1973 年版第 162—163 页。

以上分析来看，应该还是教科书审定者，这一点我们在下文将继续分析。他认为，自己及他人新编的现代小学教科书，在资本雄厚、人才济济的商务印书馆和中华书局跟前也难以立足，甚至无法送审。这话虽然说得有一定的道理，但也有点言过其实，因为什么样的教科书得以被普遍使用除了成功的商业运作，还有两方面的重要原因。一是教科书编者将自己的专业优势转化为一种隐性的强权来征服教科书的审查、采用者等，从而击败其他对手："教科书本身确实是非常重要的。他们的重要性体现在他们的内容和形式、对于事实的构建方法以及他们对于浩瀚的知识进行选择和组织的特定方式上。他们表明了……选择性传统：某人的选材，某人对于何为合法知识和文化的视角，在这个过程中，赋予某个团体以文化资本就剥夺了另一个团体的合法权利。"[1] 二是政府通过教科书编审制度这种有形的强权来控制教科书是否准入市场或进入市场时是否具有合法的身份："教科书的发行，不单单被市场这只'无形的手'所控制，它同样在很大程度上受到政府关于教科书的审批政策——这只强有力的有形的'政治'之手——的控制。"[2] 商务、中华两家独大，主要的还是由于其为现代小学教科书编写确立了内容和形式的示范，继而被统治者认可并将其确立为现代小学教科书的标准，其他出版者自然只能对其模仿而无法超越了。统治者在审定这些教科书时也会将前述《最新国文教科书》等所确立的规范作为现代小学教科书的标准。

（一）改良式的新式蒙学教材在作教科书送审时遭拒

1902 年颁布的《大学堂谨拟编书处章程》开列了编书处编订的拟着手编写的中小学教科书目录，目录中共有"经学""史学""地理""修身伦理""诸子""文章"和"诗学"七种科目。七种两套，蒙学堂和初等小学用最简本，高等小学和中学用较详本。其中蒙学堂和初等小学使用的"蒙学课本关于教育之基础，亟宜考求，查南省各处所编蒙学课本及蒙学报颇有足资采择者，拟购

---

① 迈克尔·阿普尔《官方知识——保守时代的民主教育》，曲囡囡、刘明堂译，上海：华东师范大学出版社，2004 年版第 50 页。
② M. 阿普尔、L. 克丽斯蒂安-史密斯主编《教科书政治学》，侯定凯译，上海：华东师范大学出版社，2005 年版第 6 页。

调齐全，核定增减，成一定本，颁行各省，庶有遵循"①。到底是采择蒙学读物的内容，还是其形式呢？京师大学堂、清学部可能都没有根据这份章程编出相应的新式官方教科书。从其对送审的新式蒙学课本的审查结果来看，应该是提倡新式教科书从新式蒙学读物中取材，其形式也是前述革命式的新式蒙学教材而非内容现代、形式传统的改良式的新式蒙学教材。

清末相继编成的新式蒙学教材在送审的过程中遭到教科书审查机关的拒绝，尤其是那些采用传统韵文形式的，即便其内容是现代的、本土的也不会让其通过。据教育部编《第一次中国教育年鉴》载，多套此类教材被认为"不合教科书体裁"或在报送学部审定时遭"批斥"，如光绪二十三年（1897）张士瀛著"载明为小学堂用者"四字一句的《地球韵言》（4 卷）被认为"不合教科书体裁"②。光绪二十七年（1901），叶澜著《天文地理歌略》"四字一句……一时小学堂亦多用之，不合教科书体裁也"③。光绪二十八年（1902），刘法曾、潘淮汉合编形式为四字一句、内容为世界各国史地政治风俗等知识的"《外史蒙求》……不合教科书之体裁也"④，"仁和叶瀚著《中国各省府厅州县方名歌》一本，每五字一句，载明七岁至十岁用云。……实则不合教科书之编法，程度高下不等，未尽适用也"⑤。光绪三十一年（1905），施崇恩等所编《蒙学虚字用法》，"均以不合教科书体例，后经学部批斥"⑥。光绪三十二年（1906），学部在审定教科书时，被"列入批斥及无庸审定表中者，有吴希贤编之《四字韵语》《万国史鉴节要读法》二册，王伟忠编之《韵语三字经》一册，赖振宸编之《蒙学分类韵言》一册，《女学四五言合编》一册，金钟麟编之《蒙汉述略》二

---

① 《政书通辑卷四（光绪二十八年）：大学堂谨拟编书处章程》，《政艺通报》，1902 年第九期第 8—9 页。

② 《教科书之发刊概况》，教育部编《第一次中国教育年鉴·戊编》，上海：开明书店，1934 年版第 116 页。

③ 《教科书之发刊概况》，教育部编《第一次中国教育年鉴·戊编》，上海：开明书店，1934 年版第 116 页。

④ 《教科书之发刊概况》，教育部编《第一次中国教育年鉴·戊编》，上海：开明书店，1934 年版第 116—117 页。

⑤ 《教科书之发刊概况》，教育部编《第一次中国教育年鉴·戊编》，上海：开明书店，1934 年版第 117 页。

⑥ 《教科书之发刊概况》，教育部编《第一次中国教育年鉴·戊编》，上海：开明书店，1934 年版第 119 页。

册，瞿方梅编之《中外地舆歌》一册，姚惟寅编之《四字修身教科书》及《中史物情教科书》各一册，华美书馆本之《天文地理问答》一册，均不合于教科书体例"①。光绪三十四年(1908)，"齐焘著《蒙学识字入门》，以不合儿童心理及不常用之字，为学部所批斥"②，"刘鲲著《瀛寰论略》、《二千字文》，用韵语造句，不合教科之用"③。从名称上看，这些审查没有通过的"教科书"，都是照"三、白、千"体例而编写的。宣统元年(1909)四月十六日，清学部颁发《咨各督抚严禁各学堂用彪蒙书室各教科书文》。文件称："为咨行事教育之道，以教科书为重要。教科各书当以切实为归，不可舛误。又以浅深为序，深者不可繁芜，浅者不可鄙俗。"彪蒙书室的各种教科书多不合教科书体例，"足误学童而滋谬种"。如对其出版的《绘图识字实在易》的评语是"此书纯列单字，毫无兴味，与《字课图说》无异，不合教科书之用"④。上述评语中的"不合教科书之体裁""不合教科书之用"等，显然是指不合商务印书馆编写的如《最新国文教科书》等现代小学教科书的体例。

(二) 改良式新式蒙学教材借用教科书之名私自出版

广州蒙学书局1912年8月版《七级字课教员用第三种》的第2页刊登了一则广告《本局出版教科书》，内收名录有已出的《初等小学国文教科书》(8册)、《初等小学地名韵语》(1册)、《妇孺浅史》、《小学释词国语粤语解合并》(1册)、《寻常妇孺文编》(1册)、《妇孺新读本》(8册)、《妇孺论说入门》(1册)、《妇孺信札》(1册)、《妇孺译文》(1册)、《改良妇孺须知》(2册)、《妇孺信札材料》(1册)、《七级字课第一种》、《七级字课第二种》、《七级字课第三种》、《七级字课第四种》、《七级字课第五种》、《七级字课教员用第三种》(1册)、《七级字课教员用第四种》(1册)、《七级字课教员用

---

① 《教科书之发刊概况》，教育部编《第一次中国教育年鉴·戊编》，上海：开明书店，1934年版第120页。

② 《教科书之发刊概况》，教育部编《第一次中国教育年鉴·戊编》，上海：开明书店，1934年版第121页。

③ 《教科书之发刊概况》，教育部编《第一次中国教育年鉴·戊编》，上海：开明书店，1934年版第122页。

④ 《咨各督抚严禁各学堂用彪蒙书室各教科书文》，《学部官报》，1909年第一卷第91期第1页。

第五种》（3 册）、《高等小学中国历史教科书》（4 册）、《小学中国历史歌》（原名《高等妇孺浅史》，1 册）、《小学词料教科书》（3 册）、《中国舆地略》（1 册）、《高等妇孺文编》（1 册）、《蒙学杂志》（1 册）、《妇孺闲谈》（1 册）、《论说阶梯》（1 册）、《时论大观》（1 册）、《蒙学说略》（1 册）、《科学韵语》（1 册）、《绘图少年中国史教科书》（4 册）、《少年中国史教授法》（4 册），将出的有"七级字课第六七种"及"七级字课第三种以下教授法"。从这些教材的性质来看，既有新式蒙学教材又有新编小学教科书及教授书；从名称来看，既有保留"蒙学"的，也有标上"小学""教科书"的。不过，书局已将新式蒙学课本和新编小学教科书统称为"教科书"了，而且有意识地要为"七级字课"分级编写相应的"教授法"以使其性质近似于教科书，但这些也只是出版社的说法和做法。在教育部编《第一次中国教育年鉴》之《教科书之发刊概况》1897—1912 年所载送审通过或未过的"教科书"中，只有上述 1897 年"陈荣衮编《幼雅》十五卷"[①] 的记载。也就是说，这些教材虽然标上了"教科书"之名，但实际上并未向清朝学部和民国教育部送审，或者曾送审但未获得通过。

虽然诸如此类的新式蒙学教材没有被官方认可，但是因为民初中国时局继续动荡，中央政府对各地方、各行业的控制力量有限，所以一些出版社出于谋利的目的仍然以"教科书"为名继续出版这类新式蒙学教材。如前述广州蒙学书局甚至于 1922 年 1 月时至新学制时期仍然在发行"七级字课"之类的新式蒙学教材。前述《七

---

① 《教科书之发刊概况》，教育部编《第一次中国教育年鉴·戊编》，上海：开明书店，1934 年版第 116 页。《幼雅》应为《幼稚》。

级字课第一种》在 1922 年 1 月发行至第六版，该书封底刊登的《广州蒙学书局发行各种教科书籍》仍有不少这类新式蒙学教材：《初等小学国文教科书》（8册）、《初等小学地名韵语》（1 册）、《洋装妇孺浅史》、《小学释词》（1 册）、《少年趣味史教科书》（4 册）、《少年趣味史教授书》（4 册）、《妇孺七级字课第一种至第五种》（5 册）、《七级字课详解三四五种》（3 册）、《小学中国历史歌》（1 册）、《小学词料教科书》（3 册）、《科书韵语》（2 册）、《国语正音教科书初二编》（2 册）及具体册数多未标注的《初等小学诗歌》、《中国练习白地图》、《国文文法》、《养猪大法》、《养鹅百话》、《畜牧之经营》、《小学尺牍教本》、《寻常妇孺文编》、《高等妇孺文编》、《妇孺新读本》、《妇孺论说入门》、《论说阶梯》、《妇孺信札》、《妇孺信札材料》、《妇孺译文》、《蒙学杂志》、《妇孺闲谈》、《妇孺习字格》（3 册）、《中国舆地略》、《时论大观》、《小学一得》、《图画练习簿》、《算学练习簿》、《作文簿》、《抄写簿》、《词料簿》、《解字簿》和《习字簿》。从这些书名可以看出，其实出版社已将"教科书"的内涵泛化了，我们应该用"教材"（教学材料）称之，因为里面还有《养猪大法》之类的知识读物和众多练习簿。"妇孺"系列在清末就没有明确为"教科书"，"七级字课"在民初也没作"教科书"使用，而"韵语""歌略"之类的教材更是在清末就被认为不合教科书体例，所以虽然蒙学书局仍在出版、印行"妇孺"系列、"七级字课"等过去新式蒙学教材及依照旧法而新编的"韵语""歌略"类教材，且以"教科书"广告之名推出，但实际上这类教材已是有教科书之名而无其实了。

整个 20 世纪前期的中国教育处在传统与现代交替之间，新旧势力相互博弈，又因为中国地域广大，各地教育发展很不均衡，所以各地使用的教材并不一致。学堂使用的是国文教科书，私塾所用可能仍是新式蒙学教材，甚至是传统蒙学教材，如章太炎在 20 世纪 20 年代末还重订《三字经》。① 又如梁瓯第1947 年在新疆考察教育时，发现当地又"重温启蒙古本"。他在《新疆的教科

① 常镜海在《中国私塾蒙童所用课本之研究（上）》中称，"章氏之所增，以经子故事较多。惜乎流传不广，世人多未睹也"，又说邹良冀在章太炎重订的基础上，"增加科学常识，世界史地知识等，数十句，有功蒙童良非浅鲜也"，曾刊于《晨报》，"一般读者多予以好评"。（《新东方》，1940 年第八期第 114 页）

书问题》中说："在玛纳斯河畔，小学生们读着三字经，百家姓一类的东西，年长的学生便念幼学琼林。当你听见'天地玄黄''人之初'的呐喊声在房舍里播送出来的时候，你简直不能想像这是在塞外的西域地方，那些小孩子装腔作势在摹写着红格的'上大人，孔乙己'，你更不能不钦佩旧教育流传之广，势力之固了。"①

这里需要补充交代的是，一些清末编的革命式、改良式的新式蒙学教材在民初继续出版，同时也出现了一些新编的"蒙学"教材。

（1）《蒙学报》。《蒙学报》1913 年 8 月 11 日创刊于北京北新桥南箭杆胡同。该报每周发行 1 册，主要供普通学校、半日半夜学校之外的学生用，当然也供在校学生阅读，如编者在其第 1 册中标示该报的"特色"时就宣称："凡在学校之学生，可用为补习课程；凡不在学校之人，亦可得普通智识。"正因为如此，虽然其名为"蒙学报"，但实际上是活页的小学教科书。这从其栏目设置中的学科分类及内容也可以看出。如该报共分为言论、教育、实业、杂俎、纪事和说部 6 栏，其中教育栏内依次分为修身、国文、算术、历史、地理、理化、法学、卫生和女学 9 个板块，除法学、女学外，其他几乎与小学所设置的学科名称一致。其内容与小学课程也几乎一致。如从清末至民初，小学国文写作一般是初等小学先按文章构成的要素依次传授填字、造句、联句、成篇等基本写作技巧，高等小学再分析成篇文章的写作方法，而该报每期均登载专门的文章作法：或用知识短文介绍作文之法，如《集字成句法》《论活字》等；或评点古今名文，如分段评点了王安石的《读〈孟尝君传〉》、周敦颐的《爱莲说》等，采用这两种介绍方法。大概因为前者为作文入门训练之用，后

① 梁瓯第《新疆的教科书问题》，《教育通讯》，1947 年 7 月 1 日复刊第三卷第九期第 27 页。

者作提高作文水平之用，这样设置不同的内容就是为了适合不同水平读者的需求。虽然在其第7册中出现了以传统蒙学教材中常见的"映雪读书"为题材的插图，但其本质上为活页的现代小学教科书而非蒙学教材（尤其与传统蒙学教材相去甚远）则是很明确的。其实，当时就有人对其名实不副的做法提出异议。如其第2册"地理"板块中一段编者的按语写道：

> 本报讲地理，开卷先说地球。出版之后，有人说不合蒙学的性质，按照蒙学应当先讲中国，由近及远，由浅入深，那才合式。这几句话，本报同人听着，很是佩服。但是我们讲演地理，先由地球说起，也有一番苦心。当出版时候，很费些个研究，因为中国在亚细亚洲，亚细亚洲在地球以上，讲地理要不从地球说起，何以知有亚细亚洲？不知亚细亚洲，张嘴儿就说中国，请问您中国在甚么地方呀？①

所以，该报先说地球，再说五洲大势，再说中国、外国。前面说过，1897年创办的吴县《蒙学报》则是以亚洲为本位、以中国为中心来介绍地理知识的。该报从1913年8月11日第1卷第1册出至10月24日第10册。目前没有发现其他各册出版，可能不久就消失了。究其原因，可能其性质似教科书，继续以"蒙学"为刊名不很恰当，而干脆改名发行了；或者是被不久就纷纷创刊的一些含有各科内容的综合性小学刊物取代了。

(2)《新幼学句解》。该书约于民国初年②由上海中国图书公司和记出版。

---

① 1912年庄俞和沈颐编、商务印书馆出版的高等小学用《共和国教科书新国文》，对立宪、共和等充满期待，可见此时国民的民族自信心大增，如其第4册第1、2课《周游世界》（一）、（二）试图重新确立中国中心的地位，其开头写道，"余素有周游世界之志。某年夏月，发自北京，乘汽车至天津，易汽船"，到朝鲜，在仁川登陆，游汉城。这样从中国的北京到朝鲜的汉城、日本的东京等，然后再到美洲美国的华盛顿，再到欧洲英国的伦敦、德国的柏林、俄罗斯的莫斯科等大都市；临近结尾处写道："由莫斯科东行，入亚洲境。经西比利亚以达哈尔滨。汽车所过，高山大湖，则凿洞、架桥以通之。其工程之浩大，实为可惊。自圣彼得堡至哈尔滨，凡十二日。更南行，经吉林、奉天，一日以达营口。又西行，复归北京，时已冬令矣。"也可能正因为国民重新确立了民族自信，才指斥北京《蒙学报》的编辑排列中国与亚洲其他国家、亚洲与世界其他几洲的顺序等的不当。
② 其文中"统系"一目最后写道："传至光绪，大启瓜分之口实；递至宣统，徒有立宪之虚名。成四千余年之历史，易二十余朝之人君。从此革新，遂成民国。"

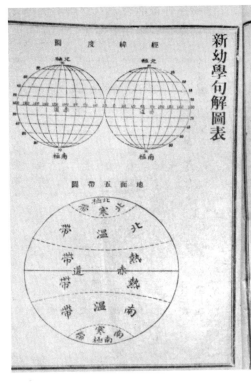

其"编辑大旨"指出，"是书体例悉照旧《幼学》编定"，"凡年长失学及学校未毕业，或改良私塾，及家塾，或乡僻村馆，执此一编，自能智识一新"。可见，其确实也作蒙学教材使用。从其内容来看，分为"天""地""人"和"物"四纲，纲下立目，如"天"分为"天文""时令"，地分为"地理""邦国"和"统系"，"人"分为"人种""人道""人事""职业"和"礼节"。因为笔者只藏有上卷，故其下卷收录的"物"的立目情况不知。乍一看，其所涉及的内容确实似《幼学琼林》，前文提及的《幼学琼林》又名《幼学须知》，分别按天文、地舆、岁时、朝廷、文臣、武职、祖孙父子、兄弟、夫妇、叔侄、师生、朋友宾主、婚姻、妇女、外戚、老幼寿诞、身体、衣服、人事、饮食、宫室、器用、珍宝、贫富、疾病死丧、文事、科第、制作、技艺、讼狱、释道鬼神、鸟兽和花木等 33 个主题分别介绍各类知识。细察一下会发现，其实二者内容相去甚远。如《新幼学句解》的"编辑大旨"称："《幼学琼林》从前虽风行一时，但于现今时代，多不合用，故是书材料，皆采取最近之事实。"而且，"是书内容，与教科书相为表里"。可见，其内容和《幼学琼林》全为旧有知识完全不同而和现代小学教科书近似：该书"包罗各种普通智识"，"含有匡助文明破除迷信之性质，故凡旧《幼学》之释道鬼神等事，概不编入"。（"编辑大旨"）像《幼学琼林》中介绍的诸如"焱火、谢仙，具掌雷火；飞廉、箕伯，悉是风神"，"水神曰冯夷，又曰阳侯；火神曰祝融，又曰回禄"，或"后羿妻，奔月宫而为嫦娥；傅说死，其精神托于箕尾"等内容是不会出现的。

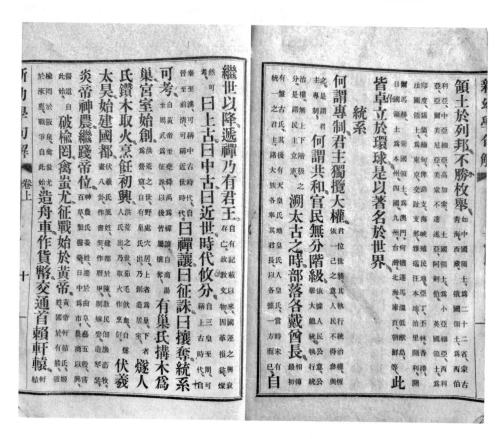

从其形式来看，该书除按《幼学琼林》的分类方式依次呈现内容外，还采用了其对仗方式，如其《天文》：

混沌一元，包涵万有。日为恒星之宗，月乃卫星之一。行星恒绕日而各循轨道，恒星不藉日而自发光芒。流星则飞渡而曳长光，彗星则注射而呈异态。日之放白光者，谓之光球；月之现黑影者，即是地影。水汽下降则为雨，空气流动则成风。暴风激自空中，时或飞沙走石；飓风来于海

凡向人自称尊長冠一「家」字撫己幼單冠一「舍」字言不敢與人同義

外，恒多拔树覆舟。日光与雨珠映射，朝为虹而暮为霓；正电与负电吸引，声为雷而光为电。同为水汽所聚凝，热则雨而寒则雪；同为水汽所飞散，低为雾而高为云。雨后之空气新鲜，城市之空气秽浊。曰露曰霜，结于地上，乃地面之温度不同；曰雹曰霰，结于天空，以天气之骤变而异。统观现象之差殊，不外水汽之变化。

可见，是用对仗这种旧形式来介绍新知识。另一相同之处是文中夹注。该书于"本文之下，附注音义"（"编辑大旨"）。如在"混沌一元"下注"混沌，空气也。一元，喻天也"。在"飓风来于海外，恒多拔树覆舟"下注："飓风，海外之四面风也，惟于热带见之。能卷水上升，远望若龙，为害甚烈。"这样就弥补了因求对仗而往往文字简略、句意不明的缺陷。① 和《幼学琼林》不同之处是在书前附图表。该书上卷共附有与课文内容相关的图表如《经纬度图》《地表五带图》等23幅，图表提示主要内容，以起到提纲挈领之效。

（3）《新增幼学故事琼林》

民国初年，上海广益书局出版《新增幼学故事琼林》。该书以《故事琼林》为主体，同时增补了其他书籍，如《应酬汇选》（各种帖式）、《初等学堂尺牍》、《英文捷诀》（常用语法、句式）。呈现时页眉为单词的英语及汉语标注的读音，如"地舆"类页眉上有逆风、狂风、静风、露、雾、云、雨、微雨、急

---

① 也可能因其有详尽的注解而让学生读起来觉得更有趣，如胡适在《四十自述》中回忆在村塾中求学读到《幼学琼林》时说道："同学之中有念《幼学琼林》的，我常常帮他们的忙，教他们不认得的生字，因此常常借这些书看；他们念大字，我却最爱看《幼学琼林》的小注，因为注文中有许多神话和故事，比《四书》、《五经》有趣味多了。"（胡适《四十自述》，曹伯言选编《胡适自传》，合肥：黄山书社，1986年版第24页）

雨、霞、雹、雷等词，其中的"雨"英语为 rain，汉语注音为"雨来痕"，而"微雨"只用"little"标注其中的"微"，再用"立得与雨来痕"注整个单词的音。第二、三栏则是依次呈现上述增补书籍的内容。主体部分是《幼学琼林》，采用正文加注的方式呈现，同时增补相关的内容，如"地舆"新增各方纪略以解说各地。可见，这是一本以《幼学琼林》为主体，或以其为名，而会集了传统蒙学读物与现代小学教材且用韵文、散文、英文等不同形式表述的亦古亦今、亦中亦西式的儿童读物。

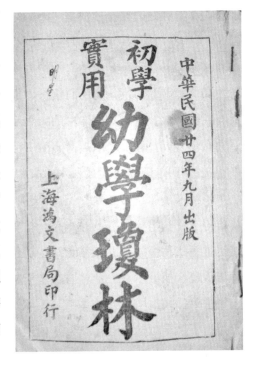

近现代一直是学校教育与私塾教育双轨并行。1926 年，在绩溪开展的一项教育调查显示，初级小学完全使用现代各科教科书。1908 年创办的鱼川初级小学校的教材，"采用商务的新学制国语常识两种"。1913 年创办的乡立纹川初级小学校的教材，"采用商务的共和国新国文修身算术三种"。1921 年创办的私立大同初级小学校、1922 年创办的迁善初级小学校、1922 年创办的先进初级小学校的教材，均"采用商务的新学制国语常识算术三种"。1926 年创办的绩溪东木初级小学校的教材，"采用世界书局的国语常识算术三种"。1926 年创办的私立祝山高氏初级小学校的教材，"采用商务的新国文，新修身两种"。1925 年"将村内私塾合并"改组而成的绩溪湖霞初级小学校的教材，"采用商务的新学制教科书"①。可见，无论是公立小学还是私立的小学，使用的教材都是小学教科书。私塾使用教材的情况比较复杂，大致有四种情况。一是可能没有什么教材。如许村的一位塾师是卖锅的，他自己可能连"天云雷雨"也认不清，石门外的一位塾师是堪舆家(风水师)，也不用什么教材。二是传统的蒙学教材。如

① 章铁民、周穊如《绩溪十三都的教育调查》，《微音月刊》，1926 年第 27 期第 27—30 页。

北村两个塾师用的教材分别是"天文花木甲子三字经……一类的书"和"三字经杂字"。石门外的一位塾师用的教材是"三字经杂字……"石鸠一位塾师用的教材是"三字经……之类"。对井的一位塾师用的教材是"杂字四书之类"。竹山和上岭前的两位塾师用的教材均是"杂字……"。三是既有传统蒙学教材，又有现代小学教科书。如许村的一处私塾，"塾师汪养源(亦系秀才出身)，学童约有十多人。教本除掉照例要读三字经……外，也有三四人读商务的共和国新国文"。四是现代小学教科书。有些接受过新式教育的塾师，干脆只教现代小学教科书。如新桥一处私塾，"塾师许华山，为人好学，教书亦尚认真，总算难得。——学童约有十七八人。教本用商务的共和国新国文"。不过，没有接受过新式教育的人也有可能只教现代小学教科书，如岱下的一处私塾，"塾师汪益辉，他虽然是一个忠厚长者(?)但是他未始没有事情干，何苦硬要贻误人家子弟？教本用商务的共和国新国文"[①]。大概在编者看来他用这种教材可能只是为了追求时髦而已。1926年的这项教育调查显示，无论是在现代学校，还是在私塾中，都没有再见到新式蒙学教材的身影。在中国的其他地方大致是这样：在现代学校占绝大多数的都市，使用现代各科教科书的会多些，在私塾较多的偏僻的乡村，使用传统蒙学教材会多些。1920年，国文改为国语，小学教材逐渐由文言文改为白话文。1923年，新学制课程标准颁布，小学教材变得儿童文学化。1926年前后，有一股复古势力在积极推动文言回潮、蒙学回归。即便在这样新旧势力角力的形势下，仍没有见到兼有传统与现代双重特点的新式蒙学教材的身影。这说明在清末被清学部否定的这类教材，在民国已经逐渐不被官方认可，无论是在公立小学还是在私立小学，都被现代小学教科书取代；也不被民间接纳，而在私塾中被传统蒙学教材排挤在外。

编写于晚清或稍后的这些新式蒙学教材最终全部消亡的确切时间已不可考，如除上述蒙学书局继续出版这些"韵语"教材外，像上文说过《五彩精图方字》在20世纪30年代还在重印。又如1935年上海宏文书局还在出版《初学实用幼学琼林》(该书和《新增幼学故事琼林》编写体例和基本内容相似，不过对后者内容作了简化，并重新配图而已)。这至少说明这类蒙学教材，如果

---

① 章铁民、周稗如《绩溪十三都的教育调查》，《微音月刊》，1926年第27期第30—31页。

不是被有些人当成儿童辅助识字读物，就是被当成获取一般性知识的读物。

　　总之，随着新式学堂、学校的设立以及新式教科书出版的增多，传统蒙学教材和新式蒙学教材，尤其是新式蒙学教材，逐渐从现代学校教育体系中消失，最终淡出了历史舞台。传统蒙学逐渐式微，虽然一度与现代教育并行，但最终还是让位于现代学校教育。

余论　新编小学教科书：在前行中回望

进行语文教育，教学生识字，读书，作文，有两个重要之点：一是要符合本国语言文字的特点，一是要符合儿童和青少年学习本国语言文字的规律。在千百年长期的语文教育实践之中，前人在这两方面确实找到了一些门径，积累了不少经验。我们的责任应该是作一些分析研究，看看他们所用的方法之中，哪些是行之有效的，为什么会有效，哪些是不对头的，为什么不对头，进而明确哪些是应该丢弃的糟粕，哪些是可资借鉴的经验，这些有益的经验又应该怎样同现代的科学成果结合起来，赋予旧的经验以新的生命，使它得到发展和发扬。这样，对于我们今天研究语文教育工作能有些参考作用，对于研究我国语言文字的特点也会有些益处。[①]

——张志公《传统语文教育初探(附蒙学书目稿)》(1962)

废弃了旧办法之后，必须建立新的来代替它，而在建立新办法的时候，应该就涉及的问题进行比较全面的研究，对于传统和遗产应该进行实事求是的分析，当取者取，当弃者弃。[②]

——张志公《传统语文教育教材论——暨蒙学书目和书影》(1992)

传统蒙学侧重伦理教化和灌输知识，如"蒙以养正，圣功也"(《易·蒙》)中强调的"养正"，又如"蒙谓暗昧也，幼童于事多暗昧，是以谓之童蒙焉"

---

① 张志公《传统语文教育初探(附蒙学书目稿)》，上海：上海教育出版社，1962 年版第 2—3 页。
② 张志公《传统语文教育教材论——暨蒙学书目和书影》，上海：上海教育出版社，1992 年版第 46 页。

（《尚书正义》）所说的"于事多暗昧"。新式蒙学又多强调传授实用的知识、使用浅显的文字。如《蒙学报》的发刊词称："蒙学云者，以浅近之文字，达浅近必要之学术是已。盖词句文古，人将病其难达；学非必要，教育无所补益。故本刊词句，概以通俗用语，取材限于生活必需。"① 内容从儒家教化和古旧知识到现代日用知识，用语从略显古奥到浅近通俗，这不能不说是一个巨大进步。张志公先生说"历代蒙书的编法很能反映汉语的某些特点"②，然而现代小学教科书抛弃了几千年来根据汉字、汉语特点而创造的符合汉字、汉语学习特点的传统蒙学读物的形式，则是一个巨大的损失，是国人在改革过程中常犯的一种历史虚无主义的毛病。目前，我们又处在一个世纪之初，当我们重新出发时，应该在前行的过程中不时地回望，检点传统教育的优劣，反思近代改革的得失。当然，这不是要完全否定现代教育，让儿童回到过去，如近年就不时出现的某地创办私塾"孟婆堂"、某小学强行让学生诵读《三字经》《弟子规》等传统蒙学读物之类的新闻。早在 1940 年，常镜海在《中国私塾蒙童所用课本之研究》中就提出改良传统的蒙学读本使之符合现代儿童的需要，他说："旧有课本，不特时过境迁，宗旨不合现况；即其中智识，亦多陈腐无用之谈；所用字句，亦为僻字废典，徒乱儿童之脑筋耳！世人但以其价廉，多因而以为质美，此为人民乐于购用之点颇可取法而利用之，宜就现有之蒙童课本中延聘专家改订其内容，使之合于现代化科学化而后矣，慎勿效章太炎先生所改订之《三字经》，仅多增许多国故于其中，显个人之手笔，令儿童益难领会。"所以，新订的童蒙课本，应该注意"勿蹈国故范围"，"勿用生僻字句"，"保存古本"。③可见，他认为要继承传统蒙学课本的形式而完全革新其内容，使之符合现代儿童学习的需要。

通过对新式蒙学课本及传统蒙学教材、现代小学教科书的考察，我们认为，要提高现代启蒙教育的效率，从课本这个层面来说，针对不同的学习任务在不同学习阶段使用多种形式的教科书，可能是一条很好的途径。

---

① 北京《蒙学报》，1913 年 8 月 11 日，第一卷第一册第 5 页"演说"栏。

② 张志公《我和传统语文教育研究》，刘国正编《我和语文教学》，北京：人民教育出版社，1984 年版第 169 页。

③ 常镜海《中国私塾蒙童所用课本之研究（下）》，《新东方》，1940 年第九期第 85—86 页。

一、集中识字阶段的综合教科书

其实，20世纪前期人们在对现代教育表达不满的过程中，就不时有人认为现代小学教科书不如传统的"三、百、千"。如1928年章太炎在《重订三字经》的题辞中称："若所以诒小子者，则今之教科书，固勿如《三字经》远甚也。间尝举以语人，渐有信者。"① 1935年，也有人认为，"现在的教科书，不如《三字经》为善。《三字经》关系人生的道德知识，而教科书则不然；应加改革"，"儿童记忆力强，应在儿童时期，授以强记的教材，以使儿童们多所强记，将来他们自然会取之无匮，用之不竭"。于是，主张"强令读经"、"痛斥现行教科书"的风潮渐起。② 当然，这里的指斥有些是不对的，如章太炎可能认为现代小学教科书摒弃了传统的儒家思想的训诫，另一些人可能认为当时小学国语教科书只为提高儿童阅读兴趣而完全选择狗唱歌、猫跳舞、鸡弹琴之类的纯粹儿童文学而显得不如内有"犬守夜，鸡司晨"之类常识的《三字经》等传统蒙学教材"实用"罢了。张志公先生说："进行语文教育，教学生识字，读书，作文，有两个重要之点：一是要符合本国语言文字的特点，一是要符合儿童和青少年学习本国语言文字的规律。"③ 下面，我们将以是否符合汉字汉语特点、是否符合我国儿童和青少年学习汉字汉语规律以及是否不违背科学精神作为基本标准，来衡量在传统蒙学教材、新式蒙学教材和现代小学教科书三者中到底哪一类可作为未来启蒙读物（尤其是小学初年级的教科书）编写的范例。

采用韵语、对偶的形式编写启蒙教材来让儿童集中识字，这是"三、百、千"的传统蒙学教材和上述"妇孺"等一些新式蒙学教材的基本做法，值得今天我们编写识字教材时借鉴。张志公先生在1962年版《传统语文教育初探（附蒙学书目稿）》中在介绍完传统蒙学教材之后，总结的第一条经验就是"使用韵语和对偶"，而且认为这种做法是针对汉语、汉字特点而设计的。他说：

---

① 程淯《重订三字经》，《国艺》，1940年第二卷第二期第9页。
② 吴研因《儿童年与儿童教育》，《教与学》，1935年第一卷第三期第25—26页。
③ 张志公《传统语文教育初探（附蒙学书目稿）》，上海：上海教育出版社，1962年版第2—3页。

前人的实践证明，从最初的集中识字教学直到进一步的识字教学，使用整齐的韵语，或者使用对偶，或者二者并用，是一个非常有效的办法。另一方面，凡是不采用这个办法的，如朱熹的《小学》等等，就收不到效果，乃至碰壁。这个事实非常值得重视。

我们知道，汉语虽然不是单音节语言，汉字则确实是单音节文字。在识字教育阶段，如果让儿童去学一个一个的不直接表音的单字，那会是十分困难的，而且枯燥乏味，引不起学习兴趣，勉强学了，也不容易记住。这是学习汉字的不利条件。而另一方面，正是由于汉字是单音节的，就非常容易构成整齐的词组和短句，也非常容易合辙押韵。——相形之下，要比多音节的西洋语文容易得多。整齐，押韵，念起来顺口，听起来悦耳，既合乎儿童的兴趣，又容易记忆。这显然比学一个一个的单字好，也比一上来就念参差不齐的句子好。前人大量采用整齐韵语的办法，的确是充分运用了汉字的有利条件，避免了它的不利条件。使用韵语的好处，古人早有所见……

前人这些说法之所以值得重视，是因为：第一，合于学习语文的规律；第二，合于汉语汉字的特点；第三，是千百年来长期实际经验的总结。事实上，不仅儿童喜欢韵语，成人也充分利用这个办法。学医的有汤头歌诀，脉诀；学画的有各种画诀；学武术的有各种拳诀：几乎各行各业都有自己一些便于记诵、传授的歌诀。

对偶，跟押韵一样，也是汉语汉字的特点，也有利于儿童的朗读、记诵。从声音上说，和谐顺畅，读来上口，听来悦耳；从内容上说，或者连类而及，或者同类相比，或者义反相衬，给人的印象特别鲜明突出，容易联想，容易记忆，境界高的，更给人以优美隽永之感。

前人把汉语汉字的这两个特点充分运用于儿童的识字教育，对我们来说，应该视为珍贵的遗产。①

因为对传统蒙学教材采用韵语和对偶的做法十分心仪，所以张志公先生对

---

① 张志公《传统语文教育初探(附蒙学书目稿)》，上海：上海教育出版社，1962年版第75—77页。

现代小学教科书，尤其是民国以后教科书的编法表示很失望，他说："民国以后，进一步抛弃传统的作法，逐渐产生了'狗，大狗，小狗，大狗叫，小狗跳'，'小小狗，快快走，小小猫，快快跑'那一路课本。更进一步，连那极少的一点还算整齐的特点也放弃了。"① 1992 年，他在《传统语文教育教材论——暨蒙学书目和书影》中又认为传统的蒙学教材脱离口语，有利于"把口头语言过渡到书面语上来"，而现代小学教科书的用语过于通俗、语义过于浅显："儿童的课本成了只能说说看看，既浅得毫无趣味，又干枯得不能琅琅诵读的东西。事实上，当我们还在使用方块汉字的时候，要初识字的孩子读的东西全然合乎口头语言的需要，那是很难办到的。'马来，马来'，'大狗叫，小狗跳'，这是什么语言实际！六七岁的，说话早已相当完整的孩子，他们的语言实际何尝是这么一副样子！"②

张先生用传统蒙学教材的韵语和对偶特点来批评现代小学教科书是合理的，而以此超越儿童的语言实际来批评现代小学教科书则值得商榷。因为，文字仅是一个符号，而所其代表的则是有一定意义的事物、情理等，从识名物、知人事、懂道理等启蒙教育的角度来看，所学必须选用现代生活中常用的字；又因为儿童常见常闻常道的字，其接受起来相对容易，所以必须选儿童常用字。这也正是现代小学教科书在用字方面较为科学的方面。这样看来，兼顾这两方面之长的则是晚清出现的借鉴传统蒙学教材韵语、对偶教材又考虑文字内容的现代性及句意完整且易于被儿童理解的新式蒙学教材。

不过，汉字的常用与否与其识写的难易之间并非一一对应。陈荣衮等编的韵语识字教材，虽然尽量选用儿童常用字，但并没有经过科学统计；而文字的呈现也没有经严格测量其辨识的难易而科学地安排。我们认为，应先确定一个儿童常用字的范围，然后根据辨识的难易来确定其呈现的先后。关于儿童常用字的研究，为了替小学教科书的编写用字提供参考，20 世纪 30 年代就研制出许多儿童字汇，如 1930 年王文新的《小学分级字汇研究》、1931 年王文新的《小学分级词汇研究》、1935 年国民政府教育部的《小学初级分级暂用字汇》。

---

① 张志公《传统语文教育初探（附蒙学书目稿）》，上海：上海教育出版社，1962 年版第 82 页。
② 张志公《传统语文教育教材论——暨蒙学书目和书影》，上海：上海教育出版社，1992 年版第 46、47 页。

如果我们现在也研制出一个科学的《儿童常用字表》，那么可将其作进一步的分级：低年级的字表中字的选择应该以低年级儿童口语中常用的字为主，以适合其阅读的读物中常用的字为辅。因为这既能提高儿童识字兴趣，又能满足儿童"写话"时的用字需要，从而使儿童能够"提前读写"。高年级的字表中的字的选择应该以其书面语中常用的字为主，以其口语中的常用字为辅。因为这既能提高书面语言水平，又能满足儿童适应未来社会生活的需要，使儿童读写能力得以进一步提高。如果《儿童常用字表》已研制出来，编写教科书时其基本字种的选择、字量的确定有了标准和依据，接着就应该考虑如何组织和呈现这些字，这就涉及字序的问题。字序的确定，首先，要考虑常用和难易两个因素。从总体以上看，要先识常用的再识次常用的。无论是常用还是不常用又都涉及难易的问题，一般来说，先识易的后识难的。根据艾伟的研究，汉字识别的难易问题牵涉的因素很多，认识汉字要达到纯熟的程度，其影响因子，在字形方面有 7 个，字音方面有 6 个，字义方面有 6 个，加上经常使用与不经常使用 2 个，共 21 个。如果进行排列组合，即 $7 \times 6 \times 6 \times 2 = 504$ 个。[1] 所以，当务之急是要加强汉字心理的研究，以确定汉字的难易。关于汉字辨识的难易程度的研究，20 世纪初至 40 年代也相继出现，如刘廷芳的"汉字心理实验"（1916—1919）、蔡乐生的《汉字的心理学（一）字的繁简与学习之难易》（1928）、艾伟的《汉字之心理研究》（1925—1928）、徐则敏的《汉字难易分析的研究》（1930）、杨继本的《汉字构造在学习上之影响》（1945）等，但其中多非定论。更何况简体汉字与繁体汉字的难易应该不同，例如"豐"简化成"丰"，"隻"简化成"只"，"產"简化成"产"，虽然简化后读音、意义没变，但是笔画数目、字体形状、结构都发生了改变。汉字的识别与形、音、义相关，尤其是笔画、形状、结构和识字难易存在一定的相关。艾伟等在进行相关的试验时研究的对象和使用的样本主要是繁体汉字，所以，汉字难易问题需要重新进行实验研究以解决，不能简单照搬他们的研究成果。字频、字间即教科书中生字重现的次数和间隔到底如何确定的问题到现在仍然没弄清楚。1946 年艾伟在《教育心理学大观》中提及"小学教本之编辑"时，要考虑"生字介绍以后，应当有再

---

① 艾伟《常用字与其形声义之相关研究》，《教与学》，1938 年第三卷第五期第 21 页。

见的机会；其次数的分配，应使之均匀——我们在实验中查出，各汉字有因所见之次数多而成绩好的；但是有成绩甚劣而所见之次数亦不少的，这是什么缘故？详细考察起来，始知道次数虽多，然集中于一两课内，此外即无再见之机会。编辑者这样的分配，使学者两个月或半年中止有两次之见面，难怪学者对于这些字不能记忆，所以生字次数的分配也是一个重要的条件"[1]。艾伟只是提出了生字要重复出现、要间隔出现的一个基本的原则，并没有明确提出一个具体的汉字到底要重复多少次，间隔多少距离。另外，是不是每一个生字复现的次数和间隔的距离都要一样，是不是生字重复的次数越多越好，间隔越均匀越好？如果不是，原因有哪些，也就是说会受哪些因素的影响？与汉字的难易到底什么关系？与构字（词）能力强弱到底是什么关系？等等。这些问题我们目前并不清楚。所以，字频问题需要进一步进行科学的实验研究。

如果能通过科学统计弄清楚儿童常用字的范围，通过实验测量出汉字识写的难易，那么在确定好字种、字量、字序、字频、字间的基础上，再用传统"三、百、千"和新式韵语蒙学教材所采用的对仗、押韵的形式来编写集中识字的综合教科书，则会既合汉字汉语特点而又科学现代。

除此之外，也可借鉴传统的字片、字包等识字教材以及受此启发而出现的字书类新式蒙学教材的编法，编写一种有图有字、注音释义的识字教科书，作为上述对仗、押韵类集中识字类教科书的补充。

在这里，我们稍微说一下儿童"读经"问题。针对儿童是否应该读经，20世纪前期曾有过多次论争。视传统为古董而倡言改革的人，往往将"经"贬得一无是处；视传统为瑰宝而力主继承的人，往往又将"经"捧得至高无上。所以，从清末至20世纪20年代中期，多数人反对读经；不过，民初袁世凯领导北洋政府推行复古教育时又提倡读经；从20年代中期整理国故运动开展、20年代后期南京国民政府成立、30年代初日本侵略我国加剧以后，又有一些人从以传承传统文化（传统礼教）来强化民族意识的角度而主张读经。如1925年有人在《六百年来最有势力的小学校教科书》中称《三字经》是最重要的小学教科书。他首先将当时根据常用字调查结果而编成的《平民千字课》与《三

---

① 艾伟编辑《教育心理学大观(下册)》，上海：商务印书馆，1946年版第86、87—88页。

字经》进行比较，发现："相同的有三百二十七字。那就是说：《三字经》所有字百分之六十，是《平民千字课》上找得出来的。六百年前编小学教科书的人，不用测验和统计方法，完全凭着主观，挑选出来的字，到今日还有百分之六十最适我们的用，这是一件难能可贵的事，也就是，《三字经》在小学里享几百年专利的一个理由。"再把《三字经》中有而《平民千字课》中无的 210 个字，从中挑出 100 "极有用的，最初等教科书上应当有的"字，再从《平民千字课》中找出在最初等教科上不必有的，至少多数人认为也应在识完这 100 之后才应学的 50 字，发现前 100 字比这 50 字用处更大，那么，《三字经》上有的而在《平民千字课》上找不出来的，不一定都是死字或没有大用的字，如果以《平民千字课》收录的文字作有用的标准，那么《三字经》中的这 100 个字也是有用的。将其和已确定的 327 字相加，共得 427 字，占《三字经》中单字总数的 80%。"单从识字这一点看来，我们的祖先用《三字经》作我们最初等教科书，并不大错。"① 如果从内容来看，"《三字经》很像一部《儿童百科全书》。甚么学科都被它包括了"，如历史、教育(含教育概论、读书法、教学原理)、哲学(包含伦理)、数学、天文、地理、物理、植物、动物、心理、艺术(含音乐)、文字学(包括外国文)、课外讲演，除了体育、卫生，其他重要的学科都有。这种为初入学儿童简介各科知识的编法，可引发他们对各科学习的兴趣，并为各科以后的学习打下基础。最后，他说《三字经》"这部书虽不是理想的教科书，但是有的地方确比新出的教科书强得多。今人若要为小学或平民另编一部教科书，纵然不求怎样完善，至少也要比《三字经》强一丝半毫。倘若编出来的东西，还不及六百年以前的人编的，那末，虽出于博士的手笔，冠以'最新'的字样，有教育家校订，名流作序，也是无用的。我们只好还是读我们的《三字经》罢"②。30 年代初，有人认为当时的小学国语教科书不如《三字经》。③ 如余景陶在《小学读经与学习文言文》中说，"猫跑狗跳"类小学国语课本中"兽话禽

---

① 张耀翔《六百年来最有势力的小学校教科书》，《新教育评论》，1925 年第一卷第三期第 14、15 页。
② 张耀翔《六百年来最有势力的小学校教科书(续)》，《新教育评论》，1925 年第一卷第四期第 17、18、20 页。
③ 吴研因《儿童年与儿童教育》，《教与学》，1935 年第一卷第三期第 25—26 页。

语了无意义者，不一而足。如此教材编入教本之内，深印于儿童心意之中，纵有兴趣主义，儿童中心主义，千百美名辞以相维护，不佞亦不得不认为戕贼儿童之生命。旧日读'人之初，性本善'，当时虽不能尽解，而事后回想，究不无甚深之意义存焉。纵令所解者仅有一部份，而得其片言只字，如'可以人①，不如物'，'幼不学，老何为'之类，即已受用无穷。今日之教本，似若易解矣，但不知解此又复何用耳？儿童智力发达后，回想其幼时之所学，尚有足以为其人生之指南者否乎？教育家徒重形式而不重实质，其所教成之人，势必心中空洞

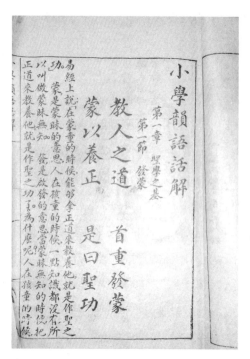

无物，一入人生大海，茫茫无所依据，真不知有若干悲剧从此而生矣"②。所以当时章太炎重订《三字经》从内容上改良传统蒙学教材的事件，或出现了一些小学直接采用传统蒙学教材的情况。其实这些都是不恰当的，因为这些传统经典的内容远离现代儿童的生活经验，儿童不易理解，有些甚至是反动落后的，则儿童不宜接受；其文本语言（文言）表达方式脱离现代儿童的语言水平实际，儿童不易也不宜理解和运用；其文本中的文字符号，多数也是儿童在口语或书面语中并不常见不常用的，则儿童不必辨识。

当时地方政府的教育行政部门对此十分清醒。如1929年11月14日安徽省教育厅就发出禁止采用"四书""五经"及"女儿经"作为小学课本的第2020号训令，可为今天抨击小学教科书而重提儿童读经者参考，照录如下：

为训令事：查小学教育，关系国家前途，至为重要。国民政府统一全

---

① "可以人，不如物"应为"人不学，不如物"。
② 余景陶《小学读经与学习文言文》，《时代公论》，1934年第一五五号第24页。

国以后，对于发展儿童个性方法，尤特别注意。迭经前大学院暨教育部将小学应用教科书详加审定，并通令各小学一体遵照在案。兹据本厅各督学报告，本省各小学照章采用审定教科书者固多，而沿用四书五经女儿经百家姓千字文龙文鞭影等书为课本者，亦所在多有。此等书籍，或文理深奥，不合小学教科书之用；或意义顽旧，违背时代潮流；更有绝无意义，仅资背诵者。若仍听其沿用，贻误儿童，实非浅鲜。为此令仰该局长迅饬县督学随时考查，严加取缔。嗣后无论县公私立各小学，非经中央审定之教科书，一概不许采用，以符合教育革新之旨。切切，此令！①

总之，无论是从接受思想教育、学习文化知识，还是从学习语言、文字的角度来说，均不宜直接将传统经典让儿童诵读，而应只借鉴其形式，即便是让儿童接受传统文化，也只可借鉴其形式然后"新编"内容、新选文字。

其实民国以后，虽然新式教育高歌猛进，但是传统蒙学教材并没有退出历史舞台，它们不仅在大量存在的私塾中被广泛地使用，就是在学校中也常见到其若隐若现的身影。20世纪20年代，在"整理国故，再造文明"的运动中，大量的传统蒙学教材得以重印或加注翻刻，就是因为一些从事教育的先贤认识到我国传统蒙学教材的诸多长处。如1924年1月安徽省立第二师范小学教材编辑部出版的《新编小学韵语话解》，就是安徽第二师范国语教员、徽州婺源人查辅绅受新式教育家、第二师范校长胡晋接（字子承，1870—1934）的指示后对咸丰丙辰年罗泽南编写的《小学韵语》用白话注解而成的。胡晋接在《新编小学韵语话解》之前的"重编小学韵语章节缘起"中提到："自学校兴而国学日益荒废。吾国固有学术之精粹，如四子书五经者，尚多束之高阁。其余小学之书，所以辨威仪而明伦常者，举弃之弗甚惜，更焉论也。"而《小学韵语》这样的书"非新出版之小学修身教材可及"。虽然此书有"辟佛"等不当字句，但是如果以此教学必然能"造成真学问真事业真人才也"。他还特别强调了该书形式方面的长处，即将古小学之书"辑为韵语，以便诵习"，加以章节、解

---

① 《令禁小学课本采用四书五经及女儿经等书》，《安徽教育行政周刊》，1929年第二卷第四十期第10页。

以白话，则易读复易解。查辅绅在该书的跋中写道，看完此书，"不觉赞叹吾国固有绝妙之教育方法在也"。

20 世纪 30 年代，不少论者重提儿童读经而反对以儿童文学为主体的小学国语教科书时，著名的小学语文教育家、新学制小学国语课程标准的制定者吴研因（原名輦瀛，1886—1975）曾一面撰文从经书内容难以让现代儿童理解且多含糟粕不宜让儿童接受的角度批驳了读经之谬，一面又在自己新编的教科书中尝试借鉴传统蒙学读物的形式，开创教科书的新编法。由他编写、世界书局 1933 年出版的初级小学用《国语新读本》的第 7 册第 6 课《捉鱼三字经》就是用《三字经》的形式来介绍捉鱼知识的童话故事：

水鸥老师拿出好多本《捉鱼三字经》来，发给水鸟学生，叫它们念。于是水鸟们你一句，我一句念起来了。

大小鱼，在水中，游到西，游到东。想捉鱼，莫儿戏，须忍耐，须仔细！眼要明，嘴要快；若不然，就失败。大海里，浪滔滔；一面飞，一面瞧；瞧见了，莫耽误；追得慢，捉不住。长江水，向东流；小的鱼，不停留；江心处，小鱼少；江岸边，容易找。大湖中，水清清；风儿止，浪儿平；要留心，莫急慢，紧紧追，快快干！小河里，水也深；鱼见了，向下沉；低下头，钻进水，对准了，就张嘴。还有那，小溪流，有水草，有石头；石头旁，鱼躲稳，水草中，多得很。更有那，小苇塘，好点心，尽你尝；小蛤蚌，小虾蟆；味道儿，也不差！

它们念了半天，肚子也有点儿饿了，老师叫它们外面去游戏。于是它们飞的飞，跑的跑，一齐下水，美味的点心，吃了一个饱。

整篇课文是一篇童话：水鸥教水鸟念《捉鱼三字经》；然后呈现《三字经》的内容——首先是说捉鱼的态度，然后分别介绍大海、长江、大湖、小河、小溪流、小苇塘那里可以捉到什么以及怎么捉；最后水鸟念熟了《三字经》就运用所学知识纷纷下水去捉鱼了。将知识的介绍放在故事中呈现，儿童读起来会兴趣盎然；又用三字一顿、隔句押韵的形式来呈现，读起来更是朗朗上口，有趣易记。与教科书相配套的《初小国语教学法》就称："本课是童话中夹着民歌的文体，实质有关于自然。以三字为一句，双句叶韵，韵随时变换。全课分成三段（详见下面段落大意），主要的意思，是说捉鱼要有方法和经验。全为老师教学生的口气。"本课要旨为"以水鸥读三字经的故事，引起儿童研究自然的兴趣"。教学目的的第二条为"引起儿童研究水产的兴趣"①。

除了借此传授知识，编者还让学生学习《三字经》的文字组织形式，《初小国语教学法》确定《捉鱼三字经》的教学目的第一条为"欣赏三字经组织的巧妙，并练习文字章句"。为了达到这个目的，除在《国语新读本》该课之后设置"把句中押韵的字，加注音符号"的练习，以提醒学生三字经具有押韵的特点外，《初小国语教学法》还在设计教学时先后采取五个手段。第一，要求学生有表情地吟唱。第二，"推究"形式："本课文字是甚么体裁？三字经和普通的诗歌有甚么不同？三字经前后为甚么都加一段散文？本课的正文是甚么？（三字经）三字经是有韵的，通篇是否用一个韵？哪几句是同韵的，能够逐句指出来么？本课中有哪几句是整句？（游到西，游到东。须忍耐，须仔细。……）此种整句你觉得怎样？（读起来声调优美，容易上口。）"第三，提示注音："把叶韵的字，注出注音符号，看每个字的韵母发现甚么现象？（同韵字，必同韵母）"。第四，要求学生仿作："共同拟题，如拍皮球三字经读书三字经等，各自仿作。"第五，集句练习："集写整句"②。让学生在诵读、涵泳中感受三字经的形式之美，在推究、注音中理解三字经形式上的特点，在仿作、集句中学会三字经的写法。教科书既采用了新式蒙学教材的编法（形式是《三

---

① 金润青等编辑《初小国语教学法》，上海：世界书局，1933 年版第 7 册第 58、59 页。
② 金润青等编辑《初小国语教学法》，上海：世界书局，1933 年版第 7 册第 60 页。

字经》，内容是现代科学知识），又融合了现代小学教科书的编法（将《三字经》放置在童话故事中呈现）。教师用书在设计教学时既强调传统的诵读法，又运用现代的讲解与练习法。这些都为我们今天编写教科书和教师用书提供了一个很好的示范。

总之，清末的新式蒙学教材，还没有科学地研究字种、字量、字频、字序、字间等问题，没有后来的字汇和汉字心理研究成果作参考。如果能研制出一个科学的《儿童常用字表》，并弄清楚当代儿童的识字心理，就可以借鉴新式蒙学教材的做法，借鉴传统蒙学教材的韵语、对仗的编写形式，采用现代小学教科书的内容，汲取科学的字汇和汉字心理成果，编写出一套符合汉字汉语特点和本国语言文字学习规律的集中识字阶段的综合教科书。

二、初步读写阶段的分科教科书

（一）初步读写阶段的分科教科书

在儿童集中识得、写得一些汉字之后，则可以进入各科专门知识学习的阶段。教科书，就不必也不能像上述集中识字阶段的教科书那样以识字为主、附带接触各科内容，而应该以掌握各科知识和技能为主，所以应该分科编写。从学习的角度来说，只需记诵的知识则教科书可用韵体呈现，而需要深入理解的，如操作原理、科学定律等，则宜用散体表达，因为这样才能说明、阐释得清楚；从教学的角度来说，如果只让学生背而无须老师讲则教科书可用韵语呈现，如果是老师讲学生听，或者是师生讨论，则宜用散体表达，因为这样才和教学时用语表达习惯一致。所以，在分科编写这些教科书，尤其是编写数学、物理、地理、化学等自然科学类教科书时，传统的对仗、押韵形式就不必过多采用了，而应该采用散句的形式来表达。张志公先生就说过，《算学歌略》《地球韵言》"诸如此类，很有一些，大都被当时的教科书审查机关批驳，认为不合教科书体例，因而不得流通。这类书，当然是有缺点的。它们的目的显然不在于识字教育，而是正式的知识教育；可是，教科学知识而全用这个办法，恐怕反而要受到语言的约束，好些地方讲不清楚。完全采用这种方式来编写教科书，是行不通的"。只不过，"在最初阶段适当采取一点，帮助记忆，或者摘出若干部分跟识字教育配合起来，或者适当地用之于成人补习教育，也未始没有好处"①。

（二）语文分科教科书②

在传统蒙学中，识字、写字、阅读、写作教学是分进合击的："三、百、千"等是识字教材，识的字是"人之初，性本善"，写的字是"上大人、丘乙己"；"四书、五经"等是阅读教材，读的是"关关雎鸠"，写的是"八股""策论"。张志公先生在谈古代识字教学时提到，字的认（念）、讲、写、用"为什么有那么一段时间，要各走各的路呢？因为各有各的特点，各有各的规律，步调。一切从客观事物的实际出发，当分则分，当合则合，别看都是'字'，认、讲、用、写可并不是一回事"③。其实，识字、写字、阅读、写作也是各有各的特点，各有各的规律、步调，也应该当分则分，当合则合。确实，其中任何一项活动的进行都会涉及其他活动。就像有人说的，教师拿一张图，讲图上的故事给儿童听，请儿童复述是说话，把话写出来是作文，认出记下来的文字是阅读，把文字写到图上去是写字。确实，识字、写字、说话、写作教学往往都会借助书面材料的阅读来完成，就像有人说的，"读法本是国语教育四个分科之一，然别的三个分科——就是作文、习字、谈话——上面的事情，亦有若干是当然含在读法教授当中的"④。如识字教学可以借助阅读教学完成，因为阅读所用的文章就是由单个的汉字组织而成的，但是儿童只有识得一定量的字之后，才能比较顺利地进行阅读，如果不先集中识字而完全采用分散识字的教学方式，那么阅读教学必然要完成识字教学的任务，这样不见得就利于识字，也不见得利于阅读，因为阅读重在了解文义，识字重在形音的识别。阅读时太重形

---

① 张志公《传统语文教育教材论——暨蒙学书目和书影》，上海：上海教育出版社，1992 年版第 74 页。

② 张心科、郑国民《20 世纪前期语文课程分合论——兼说"阅读教学"的含义》，《教育学报》，2009 年第 6 期。

③ 张志公《传统语文教育教材论——暨蒙学书目和书影》，上海：上海教育出版社，1992 年版第 41 页。

④ 慈心《读法教授的各问题》，《教育杂志》，1921 年第十三卷第二号第 1 页。

音，则影响阅读的速度，更不易从整体上把握全篇的意义。写作教学也可以借助阅读教学，因为阅读不仅为写作提供材料，而且可以为写作提供文章的范式，但是写作应有自己的教学内容，如拟制题名、确立主题、取舍素材、多向构思、铺设线索、照应过渡、开头结尾、语言表达等方面的技能，光凭积累材料或对文章的结构作静态的分析学生是难以提高写作水平的。说话教学也可以借助阅读教学，因为阅读教学中师生之间的问答、讨论等都是说话，但是说话也应有自己的教学内容，说话教学并非只是要求说话时发音正确、没有语病等，还要求注意对象、场合等，另外会话、演说、辩论等也有一些特殊的要求，仅凭阅读中师生之间的问答、讨论是难以提高学生说话水平的。虽然它们相互关联，甚至相辅相成，但毕竟有各自不同的教学内容和规律，如果混合教学，显然弊大于利

虽然在晚清颁布的"学堂章程"中上述几项教学是分属于不同课程的，而且随后商务印书馆也相继出版了相应的分科教科书，不过，从 20 世纪初至今，虽然对此进行过多次大的讨论和局部实践，但是语文科发展一百多年来，人们多强调阅读教学与识字、写字、说话、写作教学的"合"，却因为多种原因没有让它们之间适当地"分"，导致至今没有独立的识字、写字、阅读、写作、口语教学，也没有独立的识字、写字、阅读、写作、口语教科书，其结果是各项教学相互掣肘，效率低下。所以，我们认为应汲取传统语文教育分进合击的思路，承接晚清商务印书馆围绕识字、写字、阅读、写作、口语而分编教科书的做法，新编相应的教科书。

王国维曾言："中西二学，盛则俱盛，衰则俱衰，风气既开，互相推助。"[①]古今二学亦然。真正的学问是无所谓古今中西的。晚清名臣张之洞在《劝学篇》中说自己的改革言说是建立在"在海外不忘国，见异俗不忘亲"的基础上的。[②] 然而，近代以来，盘踞在国人心中的是以古为旧的历史虚无主义和以本土为落后的自我矮化思想，这些亟待清除，然后可熔古今中西于一体，淬取精华，铸为新器，方为善法良术！在我们要重新出发之际，我们既前瞻，又应不

① 方麟选编《王国维文存》，南京：江苏人民出版社，2014 年版第 702 页。
② 张之洞著、德平评注《〈劝学篇〉评注》，北京：光明日报出版社，2021 年版第 4 页。

时地回望。如果真能做到这样，那么就教科书编写而言，必然能编写出一套传统与现代交融（新学为体、旧学为用）、中国与西方（中学为体、西学为用）结合的，具有不同功能、用于不同学段的各种类型的小学教科书，进而在互用中发挥互补之效。

主要参考文献

M. 阿普尔、L. 克丽斯蒂安-史密斯主编《教科书政治学》,侯定凯译,上海：华东师范大
　　学出版社,2005 年版。

迈克尔·W. 阿普尔等《国家与知识政治》,黄忠敬、刘世清、王琴译,上海：华东师范
　　大学出版社,2007 年版。

北京师范大学民俗典籍文字研究中心编《陆宗达先生百年诞辰纪念文集》,北京：中
　　国广播电视出版社,2005 年版。

曹伯言选编《胡适自传》,合肥：黄山书社,1986 年版。

曹聚仁《我与我的世界》,北京：人民文学出版社,1983 年版。

陈鹤琴《我的半生》,上海：上海三联书店,2014 年版。

陈懋治、杜嗣程、沈庆鸿等编《蒙学课本》,通学斋校印本,1897 年初版。

陈荣衮、冯子骏《妇孺韵语》,新会：芹香阁板石印,1898 年版。

陈荣衮《绘图妇孺三四五字书》(局部),广州：守经堂石印,1903 年版。

陈学恂主编《中国近代教育史教学参考资料(上册)》,北京：人民教育出版社,1986
　　年版。

陈子褒《教育遗议》,台北：文海出版社,1973 年版。

陈子褒《七级字课教员用第三种》,广州：蒙学书局,1912 年版。

陈子褒《七级字课学生用第一种》,广州：蒙学书局(通学书局),1922 年版。

池小芳《中国古代小学教育研究》,上海：上海教育出版社,1998 年版。

高凤谦《(五彩精图)方字教授法》,上海：商务印书馆,1909 年初版。

高叔平编《蔡元培全集》(第 3 卷),北京：中华书局,1984 年版。

郭沫若《郭沫若全集》(第 12 卷),北京：人民文学出版社,1992 年版。

洪宗礼、柳士镇、倪文锦主编《母语教材研究(3)》,南京：江苏教育出版社,2007 年版。

胡从经《晚清儿童文学钩沉》,上海：少年儿童出版社,1982 年版。

华勒斯坦等《学科·知识·权力》,刘健芝等编译,北京：生活·读书·新知三联书
　　店,1999 年版。

黄用端、式如甫《改良妇孺浅史歌》,新会：时敏书局印行,1903 年版。

《绘图洋务日用杂字》,安徽屯溪(具体时间不详)。

《绘图中西家常日用杂字》(清末),江苏南通。

吉尔·德拉诺瓦《民族与民族主义》,郑文彬、洪晖译,北京:生活·读书·新知三联书店,2005年版。

蒋维乔、庄俞《最新初等小学国文教科书》(第2册),上海:商务印书馆,1905年版。

蒋维乔、庄俞《最新初等小学国文教科书》(第6册),上海:商务印书馆,1905年版。

蒋维乔、庄俞编《初等小学用最新国文教科书》(第1册),上海:商务印书馆,1904年版。

教育部编《第一次中国教育年鉴·戊编》,上海:开明书店,1934年版。

柯林伍德《历史的观念》,何兆武译,北京:中国社会科学出版社,1986年版。

课程教材研究所《20世纪中国中小学课程标准·教学大纲汇编·语文卷》,北京:人民教育出版社,2001年版。

李伯棠编著《小学语文教材简史》,济南:山东教育出版社,1985年版。

梁启超《中国历史研究法》,北京:东方出版社,1996年版。

林纾《闽中新乐府》,福州刻印,1897年初版。

林治金主编《中国小学语文教学史》,济南:山东教育出版社,1996年版。

刘树屏编《澄衷蒙学堂字课图说》(卷一、三,共3册),1901年版。

迈克尔·W·阿普尔《意识形态与课程》,黄忠敬译,上海:华东师范大学出版社,2003年版。

迈克尔·阿普尔《官方知识——保守时代的民主教育》,曲囡囡、刘明堂译,上海:华东师范大学出版社,2004年版。

麦克·F·D·杨主编《知识与控制——教育社会学新探》,谢维和、朱旭东译,上海:华东师范大学出版社,2002年版。

茅盾《我走过的道路》(上),北京:人民文学出版社,1981年版。

蒙学公会编《蒙学报》,吴县,1897第一期—1898年版第三十八期。

森有礼编《文学兴国策》,上海:上海书店出版社,2002年版。

商务印书馆编《最近三十五年之中国教育》,上海:商务印书馆,1931年版。

石鸥、吴小鸥《中国现代教科书之萌芽——南洋公学的〈(新订)蒙学课本〉》,《湖南教育》(语文教师版),2008年第1期。

石鸥、吴小鸥《最具现代意义的学校自编语文教科书——无锡三等公学堂的〈蒙学读本全书〉(1901年)》,《湖南教育》(语文教师),2008年第3期。

石鸥、吴小鸥编著《百年中国教科书图说》,长沙:湖南教育出版社,2009年版。

石鸥《最不该忽视的研究——关于教科书研究的几点思考》,《湖南师范大学教育科学学报》,2007年第5期。

石韫玉重校《初学实用幼学琼林》,上海:鸿文书局,1935年版。

舒新城编《近代中国教育史料(第二、四册)》,上海:中华书局,1928年版。

舒新城《近代中国教育思想史》,上海:中华书局,1932年版。

司琦《小学教科书发展史——小学教科书纸上博物馆》,台北:华泰文化事业股份有限公司,2005年版。

谭彼岸《晚清的白话文运动》,武汉:湖北人民出版社,1956年版。

汤志钧、陈祖恩、汤仁泽编《中国近代教育史资料汇编·戊戌时期教育》,上海:上海教育出版社,2007年版。

汪家熔辑注《中国出版史料·近代部分(第二、三卷)》,武汉:湖北教育出版社,2004年版。

汪家熔《近代出版人的文化追求》,南宁:广西教育出版社,2003年版。

汪家熔《民族魂——教科书变迁》,北京:商务印书馆,2008年版。

王建军《中国近代教科书发展研究》,广州:广东教育出版社,1996年版。

王泉根《中国现代儿童文学文论选》,南宁:广西人民出版社,1989年版。

王云五《王云五文集(五)·商务印书馆与新教育年谱(上册)》,南昌:江西教育出版社,2008年版。

王昭三编《普通学前编》(目录),云南务本堂藏版。

《文星堂新刻详正汇采书信要言》(清末),安徽屯溪。

吴洪成主编《中国小学教育史》,太原:山西教育出版社,2006年版。

吴洪成《历史的轨迹——中国小学教育发展史》,重庆:西南师范大学出版社,2003年版。

夏晓虹《〈蒙学课本〉中的旧学新知》,《清华大学学报》(哲学社会科学版),2009年第4期。

《新幼学句解》(上卷)(民初),上海:中国图书公司和记。

《新增幼学故事琼林》(民初),上海:广益书局。

熊承涤《中国古代学校教材研究》,北京:人民教育出版社,1996年版。

徐兰君、安德鲁·琼斯主编《儿童的发现:现代中国文学及文化中的儿童问题》,北京:北京大学出版社,2011年版。

《蒙学报》(吴县,1897—1898 年)

《教育杂志》(1909—1949 年)

《中华教育界》(1912—1949 年)

《蒙学报》(北京,1913)

《出版史料》(2001—2010 年)

徐梓、王雪梅编《蒙学要义》,太原:山西教育出版社,1991 版。

徐梓《蒙学读物的历史透视》,武汉:湖北教育出版社,1996 年版。

学部编译图书局编《第二种简易识字课本》(第 1 册),北京:学部编译图书局,宣统元
年初版。

学部编译图书局编《初等国文教科书》(第 1 册),天津:教育图书局印刷处,1909
年版。

叶瀚、叶澜《地学歌略》,通学斋校印本,1901 年初版。

叶澜《天文歌略》,1901 年初版。

俞复、丁宝书等编《蒙学读本全书四编》,上海:文明书局,1902 年版。

俞复编《蒙学读本全书二编》,上海:文明书局,1902 年初版,1908 年第 23 版。

俞复编《蒙学读本全书三编》,上海:文明书局,1902 年初版,1908 年第 23 版。

约翰·杜威《民主主义与教育》,王承绪译,北京:人民教育出版社,2001 年版。

曾宪辉《论〈闽中新乐府〉——兼谈其梓行及其它》,《福建师范大学学报》(哲学社会科
学版),1994 年第 1 期。

张静庐辑注《中国近现代出版史料·近代初编·现代丁编(下)》,上海:上海书店出
版社,2003 年版。

张士瀛《地球韵言》,1903 年初版。

张树年主编《张元济年谱》,北京:商务印书馆,1991 年版。

张心科《清末民国儿童文学发展史论》,北京:北京师范大学出版社,2011 年版。

张志公《传统语文教育初探(附蒙学书目稿)》,上海:上海教育出版社,1962 年版。

张志公《传统语文教育教材论——暨蒙学书目和书影》,上海:上海教育出版社,1992
年版。

《正蒙时务三字经》,杭州:浙报馆,约 1902 年版。

郑国民《从文言文教学到白话文教学》,北京:北京师范大学出版社,2000 年版。

郑示言《光绪末年屯溪木版蒙学课本》,《屯溪文史》,1993 年第 4 集。

郑振铎《郑振铎全集》(第 13 卷),石家庄:花山文艺出版社,1998 年版。

《中西绘图益幼杂字》(民初),铸记书局。

周予同《中国现代教育史》,上海:良友图书公司,1934 年版。

朱树人编《新订蒙学课本》(1901 年初版),长沙:岳麓书社,2006 年版。

朱有瓛主编《中国近代学制史料(第二辑·上册)》,上海:华东师范大学出版社,1987 年版。

朱有瓛主编《中国近代学制史料(第一辑·下册)》,上海:华东师范大学出版社,1986 年版。

庄俞、沈颐编《共和国教科书新国文》(国民学校秋季始业用,第 2 册),上海:商务印书馆,1912 年版。

《最新绘图幼学杂字》(清末),安徽屯溪。

后　记

　　中国要作家，要"文豪"，但也要真正的学究。倘有人作一部历史，将中国历来教育儿童的方法，用书，作一个明确的记录，给人明白我们的古人以至我们，是怎样的被熏陶下来的，则其功德，当不在禹（虽然他也许不过是一条虫）下。[①]

　　这是鲁迅在 1933 年 8 月 18 日的《申报》之"自由谈"栏目发表的文章《我们怎样教育儿童的?》中的一段话。这段话一再被张志公、徐梓等学者的有关研究传统蒙学教材论著征引，可见其已成为触发学者们研究传统蒙学的动机和促进学者们对传统蒙学进行系统研究的动力。我的研究最初并非由此而引发，目的也非建立"不在禹下"之功德，只是因为当初我研究清末民国的识字教育和儿童文学教育的起点均为 1897 年，而我依据的教材往往从所见《蒙学课本》（1901）直接跳到《最新国文教科书》（1904 年农历十二月至 1912 年年初）。从"三、百、千"等传统蒙学教材到《最新国文教科书》等现代语文教科书之间远不止《蒙学课本》这一种过渡性的教材。同时，我发现以往多从教育思想或教育制度层面而没有从教材的层面研究传统蒙学向现代教育转型，所以传统蒙学教材与现代教科书之间这一貌似空白的地段深深地吸引着我的目光。后来，在进行其他研究的过程中我一直关注着有关新式蒙学教材的论述，结果发现这些论述存在诸多相互矛盾之处，于是通过比较、辨析，写了《"中国自编小学教科书之始"考辨》（2008 年

[①] 鲁迅《鲁迅全集（第五卷）》，北京：人民文学出版社，2005 年版第 271—272 页。

12月)。同时,我还有意地收集这些新式蒙学教材。在阅读这些教材的过程中,我发现,对这些教材可从内容和形式等方面进行归类,而不同教材之间也存在一定的关联,于是,在一番初步的梳理、探析后,又写了《从传统蒙学教材到现代小学教科书》(2009年12月)。经过这两项初步研究,在我眼里,此前传统与现代之间的空白已逐渐变成了虚线。我希望将这虚线变成实线。不过,实在难以一蹴而就。这除本人的功力不够外,还与这些新式蒙学教材的实物难觅直接相关。这些教材因存在时间短且后人不重视等原因几多散失,而就是这些较少的存本,每册卖家动辄开价数千,所以只好望而兴叹。即便是这样,我还是设法陆续购买了20余种。我原本打算等搜集到足够多的时候再作系统的研究,不过2010年2月我偶然购得可能是被认为原书已失传而仅现存两篇摘录课文的1897年版《蒙学课本》的全本,在大喜过望之余,进行较为系统、深入的研究的想法油然而生,尤其是觉得其他论者多从制度、思想等层面来研究传统教育向现代教育转型而显得虚多实少,于是,我在先前两项研究的基础上,重新排比资料、确立框架、选定方法、考辨文本、梳理源流、探寻缘由、比较异同、总结规律、判断得失、预设发展。经过这一番努力,现在可以说,已开始将这条虚线逐步向实线转变了。不过资料的搜集和研究的深入还需要一生来完成,所以先出版这本《晚清新式蒙学教材研究:从传统蒙学到现代教育》,希望大家能提供一些文中未能涉及的资料或指出其错漏浅薄之处。我想经过大家共同的努力,他日必能将这条历史之线描画得更清晰些。如果真能这样,那么大家之功德,就如鲁迅先生所说,真正是"当不在禹下"了。

最后,要特别感谢时东明老师。此前我在华东师范大学出版社出版的多部著作都经她审订,这次她又担任本书的责任编辑,并在审读的过程中发现了书稿中多处疏漏和错误。

2024年7月15日

附录1:《新编对相四言》祖本考^①

著名语言学家、语文教育家张志公先生在研究传统语文教材时将识字课本分为两大类:为读书取仕奠定基础的,用字较为雅驯的"三百千";为满足日用需要的,用字较为通俗的"杂字"。他对其中一本颇具代表性的杂字《新编对相四言》的源流的考证用力甚勤,从1965年购得一本石印复制本《新编对相四言》开始,到1977年在《文物》第11期上发表《试谈〈新编对相四言〉的来龙去脉》,再到1992年将该文附录在《传统语文教育教材论——暨蒙学书目和书影》中并撰写补记,研究前后持续了近30年。该书推论严谨,正如他在书中所说,"经过反复多次,多方面,仔细考证,它的原本是元初据南宋本修改复刊的。就是说,原本刊印不晚于13世纪",而且"这个考证结论已经得到国内外若干位有关专家学者的认可"^②。不过,张志公先生也很谨慎地称:"现在可以大体上考订出这个识字课本的世系。"对此他在文章结尾处不无遗憾地写道:"如果能发现那个宋代祖本,那就解决大问题了。"^③我们于2012年8月30日在安徽屯溪购得的一本《对相四言杂字》,经过初步考证,发现其应该就是张志公先生所言且想见的"那个宋代祖本"。考述如下。

一、刻印年代考

目前发现的木刻线装本《对相四言杂字》,尺幅为18.5厘米×11厘米。封面

---

① 此文系与戴元枝合作完成。
② 张志公《传统语文教育教材论——暨蒙学书目和书影》,上海:上海教育出版社,1992年版第33页。
③ 张志公《传统语文教育教材论——暨蒙学书目和书影》,上海:上海教育出版社,1992年版第189页。

手写、内页镌刻书名均为"对相四言杂字"。"相"即图,"对相"即图文并列对照,文右图左。每句四字,多数是隔句押韵。从"天云雷雨,日月斗星。江山水石,路井墙城"至"士农工商,儒释道人。跛跎高矮,肥瘦方圆",为单字词,共 224 个字,每字一图,共 224 幅图;从"剃刀摘镊,灯檠校椅"到结束"筅箒擱桶,粪斗苔帚",为双字词,共 132 个字,每两字一图,共 66 幅图;全书文字共 356 个,图画共 290 幅。

明清两代,徽州的刻书业十分发达,又因为徽州素来崇尚教育,所以不仅刻印了大量徽州本土编写的蒙学教材,还翻刻了外地流传甚广的其他蒙学教材。《对相四言杂字》属于外地通行、徽州翻刻的蒙学识字教材。从刻印该书的书坊设立时间及其中文字的避讳方式,可以推断其刻印的年代是明朝嘉靖后至天启前,或清代。先看刻坊设立的时间。该书的第一页书名左下题有两行小字:"□□上街八家栈"与"□□助刻字店梓"。所缺四字应该是"屯溪""黄德",因为笔者收藏一种古徽州多个书坊梓行的以"丈尺斤两,升斗秤量"开头的《四言杂字》,其中一本《四言杂字》的版权页就标注"屯溪上街八家栈黄德助刻字店梓";另有一种徽州婺源汪文芳在乾隆年间编撰的写作教材《见心集》在光绪辛卯年重印的《新增见心集尺牍》的版权页上也标注了"屯溪上街八家栈同文堂梓行",这说明"上街八家栈"曾是屯溪的一个地名,而"黄德助刻字店""同文堂"是具体书坊名。明嘉靖十五年(1536),屯溪桥建成,桥头设有储用栈房达八家,"八家栈"之名由此而生,"八家栈"即今日"老街"的前身。所以从《对相四言杂字》的刻坊所署"八家栈"的最初设立时间可以判断,该书的刻印时间的上限是明朝嘉靖以后。

再看其避讳方式。古代为避免与帝王或尊长的名、字相重而显不敬,所以在刻写文字时常用换字、省笔等方式来表示敬意。这种风尚兴起于唐宋,定制于明清。元朝对此要求不太严格,但是元朝统治者出于政治考量,往往也要求在刻印文字时避宋帝而不避其祖名讳,所以在张志公先生所见《新编对相四言》中,"筐罩筐笛"之"筐"字省最下一横以避宋太祖赵匡胤的名讳,但是"灯檠交椅"之"檠"字并不省其上部某笔以避其祖父赵敬的名讳。在《对相四言杂字》中,"筐罩筐笛"中的"筐"与"灯檠校椅"中的"檠"均无省笔,这说明其可能刻于明清两朝,因为此时已不必避宋朝帝王的名讳。其中"灯檠校椅"之"校"与《新编对相四言》

"灯檠交椅"之"交"字，在用于表示坐具的字时可以互通。明熹宗，名朱由校，在位时年号天启（1621—1627 年）。《对相四言杂字》不用"交"以避朱由校的名讳，有三种可能。一是刻印于朱由校登基之前，无须避其名讳。这种可能性较大。二是刻印于朱由校登基之后，但就是敢抗旨而不避名讳。这种可能性几乎没有，因为明清两代文字狱盛行，刻写时避讳的要求十分严格，避讳成了常识，况且《对相四言杂字》本身就很注重避讳，其中"钗镮钱针"之"镮"最后一笔"乀"缺省（书中有使用者用朱笔补足），不过经查在明清两代帝王的名字中均无"镮"字，所以此处缺笔可能不是避帝王而是避出版者的尊长的名讳。三是刻印于清代，不必避明代帝王名讳。不过避前代帝王名讳是当代帝王笼络人心、安抚遗民的一种策略，同样是异族入主中原，元代尚且避宋朝帝王的名讳，急于稳定局势且心仪汉族文化的清政府定然不会不顾旧制，更何况汉族士子在清一代仍有不少人试图以复明来抵御满族的统治，所以刻印于清代的可能性有，但这种可能性要比刻印于明嘉靖之后天启之前小得多。

二、所据底本考

张志公先生称其所藏《新编对相四言》虽系石印故时间较近，但其所据底本是元初根据南宋本的修改复刊本。《对相四言杂字》系木刻，不仅其本身刻印的时间较《新编对相四言》早，而且其依据的底本应该就是《新编对相四言》的底本的底本，即《新编对相四言》的祖本，或者说就是张志公先生说的南宋本。下面将从三大方面将《对相四言杂字》与《新编对相四言》进行比较，以考辨二者底本的先后。

（一）文字选用

《对相四言杂字》正文有 356 字，《新编对相四言》正文有 388 字。仅从文字的多少很难判断二者之间的关系，因为新编本在对原本进行修改时，其修改方式可为增也可为删。不过，如果从二者文字本身的差异来考察，则可以判断出二者的先后关系。作为满足童蒙日后生活用字的课本，其中的字必然代表的是当时常见、常用的物件，所以新编本一般都会根据现实需要而删除原本中那些代表已经不常见、不常用物件的字，增补一些代表常见、常用物件的字。比较二者用字可以发现：一方面《新编对相四言》中出现了《对相四言杂字》中所没有的代表常见、常用物件的字，如《新编对相四言》中的"墨斗""曲尺""算盘""染坊""火箍""衣笼""袈裟""芒槌"等就是常见、常用的物件。如果《对相四言杂字》的底本后出，那么从适合日用的角度来说它是没有理由删除这些字的，更何况因为徽州人重视做工和经商，所以在徽州编印、梓行的其他杂字课本中经常会出现这些字，如嘉庆戊辰年（1808）虬村黄开益堂重刻的《珠玑杂字》在介绍家庭器用时就有"斧脑铢钻，墨斗曲尺"，康熙四十九年（1710）屯溪茹古堂梓行的杂字《开眼经》中有"算盘戥秤，谷插谷爬"，《备用六言杂字》抄本中也有"匠器锥铲凿锯，墨斗曲尺斧锛"之类。所以只有可能是《对相四言杂字》在明或清时翻印所依据的底本早于《新编对相四言》的底本，而且翻印时坚持的是对底本的文字不作增删的原则，例如徽州是程朱阙里，但《对相四言杂字》中并没有因此而像徽州编印、梓行的其他杂字那样总会灌输思想教化，如《新镌六言杂字》抄本云："至亲莫如父子，义合则为君臣；兄弟死生相顾，夫妻恩爱为真；朋友惟在于信，五者人之大伦；义夫还配节妇，孝子必是忠臣；四者纲常最大，流传万古芳名。"[1]另一方面，《新编对相四言》出现了《对相四言杂字》中没有的代表不常见、不常用物件的字。如在《新编对相四言》中有"答护""一撒"等词语，据张志公先生考证，二者皆是元代衣着，其名称自然是元代的用语。[2] 然而这些词语并没有出现在《对相四言杂字》中，这有两种可能。一是《对相四言杂字》的底本早于元代的宋朝，这些物件还不常用、不常见，所以书中不可能出现代表这些物件的词，或者还没有这个名称。如"算盘"一词，算盘实物最早出现在东汉，但是作为一个名词则最早出现于元代学者刘因的《静修先生文集》中，所以不难理解"算盘"一词在底本是元代的《新编对相四言》中有而在《对相四言杂字》中无的现象了。二是《对相四言杂字》的底本晚于元代，即在此时这些物件已不常用、不常见，所以书中没必要出现代表这些物件

---

① 购于歙县瞻淇村一农家，木刻本。根据其"朝代"所载内容止于明代，且详细列出明代帝王在位时间与年号，对清朝仅用一句，指出崇祯"三月十七失国，天意归命于清"，基本可断定编撰时间为明末清初。

② 张志公《传统语文教育教材论——暨蒙学书目和书影》，上海：上海教育出版社，1992 年版第183 页。

的词,不过,结合前面的论述,这种可能性不大。①

(二) 内容组织

张志公先生在《试谈〈新编对相四言〉的来龙去脉》中批评《新编对相四言》后半部分内容组织凌乱,他说:"后半本双字用语部分,内容次序凌乱得很不合理。在一串器物下边,是一串衣饰,然后又是器物,接下去又是一串衣饰;在一串花果下边,插入了几样器物,然后又是几样花果,最后又来了两样器物。"②其实,相比较《对相四言杂字》的杂乱而言,《新编对相四言》的局部已显得略有条理、合逻辑了。《对相四言杂字》中的双语用字如下:

> 剃刀摘镊,灯檠校椅。桌帏凉伞,水盆轿子。藤箱衣笼,木履春白。米筛簸箕,蓑衣斗笠。弓袋箭靫,毡帽幔笠。毡袜油靴,捣砧砑石。茶坊酒店,核桃榧子。龙眼荔枝,鸡头菱角。火筋合子,葫芦手帕。护膝三穿,钞袋骰子。石榴莲房,青梨木瓜。亮槅栏杆,鸡栖牛栏。羊牢猪圈,石菊山茶。牡丹芙蓉,笊篱筲箕。砂钵擂槌,铜铫锡镟。挂杖担竿,笕箪擂桶,粪斗苔帚。

所涉及的物件依次为用具、衣饰、用具、建筑、硬果、用具、衣饰、水果、建筑、花儿、用具,交错反复,但是《新编对相四言》对其进行了局部的调整,其双语用字如下:

> 剃刀摘镊,灯檠交椅。星罳凉伞,水盆轿子。藤箱衣笼,水履春白。米筛簸箕,蓑衣斗笠。弓袋箭靫,毡帽幔笠。毡袜油靴,捣砧砑石。挂杖担竿,墨斗曲尺。饭甂甑箪,笕箪擂桶。笊篱筲箕,砂钵擂槌。铜铫锡镟,火筋合子。芒槌葫芦,筋桶果合。手帕袈裟,抱肚护膝。编条答护,一撒脚绷。三

---

① 另外《对相四言杂字》和《新编对相四言》都出现的"笕"是宋代的写法,在元以后不再使用而多用"箆";二者中出现的"合子"一词是宋代的称呼,元以后不流行。《新编对相四言》中的"舡""瘔"等元明很少用的字,在《对相四言杂字》中为"船""瘦"等元明后常用的字,这是否说明《对相四言杂字》底本比《新编对相四言》的底本晚出呢? 显然也不能,因为这两组字是通用的字,只是写法不同,可能是明清时刻工觉得两组字异体,但"船"和"瘦"字更常见、常用,所以就用了后面这一种形体。

② 张志公《传统语文教育教材论——暨蒙学书目和书影》,上海:上海教育出版社,1992 年版第185 页。

穿钞袋,骰子算盘。筹子染坊,茶坊酒店。核桃榧子,龙眼荔枝。鸡头菱角,石榴莲房。青梨木瓜,亮槅栏杆。鸡栖牛栏,羊牢猪圈。石菊山茶,牡丹芙蓉,粪斗苕帚。

虽然呈现的物件分别为用具、衣饰、用具、衣饰、建筑、果子、建筑、花儿、用具,依然是多变繁复,但为了使其变得相对更有条理,更易识记,除了补充《对相四言杂字》所没有的物件,还对其中的物件出现的位置进行的重新排列和连缀。如对末尾处的用具"笊篱笤箕……笤箒擂桶"进行重新排列并增加"墨斗曲尺"等,然后将其前提至同样属于用具的"捣砧砑石"之后;又如将其中表示水果的"石榴莲房,青梨木瓜"提前连缀在同样表示带壳硬果的"核桃榧子。龙眼荔枝,鸡头菱角"之后,因为它们同属果类。这样经过同类适当合并后,与前者相比,就显得相对集中。之所以没有把前者结尾处的"粪斗苕帚"归并前提而显得突兀,大概是因为编者试图将其保留用来作为遵从原本的标志。这说明《新编对相四言》在《对相四言杂字》的基础上对文字组织作了一定程度的调整,对前者进行了局部的优化。

(三) 图画配置

就绘图来说,原本因为是新出,一般会相对粗略,新编本因为是后出而会对原本取长补短,肯定要精细得多。《对相四言杂字》与《新编对相四言》配图分别有 290 和 306 幅。两书绘图的构思,有些完全相同,如在两书中"方圆"二字左旁的图均是用线条画一方框和圆圈。有些近似,如前者"墨"字配图中有"天水"二字,这是书中仅有的一处图中文字,后者有两处图中文字,一处是"墨"字配图中的"烟云"二字,一处是"钱"字配图中的"天下太平"四字;又如前者中的"书"字的配图是一函横放的书,而后者中的"书"字的配图是一函竖立的书。所以,不难判断二者存在明显的承继关系。那么谁在前谁在后呢? 从画刻的风格来看,《对相四言杂字》显然呈现的是宋代木刻风格,而《新编对相四言》是近代(清末仿西方印刷技术)才产生的,而且从风格来看显然运用的是明以后绣像小说中常用的技法。如果再从前述先出粗略、后出精细的判断标准来看,则可断定《对相四言杂字》的底本早于《新编对相四言》的底本:《对相四言杂字》用笔简约,《新编对相四

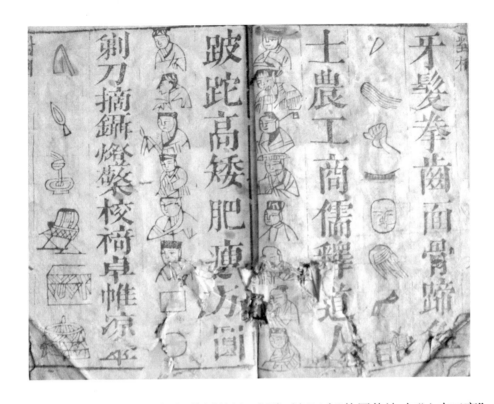

言》用笔繁富；《对相四言杂字》构图呆板，《新编对相四言》构图传神，如"士农工商"的配图，在《对相四言杂字》中四个字相对应的人物除了帽子稍有不同外，很难从中看出其各自的职业特点，但是在《新编对相四言》中"士"戴着官帽、拿着笏板、肃然而立，"农"戴着草帽、扛着锄头、屈身向前，"工"不着帽饰、握着斧头、倚凳工作，"商"头巾束发、挑着货篮、不时回望，这样就把不同行业的人员的穿着、工作、神态等栩栩如生地表现了出来。又如"跛跎高矮"四字的配图，《对相四言杂字》中的配图几乎表现不出这些不同的生理特点，但是在《新编对相四言》中的配图就突出行走者伸曲不一的两只脚以表示"跛"，以挂杖者弯曲几于直角的背表示"跎"，以瘦长表示"高"，以胖短表示"矮"。既然后出者一般不会专取他人之短是常理，那么二者存在上述诸多不同只能说明《对相四言杂字》的底本早于《新编对相四言》的底本。

三、余论

还需要对这种《对相四言杂字》的内容与形式的优缺点稍作分析。与稍早出

现的《千字文》(梁)、同时代出现《百家姓》(宋)及稍后出现的《三字经》(元)相比，《对相四言杂字》有三大优点。第一是直观。文字作为事物的指称符号，相对图画来说显得抽象，而图画则形象直观，对相(图文对照)方式的采用可补充文字表达之不足，易懂易记。第二是实用。作为满足蒙童日后成为普通民众所使用的文字，其中出现的都是表现日常生活、生产中常见、常用的物件的文字，而有些字在"三、百、千"中是根本不可能出现的，所以该书显得更为实用。第三是浅易。其中的文字都是口言语中常见的单字或双语词汇，没有"三、百、千"中冷僻深奥的典故，也没有"三、百、千"所用的拗口难懂的文言。因为其直观、实用、浅易，符合儿童的趣味倾向、经验范围和语言水平，所以比"三、百、千"更能让儿童乐于、易于学习。与"三、百、千"相比，《对相四言杂字》也有较为明显的三大缺点。第一是押韵不够严谨。虽然该书基本上是四字一顿，有时隔句押韵，但有时则违戾，不如"三、百、千"往往三字或四字一顿、通篇押韵，读起来朗朗上口，一气贯注。第二是文字重复多余。作为识字课本来说，适当的重复是必要的，因为汉字中常见多音、多义字，一个单字往往形体相同而读音、意义不同，用法也不同，重复呈现，可以让儿童掌握某个字的多种不同的读音、意义和用法。另外，即便是形、音、义均只有一种的字，若适当地重复出现，也可巩固该字的识记效果。无论是"三、百、千"还是"杂字"，作为教授最基本文字的课本，在选字上应该惜字如金，更何况还会受版面所限和力求节省雕刻的费用，其在选用文字时一般会做到尽量不重复，这在"三、百、千"中体现得十分明显，尤其是其中的《千字文》中几乎见不到重复的文字。但是《对相四言杂字》在短短的 356 字中却出现了多处重复的文字，其中如"笓箒"与"茗箒"之"箒"，"合子"与"骰子"之"子"的音、形、义完全相同，虽然这可以完整地表达物件，但从识字的角度来看几乎可以说是一种无谓的重复。当然，有些重复是必要的，如"斗"字四次分别出现在"星斗""斗桶""斗笠"和"畲斗"中，"石"字三次分别出现在"水石""砑石"和"石榴"中，虽然出现次数多，但是读音和意义有些并不相同。第三是分类排列混乱。从提高理解、记忆的效果来说，对相同、近似的事物进行归类，可以让儿童在相互比较、联想中更好地理解文字所指、记忆文字的形体。所以，"三、百、千"在介绍多种事物时，往往会对其集中归类。然而，如前所述，不管是《对相四言杂字》还是《新编对相四言》，在呈现事物时都有点杂乱无章。

张志公先生在《试谈〈新编对相四言〉的来龙去脉》及其他论著中，除了假设《新编对相四言》的底本的源头可能是一种南宋祖本，还假设在《新编对相四言》的基础上编写的明代《魁本对相四言》和清代出版的《魁本对相四言》之间存在一种过渡版本。本文以上所述可以说是根据实物对其第一个假设作了较为小心的求证，至于第二个假设则可能会随着新材料的发现而得到确证。

附录 2："中国自编小学教科书之始"考辨

关于"中国自编小学教科书之始"的问题，多年来学术界说法不一，使之几乎成了一个"公案"。要弄清楚这个问题，首先要明确其是用在"小学"，还是书院、私塾或家庭；其次，要弄清楚"自编"的是"教科书"，还是"教材"；再次，要弄清楚是编写"之始"，还是出版"之始"。因为对这些问题的认识不同，往往说法也就不一。这种说法不一，还与舒新城、丁致聘等在编辑教育史料时所用材料的来源不一或对材料的判断失误以及论者与编者、出版者的亲疏有关。以下，试图通过对一些概念的辨析、对各种相关史料的比对，来探究"中国自编小学教科书之始"这个困扰学界多年的"公案"。

一、关于"小学"

1901 年 9 月，处在内外交困中的清政府接受了张之洞、刘坤一在其联衔会奏的《筹议变通政治人才为先折》中提出的改书院为学堂或学校的建议，颁令全国各地书院改为大中小学堂："除京师已设大学堂，应行切实整顿外，著各省所有书院，于省城均改设大学堂，各府及直隶州均改设中学堂，各州县均改设小学堂，并多设蒙养学堂。"[1]于是，各地书院纷纷改为学堂。1902 年，清政府公布了由张百熙拟定的《钦定学堂章程》，但没有实行；1904 年，由张百熙、张之洞、荣庆拟定的

---

[1]《光绪二十七年八月初二日（1901.9.14）上谕》，朱有瓛主编《中国近代学制史料·第一辑（下册）》，上海：华东师范大学出版社，1986 年版第 454 页。

《奏定学堂章程》经颁布并实行。这就是著名的"壬寅学制"和"癸卯学制"。但新式学校产生并非在新式学制颁行之后，如周予同所说，"新式学校的创办，虽始于同治初年；而新式学制的成立，则远在光绪二十七年（公元一九〇一年）"①。吴研因、翁之达认为，1878年张焕纶在上海创办的正蒙书院附设的"小班"和1896年钟天纬在上海创办的沪南三等学堂的"蒙馆"（相当于后来的初等小学）"经馆"（相当于后来的高等小学）都是新式学校，只不过都是私立小学。② 1897年，盛宣怀在上海创办南洋公学，公学分为四院："一曰师范院，等于现在的师范学校；二曰外院，等于现在师范学校的附属小学；三曰中院，等于现在的中学；四曰上院，等于现在的高等专门学校。这公学以师范院为培植教学人材的处所，以外院为师范生练习的处所，以中院为上院预备升学的处所。"③盛宣怀称，设外院是"仿日本师范学校，有附属小学校之法，别选年十岁内外至十七八岁止，聪颖幼童一百二十名，设一外院学堂，令师范生分班教之"④。公学是经上奏获准而设立的，所以外院被视为第一所新式的公立小学，正如吴研因、翁之达所说，"公立正式小学的呱呱堕地，则正正确确在民国纪元前十五年（清光绪二十三年），即距今三十五年时的秋季始业。这一个始祖的公立小学，就是南洋公学外院（别于上院中院师范院而言，后改为南洋公学附属小学今已停办）。该外院规模粗具，可说是我国惟一的新式小学"⑤。周予同借鉴了吴研因、翁之达的说法，在介绍前述两所私立小学后，指出"所谓'外院'就是小学校。这可算是中国公立小学的始祖"⑥。可见，虽然这三所小学都在"学堂章程"颁布前设立，也有公立和私立的差别，但已

---

① 周予同《中国学校制度》，上海：商务印书馆，1933年版第120—121页。

② 吴研因、翁之达《三十五年来中国之小学教育》，商务印书馆编《最近三十五年之中国教育》，上海：商务印书馆，1931年版第1页。黄贵祥在《小学国语常识教材制的演进》中指出："我国小学教育的实施，以光绪四年张焕纶所办的正蒙书院为起点，至于他们的教科书怎样，现在很难考据，我们只知道他们的教材文体是以'俗语译文言'的，到光绪三十一年，钟天纬所办的三等学堂，则以语体文编教本，开我国国语教科书之先河，但是这一种教本现在也难于考据。"（《教育杂志》，1948年第三十三卷第十二期第28页）

③ 周予同《中国学校制度》，上海：商务印书馆，1933年版第119页。

④ 盛宣怀《奏为筹集商捐开办南洋公学折（附章程）》，汤志钧、陈祖恩、汤仁泽编《中国近代教育史资料汇编·戊戌时期教育》，上海：上海教育出版社，2007版第269页。

⑤ 吴研因、翁之达《三十五年来中国之小学教育》，商务印书馆编《最近三十五年之中国教育》，上海：商务印书馆，1931年版第1页。

⑥ 周予同《中国现代教育史》，上海：良友图书公司，1934年版第99页。

与学堂、私塾不同,所以一般也将其视为学制草创阶段的新式小学。

二、关于"教科书"

"教科书"之名,学界一般认同 1934 年出版的《中国教育年鉴》中《教科书之发刊概况》的说法——清同治光绪年间,基督教会多附设学堂传教。光绪二年(1876)举行传教士大会时,有主持教育的教士认为西学各科教材无适用的书籍,议决组织"学堂教科书委员会"。该委员会所编的教科书,有算学、泰西历史、地理、宗教、伦理等科,以供教会学校使用,偶尔赠给各地传教区的私塾。"教科书之名自是始于我国矣。"①江南制造局翻译馆 1886 年翻译过国外的"格致"(物理)、化学、制造等教科书,1889 年还翻译过日本的《物理学》教科书。"清之季世,师欧美各国及日本之制,废科举,立学校,始有教科书之名。"②清末我国自编出版的教科书一般被称为"课本""读本"。据蒋维乔回忆,商务印书馆出版的一套初等小学用《最新国文教科书》,初定的名字就是《蒙学课本》③,可见它是学制确定之前的教科书,只不过没有标上"教科书"之名而已。另外,《教科书之发刊概况》称,"科举废后,正式教科书遂相继出现"④。也就是说,这之前也有"教科书",只是不太"正式"而已。可见,不能仅从教材是否标明"教科书"字样,或是否"正式"来判断其是不是现代意义的"教科书"。如果不单从名称有无及正式与否而从实质上判断是否为教科书,那么关键要看其是否具备现代意义的"教科书"三个基本条件。(1) 其使用地点必须是学校,而不是书院、私塾或家庭。当然,我们也不能说有了新式"学校"就有了"教科书",因为在学校里使用的即便是文字材料,有时也只能称为"教材",要被称为"教科书",还必须具备另外两个特点。(2) 其使用对象,有

---

① 《教科书之发刊概况》,教育部编《第一次中国教育年鉴·戊编》,上海:开明书店,1934 年版第 115 页。
② 蔡元培《商务印书馆总经理夏君传》,汪家熔辑注《中国出版史料·近代部分(第三卷)》,武汉:湖北教育出版社,2004 年版第 438 页。
③ "半年之间,蒙学课本(当时尚未称《最新教科书》),初稿十册告竣。"(蒋维乔《编辑小学教科书之回忆》,商务印书馆《出版周刊》,1935 年新一百五十六号第 10 页)
④ 《教科书之发刊概况》,教育部编《第一次中国教育年鉴·戊编》,上海:开明书店,1934 年版第 115 页。

相对明确的学业年限的限制和区别,而不是模糊笼统的。(3)其内容编排,必须依据不同学段的学生的不同的心理及经验而组成一个较为严密的体系,而不是随意组织的。①

弄清楚了我国"小学"的建立时间和"教科书"的必备条件,就为我们接着探究"我国人自编教科书之始"问题提供了基本的依据。

三、关于"中国自编小学教科书之始"

我国最早自编小学"教科书"是什么时候,编写者是谁? 目前有以下五种说法,试逐一辨析。

1. 上海三等学堂钟天纬编写白话教科书

持这种说法的是陈翊林。1930 年,他在《最近三十年中国教育史》中说:"现可查考者,以光绪四年张焕纶所办的正蒙书院为最早。该院有学生百余人,分小中大各班。算数,礼仪,游戏,技艺列入课程之内。而以俗话译文言,兼重讲解与记诵,均为新教育特点。二十一年华亭钟天纬在上海办三等学堂,而以语体文编教本为国语教科书的先河。"②据《三等公学总章程》记载,其"蒙馆以识字明义为主,自八岁入塾至十岁为止,其习三年,必先通字义而后读书,有三千个音义烂熟之字,有九百课由浅入深之书,以此先立根基,则将来华文洋文皆一以贯之矣"③。这"有九百课由浅入深之书"是什么? 据钟天纬在《学堂宜用新法教授议》中的介绍,可知其三年的教材内容选择和组织:"每日以识二十字为限,俟识千余字,即选《二十四孝》,《二十四悌》,《学堂日记》,《感应篇图说》《阴骘文图证》等书,编为三百课,配以石印绘图,每日随讲随读,仍必添识新字,以满三千字而止,此第一年功课也。次年仍兼温字义,取《家语》《国策》子史等书,文义浅近者,编成三百

① 有论者将有与之配套的教学参考书作为其成为教科书的条件之一。我们认为这并不恰当,因为清末民国期间出版的有些教科书根本就没有教参,尤其是中学国文、国语教科书只有一两套有教参。
② 陈翊林《最近三十年中国教育史》,上海:太平洋书店,1930 年版第 45—46 页。
③ 《三等公学总章程》,汤志钧、陈祖恩、汤仁泽《中国近代教育史资料汇编·戊戌时期教育》,上海:上海教育出版社,2007 版第 279—280 页。

课,仍随讲随读兼温旧课,此第二年功课也。再次年择《国策》《史记》《汉书》等文理稍深,篇幅较长者,仍选三百课,亦随讲随读,兼温字义,此第三年功课也。合计三年后有三千字义烂熟胸中,有九百课由浅入深之书本,而谓不能融会义理耶？然后举四子五经授之,有不声入心通,入而辄化乎？其开笔之法,非必作韩柳欧苏之古文,金黄熊刘之制艺,方为操斛也,只须由数十字扩充至一二百字,苟文理通顺,自成段落,即谓之作文,岂如世俗做破承题起讲方谓开笔耶？"①上引原文出处为"上海三等学堂重刻本(1903)"。从中可以看出,直至 1903 年,三等学堂读的仍是文言课文,只不过识字用的材料不是"三、百、千";阅读开始用的材料不是整本的"四书""五经",而是选自各书的单篇文言文章;写的也仍是文言作文,只不过不要求写"古文"和"八股"等文言文章而已。所以,陈翊林"以语体文编教本为国语教科书"的说法并不确切。如果三等学堂真的编出如以上所述的供三年学制的不同学生使用的、内容"由浅入深"的教材,那么该所谓教材就具备教科书的三个基本特点而应被称为"教科书",但是,正如郑国民先生对此考证后所说,"当时他们是怎样选择、编制这样的教材的,不得而知,也许教师根据这样的要求,自行解决"②。更何况,直至 1903 年教材也没有出版。所以,上海三等学堂教师自编的只能是讲义,或代教科书之用的教材,不能视其为我国自编教科书的开始。

2. 南洋公学陈懋治、杜嗣程、沈叔逵等人编《蒙学课本》

持这种说法的有吴研因、翁之达、舒新城、蒋维乔、王云五、汪家熔等人。1931 年,吴研因、翁之达认为,正是"因南洋公学外院《蒙学课本》的编辑,于是俞复等的《蒙学读本》,陆基等的《启蒙图说》《启蒙问答》,也随之而兴"③。1933 年,舒新城将《蒙学课本初编编辑大意》选入自己所编《近代中国教育史料》时,加了一条按语,称其为"中国自编小学教科书之始"④。1935 年,蒋维乔在《编辑小学教

---

① 钟天纬《学堂宜用新法教授议》,朱有瓛主编《中国近代学制史料·第一辑(下册)》,上海:华东师范大学出版社,1986 年版第 583 页。
② 郑国民《从文言文教学到白话文教学》,北京:北京师范大学出版社,2000 年版第 82 页。
③ 吴研因、翁之达《三十五年来中国之小学教育》,商务印书馆编《最近三十五年之中国教育》,上海:商务印书馆,1931 年版第 2 页。
④ 舒新城编《近代中国教育史料(第二册)》,上海:中华书局,1928 年版第 243 页。

科书之回忆》中称其"是为我国人自编教科书之始"①。1973年,王云五在《商务印书馆与新教育年谱》中称1899年陆基编辑的《启蒙图说》《启蒙问答》为"教科书",并加按语称:"按前此上海南洋公学师范生陈颂平等曾编辑蒙学课本三册,稍后又由朱树人编辑高等蒙学课本。为半官式蒙学教科书之开始。至是又有纯粹私立学校所编之蒙学教科书。此时革新学制尚未颁布,故不称小学而称蒙学。"②2004年,汪家熔辑注《中国出版史料·近代部分》时称,尽管乾隆三十七年(1772)我国已有以"学堂教科"的字样出版蓝鼎元写的《女学堂教科讲读启蒙》,但是"真正意义的我国自编的学校课本",当推光绪二十三年(1897)南洋公学师范院给外院学生编的《南洋公学蒙学课本》。③

　　清末,为了图强而主张"师夷","师夷"必须"悉夷","悉夷"除派生徒出洋游学外,还设翻译机关广译西方各种著作、引介西方的先进知识,于是奕䜣奏请在京师设立同文馆(1862),李鸿章奏请在上海设立广方言馆(1863),瑞麟等奏请在广东设立同文馆(1864),这些机构均招收学生学习外语,以培养翻译人才。1898年,盛宣怀认为此前这些翻译机构所翻译的书籍"算化工艺诸学居多,而政治之书最少",为此他奏请设立南洋公学,并在其内设立译书院,以兴学图强,拟"广购日本及西国新出之书,延订东西博通之士择要翻译,令师范院诸生之学识优长者笔述之"④。舒新城将盛宣怀的这份奏折收入自己所编《近代中国教育史料》时,在前面加了一条按语:"译书院与南洋公学同时设立,初仅编辑教本,二十八年推广译各种政艺要籍。"⑤可见,译书院最初就只译或编教本。盛宣怀自己在上奏中

---

① 蒋维乔《编辑小学教科书之回忆》,商务印书馆《出版周刊》,1935年新一百五十六号第9页。
② 王云五《王云五文集(五)·商务印书馆与新教育年谱(上册)》,南昌:江西教育出版社,2008年版第7页。
③ 汪家熔辑注《中国出版史料·近代部分(第二卷)》,武汉:湖北教育出版社,2004年版第527页。此时说法和其一年前出版(据《后记》载,此书实际写作完成时间是"2000年4月17日")的《近代出版人的文化追求》(汪家熔《近代出版人的文化追求》,南宁:广西教育出版社,2003年版第174页)中的说法有异:"我国第一套课本是无锡三等小学教师编辑、由文明书局出版的,共七册。"他指的是《蒙学读本全书》。此处之所以这样改,后文将提到,他后来见到了《蒙学课本》实物,所以说法前后不一。
④ 盛宣怀《奏陈设立译书院片》,舒新城编《近代中国教育史料(第四册)》,上海:中华书局,1928年版第139—140页。
⑤ 盛宣怀《奏陈设立译书院片》,舒新城编《近代中国教育史料(第四册)》,上海:中华书局,1928年版第139页。

也称:"臣今所译,为学堂计,以外国寻常小学校,高等小学校课本,备将来各省中学校之用。"①南洋公学在译编国外小学教科书的同时,1897年师范院学生陈懋治等人为外院先行编写了《蒙学课本》,以作师范生在附属小学日常教学之用。这样,《蒙学课本》就具备了作为教科书的第一个条件。另外,据舒新城在《近代中国教育史料》中所录《蒙学课本初编编辑大意》(此为1901年修订本《新订蒙学课本》编辑大意,以下将辨析)可知,编者已明确表示不"墨守故步",强调内容以儿童的心理、语言等为依据,对传统蒙学教科书脱离儿童心理提出批评:"瓶瓮之不知,而语以'钟鼎';犬马之不识,而语以'麟凤',非法也。"所以书中"专取习见闻之事物,演以通俗文字,要使童子由已知而达于未知而已"。该书也对传统蒙学教科书编排意在强迫儿童蛮记而违背儿童心理提出批评,提出要"开卷由联字而缀句而成文","取易解之字以类相从","其联字缀句之法,则先联并立之两名字(天地、日月),次联不并立之两名字(人身、牛毛)。先两字,次三字、四字,则几乎成句矣。至九字、十字,则接句而成文矣……由十数字至四十字,则皆成片段矣",因为循序而渐进地编排容易被儿童接受。② 南洋公学已建立了较为完备、相互衔接的小学、中学、高等专门学校三级教育体系。作为小学用"《蒙学课本》,共3册,供层次不同3个班120名学生用"③。所以,《蒙学课本》已具备了现代教科书的三个基本条件。

蒋维乔在《编辑小学教科书之回忆》中提到"民元前十五年丁酉,南洋公学外院成立,分国文、算学、舆地、史学、体育五科。由师范生陈懋治、杜嗣程、沈庆鸿等,编纂《蒙学课本》,共三编"④,说明编写的时间是1897年。《教科书之发刊概况》称,1897年"由师范生陈懋治、杜嗣程、沈叔逵等自编《蒙学课本》三编,铅印本,形式不佳"⑤,说明其出版时间也是1897年。

---

① 盛宣怀《奏陈南洋公学翻辑诸书纲要折》,舒新城编《近代中国教育史料(第四册)》,上海:中华书局,1928年版第142页。
② 南洋公学编《蒙学课本初编编辑大意》,舒新城编《近代中国教育史料(第二册)》,上海:中华书局,1928年版第244、245页。
③ 梁长洲整理《五十年(1897—1949)小学教科书概览》,汪家熔辑注《中国出版史料·近代部分(第二卷)》,武汉:湖北教育出版社,2004年版第576页。
④ 蒋维乔《编辑小学教科书之回忆》,商务印书馆《出版周刊》,1935年新一百五十六号第9页。
⑤ 《教科书之发刊概况》,教育部编《第一次中国教育年鉴·戊编》,上海:开明书店,1934年版第116页。

3. 南洋公学朱树人编《蒙学课本》

　　持这种说法的是周予同。1934 年,他在《中国现代教育史》中说:"初等小学的第一部教科书当推光绪二十三年(公元一八九七年)朱树人编南洋公学出版的《蒙学课本》……光绪二十四年(公元一八九八年),俞复创办无锡三等公学堂,每日选编课书一首;到二十八年(公元一九〇二年),共成七编,称为《蒙学读本》。"[①] 1925 年,陆费逵在给舒新城的关于中国教科书历史的复信中,没有提到南洋公学 1897 年编的《蒙学课本》,只是称:"第一部出版的书,要算辛丑年(一九〇一年)朱树人编,南洋公学出版三本《蒙学课本》。"[②]这样,有两个问题需要讨论:南洋公学是否在 1897 年与 1901 年分别出版过两个版本的《蒙学课本》? 这两个版本的编者到底是谁,是不是同一个人?

　　1934 年出版的《中国教育年鉴》之《教科书之发刊概况》中有 1897 年南洋公学"南洋公学外院成立……由师范生陈懋治、杜嗣程、沈叔逵等自编《蒙学课本》三编,铅印本,形式不佳"的记载[③],也有 1901 年"南洋公学本朱树人编《蒙学课本》三本,仿英美读本体例而无画者"[④]的记载。陆费逵所称《蒙学课本》的编者为"朱树人"与蒋维乔《编辑小学教科书之回忆》所说"陈懋治、杜嗣程、沈庆鸿等"不同,而与周予同的《中国现代教育史》的说法相同,不过他说的出版时间为"一九〇二年"与周予同说的"光绪二十三年(公元一八九七年)"不同。周予同的《中国现代教育史》出版于 1934 年,可能参考了舒新城所编 1928 年出版已收入此信的《近代中国教育史料》一书,也就是说周予同参考了陆费逵关于《蒙学课本》编者的说法,又借鉴了其他人关于《蒙学课本》出版时间的说法。据 1935 年版丁致聘

---

① 周予同《中国现代教育史》,上海:良友图书公司,1934 年版第 134 页。"朱树人"有误,下文将分析。

② 陆费伯鸿《论中国教科书史书》,张静庐辑注《中国近现代出版史料·近代初编》,上海:上海书店出版社,2003 年版第 212 页。这封信最初收录于舒新城编的《近代中国教育史料》,标题《与舒新城论中国教科书史书》为舒新城所拟。舒新城编《近代中国教育史料(第二册)》,上海:中华书局,1928 年版第 226 页。

③ 《教科书之发刊概况》,教育部编《第一次中国教育年鉴·戊编》,上海:开明书店,1934 年版第 116 页。

④ 《教科书之发刊概况》,教育部编《第一次中国教育年鉴·戊编》,上海:开明书店,1934 年版第 116 页。

编的《中国近七十年来教育记事》记载:"该公学当时并由陈颂平等三人编辑《蒙学课本》三册,后又由朱树人编辑《高等蒙学课本》,(仿英美课本体例,无图,书于二十七年出版)。翻译《格致读本》应用。"①(陈懋治,字颂平)上述王云五的说法显然参考了丁致聘的说法。如果丁致聘的说法可靠,那么南洋公学除编有《蒙学课本》外,还有《高等蒙学读本》,编者并不相同,而陆费逵可能把后来丁致聘说的"由陈颂平等三人编辑《蒙学课本》"与"由朱树人编辑《高等蒙学课本》"弄混淆了,所以出现了作者之误解。也可能是他不知道1897年陈懋治等人编写的《蒙学课本》,只见到1901年朱树人编写的《蒙学课本》。另外要提一下,蒋维乔在《创办初期之商务印书馆与中华书局》中称,陈懋治参编的不仅有南洋公学的《蒙学课本》,还有无锡三等学堂的《蒙学读本全书》。蒋维乔在文中介绍完南洋公学的《蒙学课本》后说:"其次,是无锡竢实学堂之《蒙学读本》,有八册,前二册是撰著,次四册是选简短古文,末二册选子书,稍具雏形,行销甚广。然其第一册第一课,是'大清皇帝治天下,保我国民万万岁,国民爱国呼皇帝,万岁万岁声若雷'。其陈腐可笑如此。预编此书之陈颂平告我:'此一课乃吴稚晖得意之笔。'微陈君言,谁敢信之!"②

上述丁致聘说的"当时"即1897年,那么,最起码《蒙学课本》的编写应该始于1897年。如果说有学校就有可能开始编写教科书,那么《蒙学课本》的编写时间也可能早于《蒙学读本全书》。丁致聘说的"书于二十七年出版",这"书"是指《蒙学课本》,还是《高等蒙学课本》呢?从行文来看,"书"有可能兼指《蒙学课本》和《高等蒙学课本》,也有可能专指《高等蒙学课本》。不管是哪一种情况,《高等

---

① 丁致聘编《中国近七十年来教育记事》,南京:国立编译馆,1935年版第6页。"二十七年"指光绪二十七年,即1901年。

② 蒋维乔《创办初期之商务印书馆与中华书局》,张静庐辑注《中国近现代出版史料·现代丁编(下)》,上海:上海书店出版社,2003年版第396页。此处"无锡竢实学堂"应就是无锡三等学堂;另外,出现了《蒙学读本》有八册之说,不知何故。另外,据俞复在《无锡三等公学堂蒙学读本》中说,提议创办学校的有"阳湖吴眺(后易名敬恒)稚晖、(吴君自幼居锡)金匮俞复仲还、无锡丁宝书云轩、杜嗣程孟兼等。吴杜时任南洋公学教务。"(舒新城编《近代中国教育史料(第二册)》,上海:中华书局,1928年版第252页)应该是排版时标点错误,这里的"吴眺""敬恒""稚晖"应是同一人,就是后来,提倡实行"万国新语"、主持"注音字母"研制的吴稚晖。另外,从这段话可以看出,参与南洋公学《蒙学课本》编写的杜嗣程也参与了无锡三等学堂的开办和教学,所以按理《蒙学读本全书》的编写也应该受到《蒙学课本》的影响。

蒙学课本》出版于 1901 年是可以确定的。如果是兼指，那么《蒙学课本》就是出版于 1901 年；如果是专指《高等蒙学课本》，那么《蒙学课本》就应该出版于 1901 年之前。从上述分析可以看出，《蒙学课本》应该是编写于 1897 年，也可能出版于 1897 年，也有可能出版于 1901 年。上引陆费逵的说法是出版于 1901 年，如果这样，丁致聘说的"书于二十七年出版"则兼指《蒙学课本》。

以上均为根据历史记载所作的推论。汪家熔在辑注《中国出版史料·近代部分》时据"实物转录"了《南洋公学新订蒙学课本初编编辑大意》和《南洋公学新订蒙学课本二编编辑大意》，并认为"《南洋公学蒙学课本》有两个版本：光绪二十三年(1897)编写本和光绪二十七年(1901 年)新订本。"他所录两篇"编辑大意"均为 1901 年新订的"课本卷端"①。既然是"实物转录"，应该可信。也就是说，可以肯定《蒙学课本》在 1901 年曾出版过一个新订本。他没有见到 1897 年的版本，1897 年的版本和这个新订本肯定不同，汪家熔所见的 1901 年版初编第 1 课"'天地、日月、山水'6 个字"，而舒新城在《近代中国教育史料》所录初编第 1 课为"禽兽 燕 雀 鸡 鹅 牛 羊 犬 豕 之 属 曰 善 飞 走 翼 足 有 故　燕，雀，鸡，鹅之属曰禽。牛，羊，犬，豕之属曰兽。禽善飞，兽善走。禽有二翼，故善飞。兽有四足，故善走"。舒新城在《中国近代教育史料》中辑录的《蒙学课本初编编辑大意》和《蒙学课本二编编辑大意》内容和汪家熔在《中国出版史料·近代部分》中据"实物转录"的《南洋公学新订蒙学课本初编编辑大意》和《南洋公学新订蒙学课本二编编辑大意》完全一样。应该说舒新城辑录时依据的版本就是 1901 年版的新订本：一方面，因为是据"实物转录"，比较可靠；另一方面，无论是辑录的《蒙学课本初编编辑大意》还是汪家熔辑录的《南洋公学新订蒙学课本初编编辑大意》中都有"所谓习见习闻者，非指一人一地而言也。是编开卷，即列山字，以问沪儿，必茫然矣。然无山之处不知山，犹无海之处不知海，山与海皆非罕见之物也，余可类推"之语②。"编辑大意"明确显示这个《蒙学课本初编》的第 1 课应该有一个字"山"字，汪家熔所

① 《南洋公学蒙学课本四件》(注释)，汪家熔辑注《中国出版史料·近代部分(第二卷)》，武汉：湖北教育出版社，2004 年版第 522—528 页。
② 南洋公学《蒙学课本初编编辑大意》，舒新城编《近代中国教育史料(第二册)》，上海：中华书局，1928 年版第 244 页。《南洋公学新订蒙学课本初编编辑大意》，汪家熔辑注《中国出版史料·近代部分(第二卷)》，武汉：湖北教育出版社，2004 年版第 524 页。

见 1901 年版初编的第 1 课恰含"山"字，而上引舒新城辑录的 1897 年版的初编的第 1 课没有"山"字。也就是说，舒新城所录"编辑大意"来自一个版本，而所录课文来自另一个版本。这一点，舒新城、汪家熔都没有注意到。这样一来，我们可以确定，《蒙学课本》有两个版本，舒新城在编《中国近代教育史料》时所收入的初编、二编的"编辑大意"来自 1901 年版，初编、二编的第 1 课来自 1897 年版。另外，舒新城在将《蒙学课本初编编辑大意》辑录入《近代中国教育史料》时，还附了一个《蒙学课本初编字类略式》，这个"字类略式"表依照的是《马氏文通》中"字"的分类法，将所用字分成"名字""代字""动字""静字""状字""介字""联字""助字""叹字"九类。"字类略式"中提到了《马氏文通》，而《马氏文通》于 1898 年才开始刊行，这也可以证明舒新城辑录的《蒙学课本初编编辑大意》并非来自 1897 年版的《蒙学课本》。舒新城可能自己并不知道课文和编辑大意来自两个版本，所以导致现在许多人都以为是同一个版本。如陈学恂主编的《中国近代教育史教学参考资料》，在收录的这份《蒙学课本初编编辑大意》下注"光绪二十三年（1897 年）"[1]，即将其当成 1897 年版的"编辑大意"了。

回头再看陆费逵所说"辛丑年（一九〇一年）朱树人编，南洋公学出版三本《蒙学课本》"以及丁致聘所说"该公学当时并由陈颂平等三人编辑《蒙学课本》三册，后又由朱树人编辑《高等蒙学课本》，（仿英美课本体例，无图，书于二十七年出版）"，我们可以推论：陆费逵所说《蒙学课本》和丁致聘所说《高等蒙学课本》是同一本书。汪家熔另辑录有一份 1903 年南洋公学出版的书后广告——《南洋公学译书院译书全目》，内列图书 53 种，其中有丁致聘所说《格致读本》——"格致读本 一二三四编 四本"，"中等格致课本 初编二编三编四遍 八本"，另外还有"蒙学课本 初二三编 三本"[2]。此广告将《蒙学课本》收入"译书全目"可能与书院在这之前主要以翻译国外教科书为主，自己编写的教科书很少，而将此列在一起，登上广告，以便宣传销售有关。另外，"格致读本"可能不是翻译的，而是自编的。因为其他书后都只标明多少本，并不称"编"，称"编"的只有上引三种，还有"习字

---

① 南洋公学《蒙学读本初编编辑大意》，陈学恂主编《中国近代教育史教学参考资料（上册）》，北京：人民教育出版社，1986 年版第 659 页。书名中的"蒙学读本"应为"蒙学课本"。
② 《南洋公学译书院译书全目》，汪家熔辑注《中国出版史料·近代部分（第一卷）》，武汉：湖北教育出版社，2004 年版第 647—649 页。

范本 初编二编三编四编 四本"，因为《习字范本》不可能是翻译的，所以用"编"。可见，只标明"本"的是翻译的，标明"编"和"本"的应该是自编的。如果这个《蒙学课本》就是自编的，那么根本不存在书名叫《高等蒙学课本》的书。如果有，而且出版于1901年，那么1903年这则广告肯定会收录。行文至此，我们可以断定：南洋公学出版有两种"蒙学课本"，即由陈懋治等人编写于1897年出版《蒙学课本》，由朱树人编写于1901年出版的《蒙学课本》，后者即现在常见的《新订蒙学课本》。

4. 无锡三等学堂俞复、丁宝书等人编《蒙学读本全书》

持这种说法的有陆费逵、魏冰心。1925年，他在上述给舒新城的关于中国教科书历史的复信中称："第一部出版的书，要算辛丑年（一九〇一年）朱树人编，南洋公学出版三本《蒙学课本》。""在《蒙学课本》未出版之前，俞复、丁宝书等在无锡办三等学堂。他们因为无适用的书，就自己编辑起来，且因此创办文明书局。文明书局出版的《蒙学读本七编》，就是他们当时教学生的国文读本。"①魏冰心受其影响也认为，"光绪二十八年，无锡三等学堂编辑蒙学读本七编，交由上海文澜书局石印发行，这是我国最早编印的小学教科书"②。无锡三等学堂已是新式小学，所以《蒙学读本全书》已具备了被称为"教科书"的第一个条件。另外，据主要编写人员俞复的回忆，《蒙学读本全书》使用分级，内容有序，其"编辑大意"称："前三编，就眼前浅理引起儿童读书之兴，间及地理、历史、物理各科之大端，附入启事便函，逐课配置图画，为今初等小学国文教科之具体。第四编，专重德育；用《论语》弟子章，分纲提目，系以历史故事，每课示以指归，仿新安《小学》、涑水《家范》而加以兴趣，并译东西前哲懿行，示良知良能，为中外古今所同具，盖完全为今修身教科之具体。第五编，专重智育；采辑'子部'喻言，每课系以答问，剖理精晰，引儿童渐入思想阶级。第六编，前半为修辞，以奥衍富丽之文，写游戏习惯之事，为儿童读《史》《汉》巨篇之引；后半为达理，即以游戏之事命题，演为议论之文，为学作论断文之引导。第七编，选《史》《汉》《通鉴》最有兴会之文，暨《左》

---

① 陆费伯鸿《论中国教科书史书》，张静庐辑注《中国近现代出版史料·近代初编》，上海：上海书店出版社，2003年版第212页。
② 魏冰心《国定教科书之编辑经过》，《教育通讯》，1946年5月15日复刊第一卷第六期第14页。

《国》、周秦诸子隽美之篇，以及唐宋迄近代名家论说。此后三编为今高等小学国文教科之具体也。"①可见，《蒙学读本全书》和《蒙学课本》一样，都具备教科书的三个基本条件，都能称为"教科书"。是否为我国自编教科书之始，就要看其与无锡三等学堂编写的《蒙学读本全书》之间的先后了。那么，其先后关系怎样？

《教科书之发刊概况》称："同年（1898 年——引者）吴眺、俞复、杜嗣程等创办无锡三等学堂，由俞复、丁宝书等编国文、修身、算学等课本，称《蒙学课本》。彼时系每日自编一课，随编随教，令学生抄写，后共成七编。先由文澜局出版，后由文明书局出版。""同年（1902 年——引者），无锡三等学堂将所编之《蒙学课本》七编同时请官厅存案，付上海文阐书局用石印发行，载明为寻常小学堂读书科生徒用教科书。""同年（1902 年——引者）夏季，俞复、廉泉等创文明书局于上海，又将无锡三等学堂《蒙学读本》重付印刷发行。"②可见，《蒙学读本全书》开始编写的时间是 1898 年，后由自办的文明书局出版的时间是 1902 年。③ 蒋维乔在文中介绍完南洋公学的《蒙学课本》后说，"其次，是无锡竢实学堂之《蒙学读本》"④。《蒙学读本全书》主要编者俞复也证明了这一点，他在介绍《蒙学读本全书》时说："当此学堂萌芽时代，儿童发蒙用书，先只有南洋公学所编之《蒙学课本》，仅有三四册。又其他零星课本，皆不成军者。自此书出，一时不胫而走，至光绪三十年，已印十余版，而各地翻印冒售者，多至不可胜纪。至光绪三十三四年间，各家渐有国文教科本出版，而是书销售数乃渐衰落。"⑤可见，编者自己也认为《蒙学课本》的出版时间早于《蒙学读本全书》。其他的史料，一般都将《蒙学课本》列在《蒙学读本

---

① 俞复《无锡三等公学堂蒙学读本》，舒新城编《近代中国教育史料（第二册）》，上海：中华书局，1928年版第 253 页。

② 《教科书之发刊概况》，教育部编《第一次中国教育年鉴·戊编》，上海：开明书店，1934 年版第 116、117 页。此处的《蒙学课本》应为《蒙学读本》。另外，主要编者俞复在《无锡三等公学堂蒙学读本》中介绍此书编写过程："俞氏等锐意编著，随编随教，以实地试验其合用与否。积至二十八年壬寅春，而成此七篇。"（舒新城编《近代中国教育史料（第二册）》，上海：中华书局，1928 年版第 252—253 页）

③ "同年夏俞复等于上海创办文明书局，将前三等学堂所编之蒙学读本七编印刷出版"之"同年"前指 1902 年。（王云五《王云五文集（五）·商务印书馆与新教育年谱（上册）》，南昌：江西教育出版社，2008 年版第 10 页）

④ 蒋维乔《创办初期之商务印书馆与中华书局》，张静庐辑注《中国近现代出版史料·现代丁编（下册）》，上海：上海书店出版社，2003 年版第 396 页。

⑤ 俞复《无锡三等公学堂蒙学读本》，舒新城编《近代中国教育史料（第二册）》，上海：中华书局，1928年版第 253 页。

全书》之前介绍。可见，《蒙学课本》无论是编写时间还是出版时间都比《蒙学课本》要早。

那么，陆费逵为什么不提 1897 年南洋公学出版的《蒙学课本》而只提 1901 年南洋公学出版的《蒙学课本》呢？舒新城曾阐述自己编辑教育史资料时运用"发现""访问""汇存"三种搜集资料的方法，他以书信的形式向陆费逵收集关于我国教科书发展的历史材料，应属于"访问"法。他说采用访问法应注意四点："(1) 须先调查被访者对于其问题之经历，是否有历史上的价值；(2) 访问之目的须以事为主：凡某人对于某事有关系，其经历有价值者，不问其人之行为思想如何，均当访问之；(3) 访问时须用各种方法使被访问者能坦白告以所欲问之要点；(4) 访问后须以其所得详为整理，更须审量被访问者之言语态度是否别有作用，其思想之渊源如何。"[①]上述陆费逵的话语中暗含《蒙学读本全书》编写的时间早于《蒙学课本》而出版迟于后者的意思，这可能与陆费逵在创办中华书局之前曾供职于出版《蒙学读本全书》的文明书局[②]这个"思想之渊源"而产生的某种心理有关。也有可能是，陆费逵见到的确实是 1901 年版的《蒙学课本》，而他知道 1901 年前无锡三等学堂也确实在编写《蒙学读本全书》。如果说有学校就有可能开始编写教科书，那么南洋公学成立于 1897 年，而无锡三等学堂成立于 1898 年，《蒙学课本》的编写时间也早于《蒙学读本全书》。另外，《蒙学读本全书》从 1898 年开始编写，如果从性质来看，和前述上海三等学堂一样，只能算教师自编的讲义，还不能算有体系的教科书，经体系化于 1902 年出版后才能称为"教科书"。总之，《蒙学课本》无论是编写还是出版的时间都早于《蒙学读本全书》。

5. 陈荣衮编写《妇孺须知》等

持这种说法的有冼玉清、谭彼岸、陈学恂等。1941 年，跟随陈荣衮（字子褒）学习过六年的弟子冼玉清在《改良教育前驱者——陈子褒先生》中称："先生萃毕生之精力于教育，尤在于小学教育。其创作教本，在光绪乙未（1895 年）为创作教

---

① 舒新城《近代中国教育史稿选存》，上海：中华书局，1936 年版第 27 页。
② 陆费逵 1906 年冬进入文明书局，担任襄助经理办事、编辑，兼任文明小学校长。1908 年冬，进入商务印书馆，担任出版部主任，主编《教育杂志》。

科书之第一人。《妇孺须知》一书，为行世最早之教本。"①1956年，谭彼岸在《晚清的白话文运动》中称其为"近代中国小学教科书的创始人"，"全国编写通俗小学教科书的第一人"②。1986年，陈学恂主编的《中国近代教育史教学参考资料》称："他是近代编写通俗小学教科书的创始人。"③

　　冼玉清认为陈荣衮因于1895年编《妇孺须知》而可称为"创作教科书之第一人"，这与她是陈荣衮的弟子身份有直接关系。据《教科书之发刊概况》记载，1897年"陈荣衮编《幼雅》十五卷"④。但不知《幼雅》（《幼稚》）是否指"妇孺"系列。另外，《教科书之发刊概况》将其列在1897年南洋公学编写的《蒙学课本》之后。陈荣衮编"教科书"的时间是在考察日本之后。他在1900年说："余曩游日本，得阅其明治十七年小学新读本、二十年小学新读本、二十七年小学新读本，已觉日新月异。……中国若仿日本小学新读本，只仿其大纲而已，至于物理制度，则又当变通为之。"⑤1907年，陈荣衮在《论初等小学读本》中介绍了自己编书的开始时间及过程："仆自戊戌东渡，恍然于小学读本之格式。归国后，即编辑小学读本，用胶印本以授蒙童，是时固谓此乃合式之读本也。阅一年而知为不合式者十之九；再阅一年而知为不合式者十之七八；再阅一年而知为不合式者十之五六。是时有怂恿以出版者，而仆徘徊有待也。"⑥谭彼岸记载："一八九八年他东渡日本考察小学教育，留心小学读本，返国后即编印白话小学读本，维新失败后，梁启超赴日本宣传维新思想，陈荣衮在澳门创办蒙学书塾，编白话书刊三十六种，他首先实行废止小学读经，采用日常生活题材编写白话'妇孺三字书'，四字书，五字书代替'三字经'，'千字文'，'神童诗'。"⑦1898年，陈荣衮回国后编写了《妇孺三字书》《妇孺四字书》《妇孺五字书》等识字教材，最初是在澳门、广东一带的

① 冼玉清《改良教育前驱者——陈子褒先生》，璩鑫圭、童富勇编《中国近代教育史资料汇编·教育思想》，上海：上海教育出版社，2007年版第584页。
② 谭彼岸《晚清的白话文运动》，武汉：湖北人民出版社，1956年版第17页。
③ 陈学恂主编《中国近代教育史教学参考资料（上册）》，北京：人民教育出版社，1986年版第657页"注释"。
④ 《教科书之发刊概况》，教育部编《第一次中国教育年鉴·戊编》，上海：开明书店，1934年版第116页。
⑤ 陈子褒《论训蒙宜用浅白读本》，陈子褒《教育遗议》，台北：文海出版社，1973年版第39页。
⑥ 陈子褒《论初等小学读本》，陈子褒《教育遗议》，台北：文海出版社，1973年版第67页。
⑦ 谭彼岸《晚清的白话文运动》，武汉：湖北人民出版社，1956年版第17—18页。

私塾、家庭中,以供学塾儿童、家庭妇女识字之用①,而且没有学业年限的限制,所以就教科书的前两个条件来说,这些并不是现代意义上的教科书;虽然是从1898年开始编写的,不过是随用随改,到1901年还没有出版,只是胶印讲义而已。从时间上看,也晚于1897年编写的《蒙学课本》。就第三个条件来说,则其部分编法类似于现代意义上的教科书,但带有明显的传统蒙学教材的痕迹:仅从书名就可以发现,除其用字是取妇孺日常用字和传统"三、百、千"稍有不同外,所采用的仍然是"三、百、千"一类的韵语形式以及明清中下层社会识字所用的"杂字"书的分类方法,如《妇孺三字书》又分为《修身三字书》《趣味三字书》《妇孺名物三字书》《女子三字书》《爱国三字书》五种。所以,只能说陈荣衮所编教材是在日本教科书编写思想的影响下,对传统蒙学的"正式"教材("三、百、千")和"非正式"教材("杂字"书)进行了综合和改造而形成的,处于传统蒙学教材与现代小学教科书之间的带有过渡性质的教材。这类教材即便是冠以"教科书"的名称,也往往和当时其他"字书"一样,是一种对传统识字教材进行改良的教材。当时这类教材在送学部审定时,多被认为"不合教科书体例"或"不合教科书之用"②。

综上所述,本文认为上述五种教材虽然都是"自编",但称得上"教科书"的只有南洋公学陈懋治等人编写、后经朱树人修订的《蒙学课本》和无锡三等学堂俞复等人编写的《蒙学读本全书》,而陈懋治等人编写的《蒙学课本》的编写和出版时间比朱树人修订的《新订蒙学课本》以及俞复等人编写的《蒙学读本全书》要早,是第一本国人自编并正式出版的现代意义的教科书。可见,1897年南洋公学陈懋治等人编写《蒙学课本》,为"中国自编小学教科书之始"。

---

① 冼玉清《改良教育前驱者——陈子褒先生》,璩鑫圭、童富勇编《中国近代教育史资料汇编·教育思想》,上海:上海教育出版社,2007年版第571页。冼玉清在文中说,陈荣衮曾"刊印《妇孺新读本》、《妇孺须知》、《妇孺浅解》、《妇孺释词》、《妇孺译文》、《幼稚》、《七级字课》、《妇孺词料》、《妇孺历史》、《地理》等书"。《教科书之发刊概况》中的"幼雅"可能是印刷之误,即冼玉清所说的"《幼稚》"。
② 《教科书之发刊概况》,教育部编《第一次中国教育年鉴·戊编》,上海:开明书店,1934年版第119页,第122页。

附录3：晚清新式蒙学教材目录初编

　　本目录主要来源有二：一自己所藏或亲见；二其他论著，主要有教育部编《第一次中国教育年鉴·戊编》(1934年版)、胡怀琛著《蒙书考》(《震旦杂志》,1941年第2卷第1期)、谭彼岸著《晚清的白话文运动》(1956年版)、张志公著《传统语文教育教材论——暨蒙学书目和书影》(1992年版)、司琦著《小学教科书发展史——小学教科书纸上博物馆》(2005年版)和一些单篇论文、资料选等。目前非常不完善，故曰"初编"。

陈懋治、杜嗣程、沈庆鸿等编《蒙学课本》,通学斋校印本,1897年初版。

林纾撰《闽中新乐府》,福州刻印,1897年版。

叶澜撰《植物学歌略》,1897年版。

叶澜撰《动物学歌略》,1897年版。

《蒙学报》,1897年创刊。

陈荣衮撰《幼稚》,1898年版。

陈荣衮、冯子骏撰《妇孺韵语》,芹香阁板石印,1898年版。

黄庆澄撰《西学蒙求问答》,算学报馆本(1898年前后，具体时间不详)。

黄庆澄撰《时务蒙求》,算学报馆本(1898年前后，具体时间不详)。

黄庆澄撰《时务蒙求问答》,算学报馆本(1898年前后，具体时间不详)。

黄焱秋撰《群经蒙求歌略》,1898年版。

黄焱秋撰《诸史蒙求歌略》,1898年版。

陆基编《启蒙图说》,1899年版。

陆基编《启蒙问答》,1899 年版。

张一鹏撰《普通学歌诀》,江南普通学堂刊,1900 年版。

王亨通编《绘图蒙学捷径》,1901 年版。

朱树人编《新订蒙学课本》,1901 年初版。

叶澜撰《天文歌略》,1901 年初版。

叶瀚、叶澜撰《地学歌略》,通学斋校印本,1901 年初版。

刘树屏编《澄衷蒙学堂字课图说》,1901 年版。

张士瀛撰《地球韵言》,杞庐刊,1901 年版。

黄芝编《舆地韵言》,1901 年版。

徐继高撰《算学歌略》,光绪年间。

叶瀚撰《中国各省府厅州县方名歌》,1901 年版。

《西学三字经》,1901 年版。

《新学三字经》,上海藻文石印书局,1902 年版。

伍生辉撰《皇朝掌故》,1902 年版。

刘法曾、潘维汉撰《外史蒙求》,1902 年版。

俞复、丁宝书等编《蒙学读本全书》,上海文明书局,1902 年版。

杜亚泉编《文学初阶》,上海商务印书馆,1902 年版。

王昭三编《溥通学》,安徽屯溪徽郡屯镇抱吟馆梓行、徽城黄古香堂写刊, 1902 年版。

江瀚撰《时务三字经》,1902 年版。

《正蒙时务三字经》,杭州浙报馆,约 1902 年版。

《舆地三字经》,南京李光明庄版。

张一鹏撰《识字贯通法指针》,1902 年版。

《文话便读》,1902 年版。

杜亚泉编《绘图文学初阶》,上海商务印书馆,1903 年版。

张士瀛撰《地球韵言》,南京李光明庄,1903 年版。

陈荣衮撰《绘图妇孺三四五字书》,广州守经堂石印,1903 年版。

钟天纬编《蒙学镜》,上海三等学堂,1903 年版。

黄用端、式如甫撰《改良妇孺浅史歌》,新会时敏书局印行,1903 年版。

王莲溪（亨通）编《绘图蒙学课本》，兰陵社印行，1904 年版。

《启蒙课本初编》，启蒙书会印行，1904 年版。

施崇恩撰《识字实在易全编》，彪蒙书室，1904 年版。

施崇恩撰《绘图蒙学造句实在易》，彪蒙书室石印，1905 年版。

《中国地理实在易》，彪蒙书室，1904—1905 年。

《外国地理实在易》，彪蒙书室，1904—1905 年。

《笔算实在易》，彪蒙书室，1904—1905 年。

《绘图蒙学格致实在易》，彪蒙书室，1904—1905 年。

《绘图蒙学卫生实在易》，彪蒙书室，1904—1905 年。

《三千字文》，彪蒙书室，1904—1905 年。

施崇恩撰《绘图速通虚字法》，彪蒙书室，1905 年版。

施崇恩撰《蒙学虚字法》，彪蒙书室石印，1905 年版。

汪恩绥撰《增续浅说时务三字经》，醉六堂石印，1905 年版。

汪恩绥撰《时务蒙求及问答》，1905 年后版（具体时间不详）。

汪恩绥撰《西学蒙求及问答》，1905 年后版（具体时间不详）。

高凤谦编《五彩精图方字》，上海商务印书馆，1906 年初版。

赖振寰编《蒙学分类韵言》，1906 年版。

赖振寰编《女学四五言合编》，1906 年版。

吴希贤编《四字韵语万国史鉴节要读法》，1906 年版。

王伟忠编《韵语三字经》，1906 年版。

秀水居主人著《绘图增注华英五千字文》，石印，1906 年版。

齐焘著《蒙学识字入门》，1908 年版。

刘鲲著《二千字文》，1908 年版。

《五彩绘图看图识字》，商务印书馆，1909 年版。

《儿童识字速通法》，六艺书局发行，1909 年版。

《启蒙读本》，广学会藏板、商务印书馆代印，1910—1912 年版。

《文星堂新刻详正汇采书信要言》，安徽屯溪，清代（具体时间不详）。

《最新绘图幼学杂字》，安徽屯溪，清代（具体时间不详）。

《绘图中西家常日用杂字》，江苏南通，清末（具体时间不详）。

《绘图洋务日用杂字》，安徽屯溪，民初（具体时间不详）。